Laurence Deonna
An alle Frauen
aus allen Kriegen

Buch

Die Region zwischen Ägypten und den Emiraten ist schon seit Jahrzehnten ein Pulverfaß – nicht erst seit dem 2. August 1990, als Saddam Hussein den Nachbarstaat Kuwait überfiel und eine breite Blutspur hinterließ. Es hat in diesem Gebiet Kriege gegeben und verzweifelte Aufstände. Es gab heimtückische Attentate und sinnlosen Terror. Und die Verlierer waren allemal die Frauen – sie verloren ihre Söhne, ihre Männer.
Die Schweizer Journalistin Laurence Deonna läßt israelische und arabische Frauen zu Wort kommen. Sie erzählen schonungslos offen und bestürzend intim. Es sind Mütter, deren Söhne sich gegenseitig umgebracht haben. Es sind Frauen, die durch ihr gemeinsames Leiden zu einer neuen und gemeinsamen Sicht des Krieges kommen, zu einer Sicht, die mit dem männlich-heroischen Bild des Soldatentodes nichts zu tun hat.
Ihre bewegenden Berichte sind eine machtvolle Anklage gegen den Wahnsinn des Krieges. Und sie zeigen eine krisen- und kriegsgeschüttelte Region, die im Brennpunkt des Weltgeschehens steht, von einer unbekannten und zutiefst irritierenden Seite.
Laurence Deonna wurde für ihr ergreifendes Buch mit dem UNESCO-Friedenspreis und der Vermeil-Medaille der Academie Française ausgezeichnet.

Autorin

Laurence Deonna, geboren in Genf, ist Korrespondentin und Journalistin. Ihre Texte und Fotos erscheinen in zahlreichen Zeitungen und Zeitschriften in aller Welt. Seit mehr als zwanzig Jahren bereist sie vor allem den Nahen Osten. Sie engagiert sich besonders für die Frauen in dieser Region.

Laurence Deonna

An alle Frauen aus allen Kriegen

Arabische und israelische
Frauen berichten

Aus dem Französischen
von
Barbara Panchaud-Mantey

Goldmann Verlag

Der Goldmann Verlag ist ein Unternehmen der Verlagsgruppe Bertelsmann

Made in Germany · 4/91 · 1. Auflage
Genehmigte Taschenbuchausgabe

Umschlaggestaltung: Design Team München
Umschlagfotos: Mauritius, Superstock; Bilderberg, Bossemeyer
Druck: May & Co, Darmstadt
Verlagsnummer: 12369
Ge · Herstellung: ST

ISBN 3-442-12369-0

Ich danke allen,
die den Mut hatten, an mein Vorhaben zu glauben.
Angefangen bei meinen Verlegern...
Ich danke allen,
die mir geholfen haben,
allen Freundinnen und Freunden
ohne die Freunde meiner Freunde und deren Freunde
zu vergessen.

L.D.

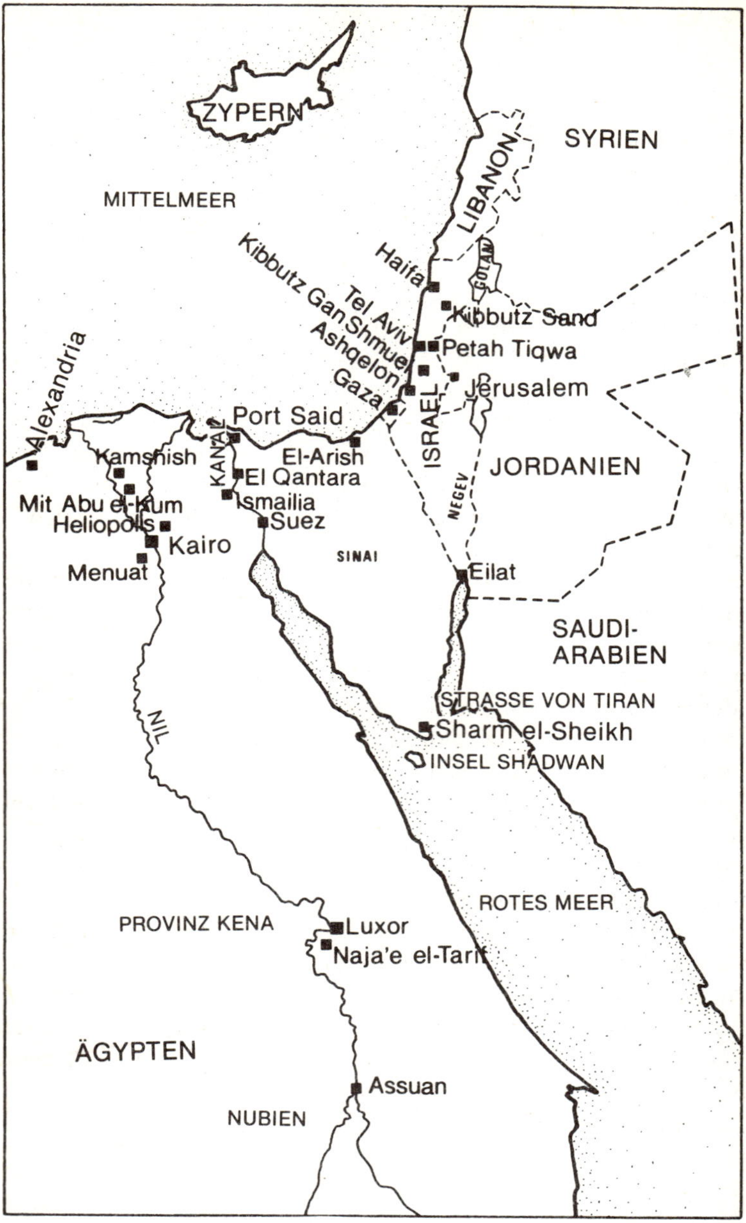

Übersichtskarte der Region

Vorwort

Während meiner jahrelangen Reisen durch Länder im Kriegszustand reifte eine Idee heran, die in meinem Herzen wie in meinem Kopf gleichermaßen hämmerte: einmal eine Reportage zu schreiben, in der ich Frauen zu Wort kommen ließe, die der Krieg gezeichnet hat. Und mehr noch, Frauen aus einander feindlich gesinnten Ländern...

Seit mehr als zwanzig Jahren bereise, höre, fühle und beschreibe ich den Nahen Osten. Ich wußte, daß eine solche Untersuchung ohne jeglichen Abstand unmöglich sein würde, deshalb habe ich für diesen »Krieg auf zwei Seiten« Frauen aus Israel und Ägypten gewählt. Ägypten hat als einziges arabisches Land einen Friedensvertrag mit Israel unterzeichnet*, und seit ihren letzten großen Kämpfen sind Jahre vergangen. Die Zeit schlichtet politische Leidenschaften — wenn auch nicht alle. Die Zeit schleift den Kummer ab — wenn auch nicht jeden. Ein paar Frauen haben mir übrigens einfach die Tür vor der Nase zugeschlagen...

Bei meiner Suche nach »Heldinnen« mußte ich mich fast ausschließlich auf meine persönlichen Kontakte stützen, da meine Idee in offiziellen Kreisen nicht gerade Begeisterung hervorrief. Als ich dann daranging, aus meiner in vielen Jahren eingebrachten Ernte auszuwählen, ließ ich mich von der Aussagekraft der Interviews, dem Wunsch nach Verschiedenheit und auch ein wenig — das mögen mir Gott, Allah, Jehova, die Leserinnen und Leser verzeihen — von meiner eigenen Wellenlänge leiten.

Wenn ich Frauen das Wort geben wollte, dann ist deren Schweigen der Grund dafür. Denn im allgemeinen stecken sie ein und schweigen. Mehrere von ihnen waren übrigens erstaunt: »Warum ich? Ich bin nicht so wichtig. Ich bin nicht interessant.« Als ob ihre kleine Geschichte nicht auch einen Platz in der großen Geschichte hätte! Da das Leben der Frauen aber an das der Männer geknüpft ist, wäre es wiederum unrealistisch gewesen, nicht auch gelegentlich Männer zu Wort kommen zu lassen.

Ich hatte gehofft, daß diese beiden Frauenstimmen in Einklang kämen, aber der Krieg schafft unüberwindbare Gräben und Wunden, die offen bleiben. So habe ich selten auf der einen Seite zu sagen gewagt, daß ich zu den anderen Frauen jenseits der Grenze auch ging.

---

* Eine ausführliche Zusammenfassung der Kriege zwischen Israel und Ägypten findet sich im Anhang dieses Buches

Einige der Frauen waren leidenschaftlich gern bereit zu reden und verstanden sich auch gut darauf. Anderen dagegen mußte jedes Wort einzeln entlockt werden. Wo ich auf Ablehnung stieß, war der Grund entweder, daß die Frauen zu sehr litten, daß sie fürchteten, ihre Familien zu kompromittieren, oder daß sie sich keiner Fremden ausliefern wollten, die »sowieso nichts von der Politik meines Landes und seiner Tragödien versteht«. Auch haben einige meinen Besuch zwar akzeptiert, sich aber dann gleich hinter den üblichen Slogans der nationalen Ansprachen verschanzt.

Da waren aber auch die anderen Frauen, deren Mut und Aufrichtigkeit mich zutiefst gerührt haben. Sie — und auch Männer — haben mir spontan geraten: »Gehen Sie auch auf die andere Seite... die da drüben leiden auch.«

Bis auf zwei Ausnahmen haben alle Frauen akzeptiert, daß ich ihren Namen nenne. Manche wären sogar enttäuscht gewesen, wenn ich sie hinter einem Pseudonym versteckt hätte. Es wäre ihnen vorgekommen, als hätten sie sich umsonst engagiert, während ich sie bis aufs Mark abschürfte, um dann daraus einen Roman zu machen. Und wie hätte ich auch die Identität berühmter Frauen maskieren können, die sich mir anvertraut haben oder derjenigen, deren intime Geschichte unmittelbar an die eines großen Staatsmannes oder einer wichtigen Militärperson gebunden ist?

Dieses Buch ist also kein Roman, sondern Leben. Gelebtes Leben. Leben, das ich in Israel wie in Ägypten bestätigen ließ. Leben, das in meinen Notizbüchern und auf Kassetten festgehalten und von Dokumentationen ergänzt wurde. Es kam vor, daß ich die vertraulichen Mitteilungen an manchen Stellen kürzte, nie aber bin ich ihnen untreu geworden. Jedenfalls meiner Meinung nach nicht. Es ging mir auch keineswegs darum, mich in Schönmalerei oder auch nur im geringsten Ansatz von Lyrik zu ergehen — kurz, Literatur zu machen. Mir lag daran, diese Zeugnisse so echt wie möglich wiederzugeben, mit lokalen Ausdrücken, grammatischen Ungeschicklichkeiten, mit allen Widersprüchen, Vieldeutigkeiten, Paradoxien und Inkohärenzen. Eben menschliche Zeugnisse! Die darin erkennbaren Gefühle sind Grundgefühle des Menschen. Gefühle, die weit über alle hochheilige Aktualität hinausgehen.

Ich wagte es nicht leichthin, mich bei diesen Frauen einzufinden und ihnen das Mikrofon unter die Nase zu halten, um damit ihren Schmerz wieder aufleben zu lassen. Und dies umsoweniger, wenn ich sie vorher nicht benachrichtigen konnte, wenn ich unangemeldet an ihre Tür klopfen mußte und etwa so ergreifend empfangen wurde: »Warten Sie mal, ich will nur schnell meinen Schleier und mein Gebiß anlegen.« Allerdings habe ich auch festgestellt, daß manche Frauen erleichtert waren, daß man sie anhörte: daß sie nicht ganz vergessen sind, daß sich irgendwo irgendjemand für sie interessiert, für sie und für ihren Toten, ihren Verstümmelten, ihren Gefangenen. Das tröstete.

Es kam auch vor, daß ich verletzte, als ich ungewollt Hoffnungen weckte: Ich werde den Blick einer Mutter nie vergessen, die glaubte, daß ich ihr von ihrem Sohn, einem seit Jahren vermißten Soldaten, eine Nachricht bringen würde.

Leiden kann paralysieren. Es kann aber auch Phantasien freisetzen: die kleinste Geste wird dann eine patriotische Handlung, eine Ungeschicklichkeit eine große Glanztat, ein Zufall ein Willensakt. Ändert sich denn mit uns nicht auch der Blick, den wir auf unsere Erinnerungen werfen? Die Suche nach der Wahrheit verlangte von mir also äußerste Wachsamkeit und absolute Aufmerksamkeit. Es galt, einen klaren Kopf zu behalten und meinen Empfindungen nicht nachzugeben. Dagegen standen die Zeit, die verstrich, der Dolmetscher, der vor Ungeduld mit den Füßen scharrte, das wartende Taxi, ein Bus oder Zug, die zur Abfahrt bereit waren...

Erst viel später, sehr viel später, als ich zu Hause die Stimmen auf den Kasetten anhörte, erst da habe ich geweint.

Frauen, denen man Gelegenheit gibt und die es fertigbringen, sich zu äußern, haben etwas zu sagen. Sie beobachten. Sie sehen die Kehrseite der Medaille. Sie stehen dem Mystischen kritisch gegenüber. Und sie lassen sich nicht nur — wie es die üblichen Klischeebilder wollen — von ihren Gefühlen leiten. Das Gefühl wird bei den Frauen überschätzt, wie es bei den Männern unterschätzt wird. Ein weiteres Klischee läßt mir keine Ruhe: daß den Männern die Logik gegeben ist. Welche Logik? Die Logik, die unsere Welt in ein perfektes Chaos führt?

Ein letztes Wort noch: Ich hatte zuerst daran gedacht, in diesem Buch der beiden Stimmen, im selben Kapitel Frauen zu Wort kommen zu lassen, die jeweils auf ihrer Seite, in ihrem Lager denselben Krieg zur selben Zeit mitgemacht hatten. Diese zeitliche Parallele hat sich aber als uninteressant herausgestellt. Viel wesentlicher erschien es mir, bei all diesen Frauen Parallelen zu suchen, die sich aus ihrer Sensibilität, ihren Reaktionen, ihrem Leben und ihrem Schicksal ergeben.

Laurence Deonna

DER SCHOCK

Tehilla – Israel

Die junge Soldatin,
die unbedingt anonym bleiben will.

Ein pazifistisches Poster Israels (1982)

Tehilla

Oh, diese Krankenhausbesuche! Und diese bis zur Unkenntlichkeit verstümmelten Kameraden. Wir waren alle gleich alt.

Die aggressive, flehende Stimme hat meinem Drängen nachgegeben.

— Aber nur, weil mich Myriam, Josuahs Mutter, darum gebeten hat. Ich fahr' um 5 Uhr im Kibbuz los. Wir können uns um 7 Uhr in Jerusalem treffen. Ich warte in der Buchhandlung unter den Arkaden auf Sie. Sie werden mich leicht erkennen: 28 Jahre alt, langes, braunes Haar, einen dicken, braunweiß melierten Pullover.

Die junge, nur zögernd einwilligende Frau hat wieder aufgehängt. Und um jetzt ihre Geschichte erzählen zu können, muß ich erst einmal einen Namen für sie erfinden. Sie bestand darauf, daß ich keinen wirklichen Vornamen, keinen Nachnamen und keinen genauen Ort nenne. Warum also nicht den Namen »Tehilla«?

Tehilla — wie wir die junge Frau von nun ab nennen wollen — war die Kameradin von Josuah, der im Alter von 20 Jahren im Jom-Kippur-Krieg* im Oktober 1973 im Sinai getötet wurde. Meine Freundin Myriam, Josuahs Mutter, hatte mir geraten: »Du solltest sie treffen. Tehilla und mein Sohn waren zusammen in der Armee. Sie waren zusammen im Sinai. Sie ist ein sensibles Mädchen, sie wird die richtigen Worte finden, um dir den Schock zu vermitteln, den eine 18-jährige Soldatin im Krieg empfindet.«

Tehilla selbst war aber nicht sehr davon angetan. Unser erstes Telefongespräch war beinah eine Absage. Mit ihrem amerikanischen Akzent sagte sie: »Wenn Sie den Mythos der starken, mutigen und über jeden Verdacht erhabenen israelischen Soldatin suchen, dann sind Sie an der falschen Adresse. Ich habe Ihnen nichts zu sagen. Dieses Symbol verkörpere ich nicht. Und dann sehe ich auch gar nicht ein, wozu ich all diese Erinnerungen wachrufen soll.«

In der Buchhandlung unter den Arkaden habe ich Tehilla wirklich leicht erkannt. Sie war so, wie ich sie mir vorgestellt hatte. Wir haben ein Taxi zu meinem Hotel genommen, das am Rande des arabischen Viertels liegt.

Die Sonne ging gerade unter. Es war die Stunde des fünften Gebets, das der Muezzin in den orangefarbenen Himmel schickt. Die Stunde, in der der Islam von Jerusalem Besitz ergreift.

---

* Der Oktoberkrieg von 1973 wird von den Israelis »Jom-Kippur-Krieg« genannt, von den Arabern »Ramadan-Krieg«.

Tehilla bewunderte das AMERICAN COLONY-Hotel, den arabischen, vornehmen Stil mit den Blumen, Gärten, Teppichen und Dienern.

— Sind das Araber? Sind dies alles Araber? Der Eigentümer auch? Ich bin schon seit Jahren in Jerusalem an der Universität, aber ich bin noch nie hier gewesen.

Erst nach einem guten Essen und ein paar Schlückchen Weißwein wird es gelingen, Tehillas Mißtrauen zu entschärfen. Um ganz unbefangen sprechen zu können, richten wir uns schließlich auf dem Teppichboden in meinem Zimmer ein:

— Mein Vater kommt aus Polen, meine Mutter aus Rumänien. Sie sind beide dem Holocaust entkommen, aber von ihren Verwandten sind viele umgekommen. Mein Vater gehörte einer zionistischen Bewegung an, er hat den Zweiten Weltkrieg im Untergrund verbracht. Meiner Mutter war der Zionismus fremd. Sie ist aus Deutschland geflohen, um zu überleben. Sie haben sich auf dem Schiff kennengelernt, das sie nach Palästina brachte. Die Engländer haben sie abgeschoben, wie die Flüchtlinge der EXODUS. Auf Zypern waren sie zwei Jahre lang in einem Lager. Und dort haben sie geheiratet. Schließlich sind sie hier gelandet. Dann kam der Kibbuz und mit den Jahren auch die Enttäuschung. Meine Mutter hat sich hier nie eingelebt. Ich kann sie verstehen. Mir liegen ungeschminktes Aussehen und Khakihose auf die Dauer ebensowenig wie ihr. Mein Vater wiederum hat im Kibbuz nicht das sozialistische Paradies gefunden, von dem er in seiner Jugend in Polen geträumt hatte.

— Ist dein Vater für Israel im Krieg gewesen?

— Nein, soviel ich weiß nicht. Aber komisch, ich hab' daran nie gedacht. Obwohl mein Vater uns allerhand erzählte. An dem von uns so benannten »Tag der sechs Blumen« konnte man ihn gar nicht bremsen. Der Kibbuz organisiert jedes Jahr einen Gedenktag für den Holocaust. Wir müssen alle sechs Blumen — irgendwelche Blumen — pflücken. Jede Blume symbolisiert eine der 6 Millionen umgebrachten Juden. Als ich ein Kind war, setzte mein Vater sich zu uns, nachdem er seinen kleinen Strauß gepflückt hatte. Und dann erzählte er stundenlang. Von den Bomben, von den Nazis. Mein Vater war schlau und kannte eine Menge Verstecke und Tarnungen. Als ich noch ganz klein war und das hörte, kamen mir seine Geschichten wie die aus Abenteuerbüchern vor. Aber mit zunehmendem Alter verstand ich, daß es eher eine Tragödie war.

— Dein Vater war also nicht Soldat. Aber du, Tehilla, du hast die Uniform getragen. Und du warst noch nicht mal 20 Jahre alt, als du an der Front standst...

— Ich war 18. Als der Kippur-Krieg ausbrach, war ich schon elf Monate eingezogen. Der Militärdienst dauert im Prinzip 20 Monate. Mir hat die Armee immer Angst gemacht. Ich hatte sogar daran gedacht, durch Krankenschwesterkurse da rauszukommen. Es gibt Mädchen, die das machen. Es gibt andere, die sich hinter der Religion verschanzen, wenn sie sich sonst auch herzlich wenig um Gott, Abraham und Moses kümmern. Ich hätte das nicht fertiggebracht; für mich ist das Hypokrisie.

— Gibt's viele, die sich auf diese Art drücken?

— Nein, Schlappschwänze gibt's eigentlich wenige. Schau mal, bei uns gehört die Armee zum täglichen Leben. Die Uniform ablehnen heißt, dieses Land ablehnen, das dir eine Identität gegeben hat. Für Israel ist die Armee das Gerüst. Und durch die Armee integrierst du dich. Selbst ich mach' da mit, obwohl ich ihr Spielchen durchschaue. Ich will nicht in der Isolation leben. Ich kenne an der Universität Studentinnen, die es fertigbrachten, sich reformieren zu lassen. Aber sie fühlen sich oft gar nicht wohl, sie kommen sich als Außenseiter vor. Unsere Tsahal* ist von einem solchen Nimbus umgeben, daß sogar Feministinnen sich darin einnisten. Es gibt Mädchen, die alles dransetzen, um Karriere in der Armee zu machen. Sie drängeln sich, um befördert zu werden. Viele spezialisieren sich in der Theorie der Kriegsmaterial-Manipulation. Es kommt vor, daß eine Frau Männer in der Panzer-Technik ausbildet.

Tehilla verstummt, versinkt für einen Augenblick in ihren Gedanken und lebt dann wieder auf:

— Du bringst mich zum Nachdenken. Wirklich! Du bringst mich dazu, Gedanken zu vertiefen, die ich bis jetzt nur so im Vorübergehen gestreift hatte. Mir geht jetzt auf, daß in Israel die Armee zur Kultur gehört, so wie die Schule, wie die Lieder. Ja, noch mehr: der Krieg gehört zu unserem Leben. Ich zum Beispiel, mit meinen 28 Jahren, ich versichere dir aus tiefster Überzeugung, daß ich von ganzem Herzen Frieden wünsche. Aber ... diesen Frieden kann ich mir gar nicht vorstellen. Ich habe den Frieden nie gekannt. Ich weiß nicht, was das ist. Israel ohne Krieg wäre für mich irreal.

— Und dein Krieg, dein Sinaikrieg?

— Wir waren am Suezkanal stationiert. Einigen von uns war der Wochenendurlaub gestrichen worden. Es wurde von Spannung, von Verstärkung gesprochen. Also nichts Außergewöhnliches. Und dann hieß es an diesem berühmten 6. Oktober 1973, diesem berühmten Kippur-Sonn-

---

* Die israelische Armee.

abend einfach nur: »Tag allerseits! Bloß keine Panik, es wird nur wieder mal so einer von diesen Kleinkriegen sein!«

Auf der anderen Seite des Kanals sammelten die Ägypter in der Tat schon seit Monaten immer mehr Truppen an. Und seit Monaten spuckte Sadat in die Mikros von Kairo seine Drohungen und seine Gewißheit eines bevorstehenden, raschen Sieges.

— Allerdings geschah nie etwas ... Und so nahmen dann im Augenblick des ägyptischen Angriffes viele meiner Kameraden gerade gemütlich ihr Bad im Kanal. Und da stürzt plötzlich der Himmel über uns zusammen. Um uns die Hölle!

— Und was macht ihr, die Mädchen, in dieser Hölle?

— Wir werden evakuiert, sobald die erste Flut von Bombern vorüber ist. Wir sind fünf. Wir werden im Jeep anfangs zu den Bunkern gebracht. Und am nächsten Morgen dann in den Norden des Sinai in die Nähe der israelischen Grenze.

Tehilla und ihre Kameradinnen sind wohlbehalten. Die israelischen Soldatinnen gehen im Prinzip nicht in die Schlacht. Wie ihre Schwestern auf der ganzen Welt müssen sie leben, um ihre Bestimmung als Mutter zu erfüllen und der Armee damit den Nachschub zu liefern. Wie überall auf der Welt sind die Frauen für den Krieg der Gebärmutter vorgesehen. Immerhin gibt es auch welche, die als Soldatinnen in dem Krieg des männlichen Geschlechts fallen.

— Sag mal Tehilla, ich hab' auf dem Militärfriedhof von Jerusalem auch Gräber von jungen Mädchen gesehen ...

— Davon weiß ich nichts, ich bin da nie gewesen. Viele werden's wohl nicht sein. Vielleicht, daß sie mit einem Jeep umgekippt sind, oder haben sie vielleicht einen Splitter abgekriegt?

Der Militärfriedhof von Jerusalem liegt an einem von Kiefern, Zypressen und von blauen und grauen Koniferen beschatteten Hügel. Die Gräber aus ockerfarbenem Jerusalemer Stein reihen ihre schweren, aus Naturfelsen gehauenen Deckel aneinander, auf denen die Namen der Toten, das Datum des Krieges, der sie getötet hat und manchmal noch ein Bibelvers eingemeißelt sind. Eine Stelle aus dem Trauerlied des Königs David für Saul und dessen Sohn Jonathan kehrt auf den Gräbern und den Denkmälern immer wieder: »... schneller waren sie denn die Adler und stärker denn die Löwen ... « (2.Samuel 1.23.) Weniger Poesie klingt aus den Todesanzeigen in den Zeitungen oder von den Anschlägen, die man an Mauern oder Bäume klebt: »Gott soll sein Blut rächen!«

Die gepflasterten Wege auf dem Friedhof, die himmelwärts ansteigenden Treppen und das die Terrassen stützende Mauerwerk, alles fügt sich hier zu einer perfekten Ordnung. Man wäre beinah geneigt, mit Baudelaire zu schwärmen: »Dort herrschen Ordnung nur und Schönheit, Luxus, Stille und Wollust.« Der Lebende, auch der, dem das Leben zur Last geworden ist, ehrt den toten Soldaten und hegt sein Andenken: der schwarze Gebetsriemen, den der orthodoxe Jude beim Gebet um seinen Arm rollt, windet sich hier nicht um den Arm des toten Soldaten, sondern um die zurückgelassene leere Patronenhülse, die zur Blumenvase umfunktioniert ist. Zierende Kartuschen um die Vasen, Abzeichen, die an die Kämpfe erinnern, das alles ruft diesen heroischen Ausdruck hervor, der die Tränen verherrlichen soll. Und diese verherrlichten Tränen beweinen die Jugend der Helden: Durchschnittsalter 20 Jahre.

Eine Mutter, deren Sohn in den gedrängten Reihen der gefallenen Soldaten, auf diesem sogenannten »Jugendfriedhof« liegt, sagte verbittert: »Für uns Mütter ist hier kein Platz. Sie nehmen uns nicht nur unsere Kinder weg, sondern erlauben uns auch nicht, neben unseren Kindern zu liegen, wenn wir einmal sterben. Das einzige, was ich tun kann, ist, mir einen Grabstein wie seinen machen zu lassen. Auf diese Weise kann ich etwas bei ihm sein. Jeder Tag bringt mich ihm jetzt näher. Er war 20, als sie ihn mir töteten.«

Tehilla war nicht einmal 20 Jahre, als ihre am Kanal stationierten Kameraden fielen. Nur auf Sicht- und Hörweite von den feindlichen Geschossen entfernt, kann man gar nicht monatelang miteinander leben, ohne daß Freundschaft und Zuneigung entstehen.

— Für mich war Josuah einmalig. Er war so schön. So empfindsam. Gleich als ich ihn das erste Mal sah, dachte ich: dieses Kind ist nicht für den Krieg gemacht, nicht für diese Welt aus Eisen. Er paßt überhaupt nicht zu diesen Panzern.

Zusammengekauert sitzt Tehilla in ihrem viel zu großen, melierten Pullover auf dem Teppich, sie zögert einen Moment:

— Kann sein, daß das kaum zu glauben ist, aber Josuah, dieser gleichaltrige Junge, beeindruckte mich unheimlich. Eine Woche vor dem Krieg hat mich eine Intuition oder vielleicht auch ein Vorgefühl veranlaßt, meine Kamera von Zuhause mitzubringen. Ich wollte die Umgebung, in der wir lebten, für immer festhalten. Ich wollte die Geschichte meiner Kameraden festhalten. Aber denk' dir mal, ich war Josuah gegenüber so schüchtern, daß ich ihn nicht einmal photographiert habe. Ich sagte mir: dann eben ein andermal. Das werd' ich mir nie verzeihen. Mein ganzes Leben lang wird mir dieses Foto fehlen.

Ihre Stimme wird noch leiser:

— Alles ging so schnell. Sie sind gleich am ersten Tag gefallen. Als ich vom Tod Josuahs erfuhr, hatte man uns Mädchen gerade zum Stützpunkt im Nordsinai zurückgebracht. Es gab auch viele Verletzte. Ich war in vielen Krankenhäusern. Oh, diese Besuche! Diese unkenntlich gewordenen Kameraden!

Tehilla hat sich immer mehr in sich zurückgezogen. Ich spüre, wie ihr anfängliches Mißtrauen wiederkommt:

— Was willst du noch von mir hören? Es ist so furchtbar, davon zu sprechen ... Ich sagte mir damals: Du mußt hingehen, das bist du ihnen schuldig. Es war aber auch, als müßte ich mich vergewissern. Wie nach einem Erdbeben mußte ich die Überlebenden sehen und wiedersehen, um den »Faden danach« mit dem »Faden davor« zu verknüpfen. Unentwegt mußte ich ihnen Fragen beantworten: »Wie geht's Joseph?«, »Stimmt es, daß Amos beide Beine verloren hat?« Was sollte ich ihnen sagen? Eines Tages mußte ich mich schwer zusammennehmen, um nicht die Fassung zu verlieren...

Die dumpfe Stimme, deren Monotonie Tehilla noch weiter entfernt, macht den Horror deutlich:

— Das war einer von meinen besten Freunden. Er war auch zwanzig. Ich war vorgewarnt: »Elie hat überlebt, aber er ist ganz verbrannt. Er hat zusammen mit seinem Panzer geschmort.« In den beiden ersten Wochen konnte man ihn nicht besuchen. »Wegen der Ansteckungsgefahr« haben sie gesagt. Aber auch, weil der Anblick unerträglich war. Ich hatte mich darauf vorbereitet ... aber dann ... Ich seh's noch genau vor mir, ganz deutlich und grauenhaft. Sie hatten ihn mitten ins Zimmer gesetzt. Sein ganzer Körper war in weiße Leintücher gehüllt, aus denen nur der Kopf herausragte. Eine verkohlte Masse. Er war ganz ruhig. Und stell dir mal vor, als erstes fragte er, ob Josuah noch lebe: »Mir wird hier alles verheimlicht, mir wird nichts gesagt. Stimmt's, Josuah ist tot, nicht? Sag du mir doch die Wahrheit, Tehilla!« Ich hätte ihn nicht belügen können. Ich hab ihm alles gesagt...

— Und was ist aus Elie geworden?

— Er hatte eine Freundin, die ihn liebte, die nie aufgehört hat, ihn zu lieben. Sie hat ihm Tag für Tag im Krankenhaus beigestanden und auch überall dort, wo man ihn danach hinschleppte. Man hat ihm am ganzen Körper immer wieder Hauttransplantationen gemacht. Man hat ihm ein neues Gesicht gemacht. Und was für eins! Er braucht schon viel Mut, um so weiterzuleben.

Während Tehilla mir noch weiter von Elie erzählt, muß ich an das Mädchen denken, das so unbeirrbar seinen Leidensweg teilt. Wenn Elie sein Spiegelbild in einer Auslage oder einem Fenster sieht, dann weiß er, daß er sich hinter dieser vernarbten und starren Maske nicht verändert hat. Er sieht sich so, wie er sein Inneres von innen heraus immer gesehen hat. Aber seine Freundin kann über den geflickten Zustand seines Gesichtes, zu dem sie sich einmal hingezogen fühlte, nicht hinwegsehen.

Wie ich Tehilla so zuhöre, fühle ich mich ganz klein. Ich suche Zuflucht in einer ziemlich dummen Bemerkung:

— Diese Sachen müssen ja tiefe Spuren bei dir hinterlassen haben, oder?

— Wenn dieser Schock, diese »Sachen«, wie du sagst, nichts in mir verändert hätten, welcher Katalysator könnte mich dann überhaupt wohl noch bewegen? Und ich hab' dir noch nicht mal was von den Militärbegräbnissen erzählt, von ihren »Bestattungen«, wie sie's nennen, mit den Klagen der Rabbiner und den schönen Reden ... Ich bin zu den Beerdigungen meiner Kameraden gegangen, allerdings mit sehr gemischten Gefühlen: einerseits wollte ich meine toten Freunde begleiten und den Schmerz ihrer Familien teilen, andererseits fühlte ich mich elend bei dem Gedanken, damit einem Kriegsritual zu folgen und an einer Zeremonie teilzunehmen, die ich im Innersten ablehnte.

Tehilla streicht über den Ärmel ihres Pullovers:

— Gefällt dir mein Pullover? Er ist sehr warm und vor allem schön weich. Weißt du, das Leben ist sonderbar. Man macht manchmal Sachen, ohne zu wissen warum. Zum Beispiel mein Besuch bei Josuahs Eltern. Ich kannte sie nicht. Und plötzlich hat mich nach dem Krieg der Wunsch gepackt, sie zu treffen. Ich weiß nicht ... Wollte ich sie von ihrem Sohn sprechen hören? Oder hoffte ich, daß sie mir verzeihen würden? Aber was verzeihen? Noch zu leben, während ihr Sohn tot ist? Ein Mädchen zu sein, das man vor der Gefahr beschützt? Ich weiß wirklich nicht, was mich dazu bewog, an ihrer Tür zu klingeln. Im letzten Moment hatte ich dann Angst. Ich überlegte mir: Was werden sie wohl denken? Würden sie nicht sagen: »Wer ist diese Kleine? Was will sie denn von uns? Sie ist ja ziemlich dreist, uns zu stören. Reicht's nicht schon, daß unser Sohn tot ist?«

— Du hast dich dann aber doch entschlossen, denn es war ja schließlich Myriam, Josuahs Mutter, die mir so warm von dir gesprochen hat!

— Ja, ich habe meinen ganzen Mut zusammengenommen. Und was für ein Schock, als Myriam die Tür aufgemacht hat. Mir war, als hätte ich Josuah vor mir. Myriam und ihr Mann haben mich so herzlich aufgenommen, daß ich mich bei ihnen wohlfühlte. Und wir haben sogar gelacht. Das sind nicht Leute, die sich in ihrem Schmerz zurückziehen. Ich bin oft zu ihnen gegangen. Sie hatten mich gern um sich, ich brachte ihnen etwas von ihrem Sohn: Ich hatte am Stützpunkt in Josuahs Nähe gelebt und seine letzten Tage geteilt.

Tehilla beugt wieder den Kopf nach unten und schweigt. Dann legt sie ihre Hand neben sich auf den Teppich, so als zeige sie Josuahs Platz. Leise flüstert sie: »Wir waren uns so nah ...«

Doch plötzlich fährt sie auf:

— Weil du von so weit hergekommen bist, was willst du noch wissen?

— Verzeih mir, daß ich dich so quäle. Ich konnte nicht wissen, daß ich dich nach all den Jahren noch so sehr verwunden würde. Sag mir noch, lehnt ihr, die weiblichen Soldaten, lehnt ihr euch denn nie gegen diese Verbrannten, diese Verstümmelten auf? Gegen all diese Grausamkeiten?

— Nein. Soviel ich weiß, nicht. Sie sind sehr jung, aber sie halten sich da zurück. Beispielsweise für mich ... der Schock ist fürchterlich gewesen. Aber ich behalte das alles für mich. Was sollte ich mit meinen Ängsten sonst auch machen, als sie tief in mir zu verstecken? Wenn mir nur einer helfen könnte ... Jahrelang hab' ich mit den Mädchen in der Armee von diesen »Sachen« überhaupt nie gesprochen. Seit unserem Sinai sind 10 Jahre vergangen. Jetzt sage ich gelegentlich hier oder da ein Wort, selten aber mehr. Ich rede auch so wenig darüber, weil ich nicht die »Heldin in Uniform« sein will. »Die Heldin in Uniform, die im Sinai den Kippur-Krieg mitgemacht und dann die Helden besucht hat.« Ich weigere mich, in die Legende einzugehn.

Tehilla ist aufgestanden. Sie zieht es vor, für die nur wenige Meter lange Nacht des arabischen Jerusalems ein Taxi zu nehmen. Ich bestelle ihr eins per Telefon. Zum Schluß noch ein halbes Lächeln, und die Tür geht zu. Tehillas Schritte entfernen sich ... zögern ... kommen zurück ... ihre Hand klopft an meine Tür:

— Ich komm noch mal wieder ... ich will dir noch sagen ... meine Abneigung, du hattest sie wohl bemerkt? Ehrlich gesagt, deine Geschichte da von einem Buch über sich feindlich gesinnte Frauen und über den Krieg, das alles hatte mich gar nicht überzeugt. Aber jetzt bin ich mir sicher, daß du recht hast, und daß es gut ist.

Sie geht in Richtung Tür, zögert wieder, dreht sich noch einmal um:

— Weißt du ... dieser Pullover hier, dieser so große Pullover ... Nach deinem Anruf im Kibbuz hab' ich meinen ganzen Schrank auf den Kopf gestellt. Der Pullover ist ein Geschenk von ihm. Er hat ihn getragen, bevor er ihn mir gab. Ich wollte diesen Pullover gerne anhaben, wenn ich mit dir über Josuah rede.

DIE HERAUSFORDERUNG

Sherifa Fadel – Ägypten
Noemi Schemer – Israel
Raya – Israel

Zwei Frauen und ihre Lieder über den Krieg.

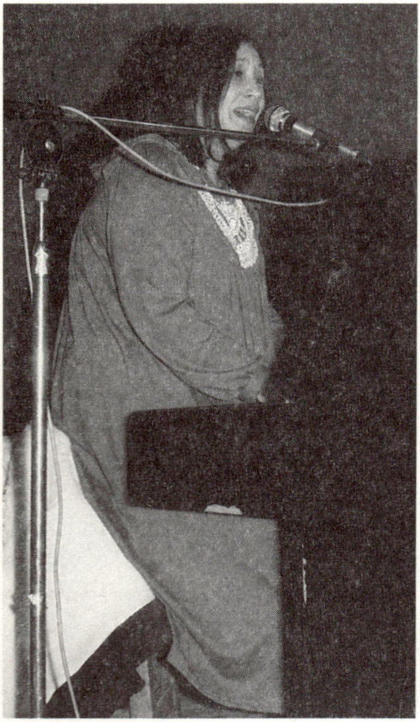

NOEMI SCHEMER, Sängerin – Symbol des israelischen Nationalismus', besingt ein Land, in dem immer Krieg ist...

SHERIFA FADEL, ägyptische Sängerin. Sie hat ihren Sohn im Frühling 1973 verloren und singt DIE MUTTER DES HELDEN, ein Lied, das ein großer Erfolg wurde.

Sherifa — Noemi

Sing uns dein Lied, sagen sie. Wir wollen mit dir weinen.

An der Pyramidenstraße ist das Kabarett von Sherifa Fadel die Hochburg des arabischen Liedes. Dennoch ruft seine unmittelbare Umgebung nicht die Tausendundeine Nacht früherer Zeiten hervor. Es ist vielmehr ein exportiertes Las Vegas, einige Kilometer von Kairo entfernt. Es ist Mitternacht, Ende Dezember 1982. Sherifa, der Star, ist noch nicht aufgetreten, aber ihr Name leuchtet seit Einbruch der Dunkelheit: tausend Neonsterne flimmern auf tiefblauem Weihnachtshimmel.

Dunkle Jacketts von darin eingepferchten, dickbäuchigen Ägyptern; langwallende Gewänder der Ölprinzen; Limousinen laden ihre diamantenbehangene Fracht vor dem Kabarett ab. Neben den Mercedeswagen zieht ein Esel seine Last von Honig- und Wassermelonen vorbei. Der auf dem Wagen sitzende Bauer wird in seinem ganzen Leben nicht das verdienen, was die Verehrer der Sherifa hier in einer einzigen Nacht ausgeben.

Sherifa ist eine berühmte Sängerin. Aber das Lied, das sie ihrem von Israelis getöteten Sohn widmete, hat sie über diese Berühmtheit hinausgehoben: sie ist zu einem Symbol geworden. Nach dem Oktoberkrieg von 1973 hörte man ihr Lied überall. Es verfolgte einen durch ganz Ägypten und bis ins entfernteste Dorf der arabischen Welt. Es wurde durch Millionen von Kassetten verbreitet, rauschte über alle Souks* und durch die Kasernen: »Oh, mein Sohn, oh, meine Liebe, mein Augenlicht... du wirst als Vorbild genannt, und alle beglückwünschen mich: Ich bin die Mutter des Helden...« Das Lied vibrierte in den Transistoren und in den Herzen der Mütter. Das arabische Volk fühlte sich durch dieses Lied in der Liebe zu seinen geopferten Söhnen untereinander verbunden.

Als wir das Portal zu Sherifas Tempel passiert haben, kommen zwei Gorillas auf meinen Begleiter und mich zu:

— Seien Sie bitte so freundlich, Madame, und lassen Sie Ihren Photoapparat an der Garderobe!

— Und warum?

— Sherifa zieht vornehme Leute an... sogar Minister... Diskretion ist

* arabische Bezeichnung für Märkte

daher... Sie verstehn, was ich meine... mit all diesen Journalisten...

Mein Dolmetscher unterbricht ihn:

— Eben, die Dame ist Journalistin! Ihr Interesse gilt aber den Frauen. Sie schreibt ein Buch über die Frauen und den Krieg und möchte gern, daß Sherifa ihr die Geschichte ihres Liedes erzählt.

— Da müssen Sie über ihren Mann gehen, den General Ali Zaki Pacha. Er ist oben in seinem Büro. Ich werd' mit ihm reden. Nehmen Sie solange Platz...

Auf der Bühne schreit sich eine in lila schillerndes Nylon gehüllte, angehende Sängerin die Seele aus dem Leib — mit einer Hymne an die zweiundzwanzig Nationalmannschaften der zweiundzwanzig zur Arabischen Liga gehörenden Länder. Auf die Fußballmesse folgt dann der Kult der Liebe. Schmachtend zelebriert ihn ein junger Mann mit Rhytmen und Melodien, die den Balkan ein wenig anklingen lassen, zugleich aber sehr an Israel erinnern. Eine blonde Araberin läßt ihn nicht aus den Augen. Sie ermutigt ihn von einem Lied zum andern mit jeweils einer Zehn-Pfund-Note.* Ein Page pendelt zwischen ihnen, zwischen Publikum und Bühne, hin und her.

Unser Gorilla ist nicht wieder aufgetaucht. Die Nacht zieht sich immer mehr in die Länge. Ich habe viel Zeit, um in Gedanken an mir vorbeiziehen zu lassen, was man schon alles an Gutem und Schlechtem über Sherifa gesagt hat, über diese paradoxe Inkarnation von Vaterlandsopfer und leichter Unterhaltung. Das Untergeschoß ihres Kabaretts soll angeblich sündige Geheimnisse verbergen. Die Mater dolorosa Ägyptens, die aus dem Elend von Bulâk, einem der ärmsten Viertel Kairos kommt, sei auch die Mutter eines Callgirl-Ringes. Was die wohlmeinenden Leute ihr aber am wenigsten verzeihen, ist, daß sie sich offen über Konventionen hinweggesetzt hat: »Stellen Sie sich mal vor, die Fadel hat es fertiggebracht, auf die Bühne zu gehn und sogar irgendsowas zu singen, kurz nachdem sie erfahren hat, daß die Juden ihren Sohn abgeschossen hatten!«

Endlich kommt der Chef-Page an unseren Tisch und flüstert meinem Begleiter ins Ohr:

— Der General erwartet Sie für den Termin mit Frau Sherifa.

Endlich! Ich werde sie endlich treffen, sie, die man riesengroß auf den Plakaten von Kairo sieht. Endlich werde ich diese berühmte Stimme aufnehmen können... Es ist drei Uhr morgens.

Der als Sekretär und Zerberus amtierende Ehemann des Stars ist ein

* Ein Pfund entspricht ungefähr einem Dollar

Fliegergeneral im Ruhestand. Als er den Grund meines Besuches erfährt, ist er erstaunt und schließlich beunruhigt.

— Das ist ein Thema, das meine Frau tief erschüttert. Mich hatte die Armee damals beauftragt, ihr den Tod von ihrem Sohn mitzuteilen. Er war Flieger, wie ich, nur daß er erst ein Kind von zwanzig Jahren war! Und dann hat es das Lied gegeben. Wir haben es jahrelang mit uns herumgeschleppt. »Die Mutter des Helden«, kennen Sie 's? Ich garantiere Ihnen nicht, daß meine Frau einverstanden ist, aber ich will versuchen, sie zu überzeugen.

Wir haben kaum unseren Tisch wieder erreicht, als der Chef-Page zurückkommt und uns mit dem gleichen vertraulichen Ton informiert:

— Gute Nachricht! Frau Sherifa empfängt sie morgen nacht. Seien Sie um ein Uhr morgens da!

Als ich in mein Hotel zurückkomme, wird im Speiseraum schon das Frühstück serviert...

... Und nach einem zu kurzen Schlaf und einem zu langen Tag, den ich hauptsächlich mit Warten in den Vorzimmern von Ministerien verbracht habe, komme ich nicht gerade taufrisch ins Kabarett. Sobald man uns — meinen Begleiter und mich — entdeckt hat, werden wir beflissen in den ersten Rang an den großen Tisch auf der Empore befördert. Einen Tisch, der für die Ehrengäste und Intimen des Stars reserviert ist: die Unterhändler aus Politik, Wirtschaft und Vergnügungsindustrie. Für diejenigen, die nach einheimischem Jargon einen »Hasen« (eine Million Pfund) oder einen »Elefanten« (hundert Millionen Pfund) wert sind. Ein kleiner Beamter Ägyptens verdient ungefähr dreißig Pfund im Monat.

Das Essen ist großzügig, und zwischen zwei Leckerbissen halte ich gespannt Ausschau. Schon zwei Uhr morgens. Hat Sherifa unsere Verabredung vergessen? Will sie dieses Gespräch meiden, das ihr den Tod ihres Sohnes wieder vor Augen bringt?

Drei Uhr. Endlich erscheint Sherifa... aber auf der Bühne.

— Ihr Auftritt dauert zwei Stunden... flüstert mir ein pomadisierter Nachbar zu.

Der Star grüßt. Das Orchester setzt ein. Beifall braust auf. Ein Lächeln, die Stimme hebt an, magisch und laut. Hinter dem Anschein einer müden Prinzessin und dem glitzerden Schneewittchen-Kostüm beherrscht die Komödiantin ihr Fach vollendet. Ihr Puffärmelkleid ist aus lachsfarbenem Taft, und den Samt ihrer gestickten Korsage verzieren blumenförmige Pailetten.

Als Sherifa am Höhepunkt ihres Singsangs angekommen ist, streckt sie die geöffneten Handflächen hoch, so, als riefe sie den Himmel an. Bei dieser Geste versuche ich mir vorzustellen, wie Sherifa auf der Bühne ihren Sohn beweinte, als sie dessen Tod gerade erfahren hatte. Ich versuche, mir Sherifas Gefühle als Mutter vorzustellen, als die andere Sherifa, das Paradetier der Unterhaltungsindustrie, unter einer Schicht von Künstlichem und Schminke sang und mit Applaus, mit Bravorufen, mit Schmuck und Blumen überhäuft wurde. Ich versuche, mir ihr echtes Gesicht am Ende dieser schrecklichen Nacht vorzustellen. Und meine Gedanken gehen zu einer anderen Nacht... zu einem anderen Stern jenseits der Grenze, zu Noemi Schemer, der Inkarnation des israelischen Patriotismus'...

Noemi schreibt den Text und die Musik ihrer Lieder selbst. Ihre schmerzlichen Melodien haben etwas vom Duft des orientalen Europas. In jener Nacht hatte ich sie mit ihren Sängern auf die besetzten, syrischen Golanhöhen begleitet. Das war vor kaum einem Monat. Von Tel Aviv aus waren wir lange nach Norden gefahren, am See Genezareth vorbei und über Anhöhen. Noemi hatte diese eisige Winternacht gewählt, um ihr Publikum in einem Schock-Kibbuz, der zwei Schritte von der syrischen Grenze entfernt lag — sage und schreibe ein befestigtes Lager mit Wachtürmen und Stacheldraht ringsum — aufzuwühlen und in ihren Bann zu schlagen.

Der Wind blies heftig. Unter den weißen und graugrünen Lichtstrahlen tauchte plötzlich der Kibbuz aus der Nacht auf. Der große, kahle Saal, der ihr als Theater diente, hatte keine Stukkatur und keine Spiegel, weder Samt noch Seide, keine Ballons und keine Quasten.

Noemi trug ihr langes schwarzes Haar offen, ein ganz einfaches Kleid und keinerlei Schmuck. Ihre Anhänger verehrten sie im Anorak: Männer mit Bart und schwarzem Gebetskäppchen; Frauen mit dem üblichen Tuch, das alles Haar bedeckt, und Kinder, deren Gesichter von den rituellen Schläfenlocken eingerahmt wurden. Zusammen stimmten sie alle in die Refrains ein.

In der Pause umringten die dick eingemummten Kinder ihr Idol, um ein Autogramm zu erbetteln.

— Die Kinder mögen mich sehr, hatte Noemi mir erklärt. Sie schicken mir Zeichnungen, Geschenke, Küsse. Ich bekomme über und über Briefe, und alle möglichen! Wie den von einem naiven, jungen Mädchen, das schreibt, es wünsche sich, daß der neue Krieg im Libanon mich auch wieder zu einem neuen Lied inspirieren möge. Das ist schrecklich! Ich bin keine Apologetin des Krieges, der Krieg inspiriert mich nicht, der Krieg ist nicht meine Muse. Ich schreibe keine Lieder über den Krieg, meine Lieder spiegeln nur einfach unser Leben wider, und unser Leben in Israel ist voller Kriege.

Sie hatte sich verteidigt:

— Meine Lieder entgleiten mir. Ich schaffe sie... und gleich werden sie Symbole, weil sie mit der Aktualität übereinstimmen! Nur ein einziges ist mir mitten im Krieg gekommen, es heißt: »So sei es«. Ich habe es während des Kippur-Krieges komponiert, dieses schrecklichen Oktoberkrieges, in dem so viele von unseren Jungen gefallen sind.

Ein anderes Lied (von Noemi schon 1964 komponiert) wird in die Geschichte eingehen. Sein Titel:»Morgen«. Dieses Lied war ausgewählt worden, um im November 1977 beim Besuch des Präsidenten Sadat in Jerusalem vom Orchester der israelischen Armee gespielt zu werden. Der Text lautet: »Morgen... morgen werden es Orangen sein, die auf unseren Kriegsschiffen fahren.« Dichterworte.

In jener Nacht auf dem Golan hatte Noemi ihr Publikum mit einer Ballade an einen toten Soldaten gefesselt und erschüttert. »Jedes Jahr im Herbst senst der Wind in meinem Garten die schönsten Rosen ab... du bist nicht allein, Giora... du bist da oben mit den Besten von uns... denen von 1948... von 1967... von 1973... von...«

Und auf der Rückfahrt hatte Noemi hinzugefügt:

— »Giora« ist eine Elegie nach israelischer Art, ohne Ende, ohne Lösung. Es wäre unpassend, bei einem solchen Lied von einem »Hit« zu sprechen. »Giora« ist schön, das stimm. Vor allem aber antwortet es dem tragischen Verlangen der Israelis nach solchen Liedern.

Brausender Applaus führt mich zurück ins Kabarett an der Pyramidenstraße und in die Gegenwart. Das Toben von Sherifas Verehrern steigt herauf bis zu unserem Balkon. Die Sängerin verbeugt sich, verbeugt sich wieder.

Endlich werde ich sie interviewen können. Endlich werde ich schlafen gehen können. Ich stehe auf...

Im gleichen Moment erscheint ein Angestellter des Kabaretts auf der Bühne. Er überreicht Sherifa eine lange Girlande aus aneinandergehefteten Zehn-Pfund-Noten. Sherifa widersteht nicht. Sie umhüllt sich mit dieser Papiergeldschlange wie mit einer Federboa... und beginnt wieder zu singen. Sie singt und singt und hört gar nicht mehr auf, für den reichen, hinter einer Säule verborgenen Saudiaraber zu singen.

Als der Star mich in seiner Loge empfängt, ist es halb sechs Uhr vorbei... Sherifa legt gleich emphatisch eine Hand auf die Brust:

— Ich weiß, weshalb Sie da sind, aber man wird Ihnen gesagt haben, daß ich über das alles nicht mehr reden mag... nun... entschuldigen Sie, ich hab' Sie so lange warten lassen, hoffentlich haben meine Leute Sie gut behandelt!

— Machen Sie Ihre Lieder selber?

— Nein, nie! Weder den Text, noch die Musik. Ich such' mir die Lieder aus, die mich berühren. Seit meinem grausamen Opfer, seit dem Tod meines Sohnes, ist mein Herz verändert. Es will nur noch die traurigen Lieder. Das Heitere singe ich nur auf Bestellung, für Hochzeiten...

Die Mater dolorosa spielt mit ihren diamantbesäten Ringen:

— ... weil Hochzeiten doch fröhlich sind, nicht wahr? Aber ich erinnere mich auch an einmal... das war in Saudi-Arabien... da haben sie mich sogar dahinten, sogar bei einer Hochzeit um »Die Mutter des Helden« gebeten. Sie wußten, was dieses Lied mir bedeutete, denn sie riefen mir zu: »Sing uns dein Lied, Sherifa! Wir wollen mit dir weinen!«

— Gehen Sie oft nach Saudi-Arabien?

— Die Emire schicken mir ihre Flugzeuge. Ich mach' dann die Hin- und Rückreise in der gleichen Nacht.

Die Emire lieben Sherifas goldene Stimme, und sie überhäufen sie mit Gold, um sie zu hören. In ihren Marmorpalästen beweinen sie mit ihr die in Sand und Staub gefallenen Kinder Ägyptens. In hohen, von Kristalltrauben beleuchteten Räumen werden dem Star zu Ehren Bankette abgehalten: goldgestickte Tafeltücher, Silberbestecke mit den Insignien der Prinzen, afrikanische Diener, feine Gerichte vom Golf und Whisky, der so rein ist wie der Islam.

— Vorhin hab' ich gesehen, daß Ihre Verehrer Ihnen Banknoten-Girlanden auf die Bühne schicken...

— Das ist ein arabischer Brauch. Das macht man bei Fußballstars auch. Ich bekomme alles: Schmuck, Uhren, Schecks und sogar Reiseschecks! An manchen Abenden geht's darum, wer am meisten bietet.

In der Tat steigen im Sommer, wenn die Emire in Kairo Abkühlung suchen, die Gebote unter den neuen Herren der Welt, werden die Banknoten-Girlanden unter den Heftmaschinen länger und länger. Dann gleicht der geldstreifenumwickelte Star einer Mumie.

— Aber diese Scheine teile ich alle mit meinen Musikern und meinem Personal, versichert Sherifa.

Der Star verharrt in der eingenommenen Pose in dem schimmernden Sessel seiner Loge, unter seinen Diamanten und Perlen, unter seinem venezianisch blondgefärbten Haar und dem zu einem Dutt zusammengesteckten Haarteil. Der pastellfarbene Nerz hängt nebem dem Spiegel.

— Arbeiten Sie auch für den Film?

— Natürlich! Und auch fürs Fernsehen.

— Ein aufreibendes Leben, nicht wahr?

— Das kann man sagen. Wenn ich dann wirklich nicht mehr kann, fahr' ich zur Erholung in die Schweiz. Ah, die Schweiz! Und der Frieden! Bei uns riecht's immer nach Krieg. Ich... ich hatte zwei Söhne... jetzt hab' ich nur noch einen. Ich hatte meine Söhne von meinem ersten Mann, von Said Bdeir, dem berühmten Drehbuchautor. Kennen Sie ihn? Wir haben uns nach 15 Jahren scheiden lassen. Said wollte mich für sich haben... ich aber, ich wollte mir selber gehören. Ich wollte siegen. Und ich habe gesiegt!

Der Star hat gesiegt, aber die Mutter hat verloren... Gleichbleibend theatralisch im Schmerz wie im Triumph, in der Loge wie auf der Bühne, streicht Sherifa sich mit einer Hand über die Stirn:

— Mein Sohn war gerade erst zwanzig. Die Israelis haben sein Flugzeug im Frühling abgeschossen. Bei einem Angriff über dem Kanal. Das war ein paar Monate vor dem Ramadan-Krieg, diesem schrecklichen Oktoberkrieg von 1973. Mein armer Kleiner... er war erst neu dabei... er hatte erst achtzehn Monate in der Pilotenschule gemacht...

Und plötzlich habe ich nicht mehr die Komödiantin vor mir, sondern die Frau, die sich mir anvertraut.

— ...Noch heute, nach vielen Jahren, kann ich mir nicht erklären, woher mir dieses Unbehagen kam... das mich nie mehr verlassen hat seit dem Tag, an dem ich ihn aufsteigen sah.

Ein Star kann sich jeden Luxus leisten, nur nicht den, seinen Tränen freien Lauf zu lassen — wegen der falschen Wimpern und der Schminke. Sherifa meistert das, indem sie die Augen weit aufsperrt.

— Und Ihr Lied?

— Sechs Monate nachdem Israel mir meinen Sohn getötet hatte, schrieb Ali Ismail mir die Musik. Seine Frau hat den Text gemacht. Von den ersten Noten an, hat die »Mutter des Helden« das ganze Land erschüttert. Wohin ich auch ging, hat Ägypten mit mir geweint. Ich hab' das nicht immer ausgehalten. An einem Abend brach ich ohnmächtig auf der Bühne zusammen. An einem anderen hatte ich eine Blutung im Hals. Immer, wenn ich sang, hatte ich Angst, daß mich meine Kräfte verlassen. Vor allem in den Krankenhäusern... diese Männer ohne Arme, ohne Beine, diese zerschundenen Schädel, gebrochenen Wirbel, diese toten Augen... vor all diesen Unglücklichen zu singen und sich selber zerstört zu fühlen... Meine Stimme zitterte. Und doch hat es mir gut getan, unter ihnen zu sein. Ich sagte mir: Gott sei gedankt, meiner hat nicht gelitten, er wird nicht sein ganzes Leben hinter sich herschleppen müssen.

Sherifa hat überall gesungen, in Frankreich, in den Vereinigten Staaten, in Kanada. Nichts würde sie heute daran hindern, auch für die Araber Israels zu singen. Aber sie bleibt entschieden:

— Nach allem, was ich erlitten habe, habe ich keine Lust, dahinten hinzugehn.

— Sadats Reise nach Jerusalem, der Friede mit Israel, das hat Ihnen doch auch was ausgemacht?

— Oh ja, ich hab' mich wahnsinnig gefreut. Mein zweiter Sohn riskiert jetzt nicht mehr, daß man ihn in den Krieg schickt. Weder er, noch die anderen Jungen... so jung... meine Söhne... Ich sage meine Söhne, weil viele mir schreiben und sagen: »Sherifa, ich hör' mir Tag und Nacht dein Lied an. Sherifa, du bist die Mutter von uns allen.«

Die Dissidentin. Freiheitsliebend hat sie die Rolle der »Märtyrer-Witwe« abgelehnt.

RAYA ROTEM, die Israelin, die nach den Massakern in den palästinensischen Flüchtlingslagern von Sabra und Schatila im Libanon allein in den Straßen von Jerusalem demonstriert.

RAYA ROTEM ist die Witwe von **ARIK KOLAN**, einem israelischen avantgardistischen Bühnenregisseur, der im Oktoberkrieg von 1973 getötet wurde.

Raya

Der Schmerz ist sowieso immer da. Er klebt an dir, wie der Futterstoff deines Kleides.

Als mein Mann 1967 in den Krieg ging, war ich schwanger...

Raya hat sich neben mich auf den Teppich gesetzt. Bei Raya Rotem in Jerusalem, Navon Str.5, setzt man sich oft auf den Boden. Hier lebt man ganz ungezwungen: Bücher, Schallplatten und Freunde. Und heute, mitten im Winter, werden große Holzscheite in den Fayenceofen geschoben, der vor fünfzig Jahren von Russen eingebaut worden war.

— Ja, von Russen, betont Raya. Dieses Haus ist Anfang des Jahrhunderts von zionistischen Pionieren gebaut worden. Von Russen, sag ich dir, weil ich nie, nie wieder ein Haus bewohnen werde, das man den Arabern gestohlen hat.

Sie zündet wieder eine Zigarette an und streicht über die Blumen des Teppichs:

— Gefällt er dir? Er ist schön, nicht? Ich hab' ihn hier ganz in der Nähe gekauft. Ich geh' nicht mehr in die Altstadt, ins arabische Viertel. Obwohl es da viele billige und tolle Sachen gibt. Aber weißt du, ich geh' nicht mehr über die »Grüne Linie«. Ich geh' weder nach Nablus noch nach Hebron. Ich stell' keinen Fuß mehr in die von uns besetzten, arabischen Gebiete.

Oft erobert und zurückerobert, ist Jerusalem jetzt schon seit 15 Jahren israelisch. Und vor 15 Jahren ist Rayas erster Mann in den Krieg gezogen...

— Du sagtest, daß du schwanger warst...

— Ja, ich sagte... aber komm, setz dich näher zu mir hin! Ich war also schwanger. Wir hatten wieder einmal Krieg. Diesmal waren mein Mann und mein Bruder an der Front. Und trotzdem hatte ich keine Angst! Vielleicht, weil ich schwanger war? Diese Dinge sind so geheimnisvoll. Sogar als die ersten Bomben fielen, hatte ich keine Angst. Ich konnte mir gar nicht vorstellen, daß das Leiden mich persönlich treffen würde. Ich kannte zwar von früher aus der Schule einige Jungen, die gerade umgekommen waren; aber von ihnen stand mir keiner wirklich nahe, also war das für mich nicht wichtig...

Sie drückt ihre Zigarette aus:

— Na ja... nicht wichtig... einer schon! Es war der Mann einer meiner Freundinnen. Sie war, genau wie ich, schwanger. Und sechs Monate später bringen wir nun beide in der gleichen Klinik, am gleichen Tag, in nebeneinander liegenden Zimmern, unsere Kinder zur Welt. In was für einem Zustand war ich! Unmöglich, dir das zu beschreiben. Nachts fühlte ich sie ganz dicht nebenan, allein, verzweifelt. Ich fühlte mich schuldig, weil ich einen Mann hatte. Schuldig, weil ich glücklich war. Wenn sie im Flur an mir vorbeiging, wagte ich nicht, ihren Blick zu streifen. Später lud ich sie zu jedem Geburtstag unserer Kinder ein, aber Freundinnen waren wir nicht mehr... Und das war noch schlimmer, als ich mich scheiden ließ: Ich hatte das Glück, einen Mann zu haben, und nun leistete ich mir den Luxus, ihn zu verlassen.

Raya hat einen theatralischen Zug. Das erstaunt nicht. Das Theaterleben ist ihr vertraut, da sie selber Kindern Theaterunterricht gibt. Aber sie zeigt auch viel Engagement und nimmt großzügig und mutig am Theater des wirklichen Lebens teil. Als 1982 die Wahrheit über die Massaker in den Palästinenserlagern von Sabra und Schatila im Libanon ans Licht kam, hat sie nicht gezögert. Sie hat ein langes Kleid und eine Hose angezogen — so wie die Palästinenserinnen — hat die Kleidung zerfetzt und mit Schlamm beschmutzt und sich das Gesicht geschwärzt. Dann hat sie die Puppe ihrer Kinder in Lappen gehüllt und in den Arm genommen. So hat sie auf den Straßen Jerusalems ihre Solidarität mit den palästinensischen Frauen der Märtyrerlager gezeigt. Sie war Mitglied der Kommission gegen den Krieg im Libanon.

Was den Krieg angeht, so sind Rayas Gefühle eine Mischung aus Mitleid und ironischer Distanz. Sarkasmus blüht bis in ihr Wohnzimmer. An der Wand ein Aufkleber: eine Schildkröte, die auf ihren Hinterbeinen stehend in ausdrucksvoller Pose einen Soldatenhelm zu erklimmen sucht. Und über dieser erotisch-militärischen Darstellung: »Fuck the Army!« Auf einem wackeligen Holztischchen thront ein ausgelatschter Militärschuh. Dieses ungewöhnliche Nippes-Stück ist mit einer dicken Schicht Goldfarbe übersprüht. Für die Rebellin Raya ist es die als »Goldenes Kalb verehrte Armee«.

Was Charakter angeht, so ist Raya nicht aus der Art geschlagen! Wer hätte wohl geglaubt, daß ihr Vater einer der meistdekorierten Helden Israels ist?

— Mein Vater meint, noch heute in der Pionierszeit zu leben. Er trägt in seiner Hintertasche einen geladenen Revolver mit sich. Als er aus Rußland kam, war er elf Jahre alt. Meine Mutter kam mit zehn Jahren aus

Polen. Ich selbst bin am 24. Dezember 1944 in Jerusalem geboren. Meine Eltern waren noch sehr jung…

Raya steht auf, um einen Holzscheit in den Ofen zu legen, dabei wirft sie einen Blick aus dem Fenster. Ein eisiger Wind rüttelt an dem Baum, der fast ganz allein den kleinen Garten einnimmt.

— … Stell dir mal vor, mein Vater hat mir das Schießen beigebracht, als ich vier Jahre alt war. Er holte mich mit einem gepanzerten Fahrzeug von der Schule ab. Er brachte mir bei, mich zu tarnen, mir Eukalyptusblätter ins Haar zu stecken, unbemerkt über eine Anhöhe zu kommen. Für mich war das ein Spiel. Aber für meinen Vater war das das Leben. Ich verkörperte für ihn die erste Generation freier Israelis: gesund, abgehärtet, fähig, mich zu verteidigen und zu schießen, wie ein Mann. Ich war seine mythische Heldin. Für ihn ist alles Mythos und Symbol. Er lebt in der Vergangenheit, ist gegenüber allem, was sich um ihn herum verändert, blind. Er steht rechts und ist noch ganz vom Ruhm Israels verblendet, während wir sehen, daß dieser Ruhm langsam verfault.

Telefon. Bei Raya läutet es ständig. Jetzt auch noch die Haustürklingel. Eine Nachbarin tritt ein, ihr Baby auf dem Arm:

— Kannst du einen Moment aufpassen?

Raya wickelt das kleine Kerlchen in eine Decke, dreht es auf die Seite, kommt zu mir zurück und wechselt von Hebräisch auf Englisch:

— Wo waren wir?

— Du sagtest, daß dein Vater rechts steht.

— Ah ja. Und paradoxerweise lebt er sehr gern mit den Beduinen. Mit Arabern. Er, der nationalistischer ist als die Nationalhymne. Am Araber stört ihn sonst aber auch alles! Das ist auch noch so einer seiner Mythen, einer mehr. Lächerlich ist an all dem, daß ich ihm nicht zutraue, denen, die er Analphabeten und Lügner nennt, die für ihn schmutzig, homosexuell, syphiliskrank und was weiß ich noch alles sind, daß er denen wirklich etwas Böses antut… Und trotzdem liebe ich mein Väterchen sehr, und er liebt mich auch. Nur kann man mit ihm nicht reden. Ich umgehe — wie die Katze den heißen Brei — die brennenden Punkte, sonst würde immer alles in schmerzlichem Streit enden. Meine Mutter, die liebte auch ihren Helden. Aber sie war mit der Zeit realistischer geworden und auch internationaler. Sie war künstlerisch veranlagt. Sie fehlt mir sehr. Sie kam 1973 bei einem Autounfall ums Leben.

Wieder Klingeln an der Tür. Wieder eine Besucherin. In Uniform. Die junge Soldatin ist noch nicht einmal zwanzig. Ohne mich anzusehen, geht sie an mir vorbei. Als sie weg ist, sagt Raya:

— Arme Rachel. Sie kann sich nicht daran gewöhnen! Sie erträgt die Armee nicht. Und weil sie Jemenitin ist, kann sie sich keinem anvertrauen. Bei ihnen wird die Armee verehrt, und Israel wird verehrt. Man ist ultranationalistisch, wie die Israelis arabischer Herkunft es sowieso meistens sind. Als ich in ihrem Alter war, hab' ich das Militär glatt verweigert. Damals war ich so ziemlich die einzige, die dagegen war. Die anderen Mädchen waren eifrige Patrioten. Ich war noch keine politische Rebellin wie heute, aber ich war schon allergisch...

— Was hast du gemacht?

— Ich bin zu einem Psychiater der Armee gegangen und hab' zu ihm gesagt: »Wenn du willst, schick' mich dahin, ich werd' aber keinen Finger rühren. Ich werde mein Hinterteil auf einen Stein setzen und »Alice im Wunderland« lesen. Er hat mich für dienstuntauglich erklärt. Für Mädchen ist das leichter. Einmal wurde unsere Klasse in ein Militärlager geführt, damit wir die Absprünge unserer Fallschirmjäger bewunderten. Zwei der Fallschirme haben sich nicht geöffnet, und die armen Kerle sind vor unseren Augen abgestürzt. So. Und dann hat sich die ganze Klasse trotzdem als Freiwillige bei den Fallschirmspringern gemeldet. Nur ich nicht.

Rayas Ablehnung und Verweigerung überraschten nicht übermäßig. Waren ihre Eltern ja auch nicht gerade konventionell: vier Kinder, ein kunterbuntes Haus, ein ziemlich verrücktes Leben.

— Damals schwammen wir im ideologischen Strom des Heldentums. In den ersten Jahren unseres Staates wurde nicht gereist, wurde das Land verehrt, wurde tief durchgeatmet und voller Arroganz unsere Armee besungen.

— Und was war dabei mit den Arabern?

— Den Arabern? Ganz einfach: Ich war mit der Idee großgeworden, daß die der »absolute Feind« waren. Ich wohnte in Jerusalem, und ich hatte nicht einen einzigen getroffen. Damals war Jerusalem geteilt. Oberhalb der Mauer konnte ich gerade die »Arabische Legion« von Glubb Pascha* sehen. Die Silhouetten mit den großen Gewehren machten mir als kleinem Mädchen fürchterliche Angst. An die Araber dachte ich einfach nicht wie an Menschen. Nie. Die Palästinenser sah man ganz einfach nicht, man sprach nicht über sie, sie existierten nicht. Stell dir mal vor, sogar mein damaliger Freund, ein Super-Intellektueller, der von nichts an-

* Britischer Generalleutnant, der von 1939 bis 1956 die »Arabische Legion« kommandierte.

derem als von Gleichberechtigung redete, selbst der hätte nie an eine Koexistenz mit den Arabern gedacht.

— Hast du ihn geliebt?

— Ganz schrecklich! Ich habe meine Schule verlassen, um ihm in den Kibbuz zu folgen. Ich war 16. Wir waren puritanisch, oh je! Nun... jedenfalls im Prinzip... Es wurde nicht geraucht, nicht getrunken, nicht geliebt! Im Prinzip...

Aber Raya und der Kibbuz — das ist zweierlei! Sie wirft ihr Kopftuch zu den Orangen, verläßt ihren Liebhaber und kehrt nach Jerusalem zurück.

— So bin ich ins Boheme-Leben gerutscht, und das war auch meine »schwarze Epoche«: schwarzes Kleid, kohlschwarze Augen, wuchtiger Schmuck. Ich sah mich gern so: schlank, ätherisch, mysteriös. Manche fanden mich sehr schön. Aber mein Vater machte sich lustig über mich: »Wer möchte schon mit einem Skelett ins Bett gehen?«

Sie lacht:

— Mein armer Vater, einmal mehr war er völlig »out«. Ich habe dann an der Universität einen Skelettliebhaber gefunden, einen Jungen, den ich schon seit Jahren kannte. Wir haben geheiratet und zweieinhalb Jahre später kam unser Sohn zur Welt. Unser Zusammenleben war nicht leicht. Nichts ist leicht mit mir! Nach vier Jahren haben wir uns als gute Freunde wieder getrennt.

Wieder die Türklingel. Raya hat keine Lust mehr gestört zu werden und schickt ihre etwa zehnjährige Tochter zur Tür. Das Kind kommt triumphierend mit einem Eilbrief zurück:

— Das kommt aus Europa, der Briefträger hat es gesagt.

— Darauf hab' ich schon gewartet, sagt Raya. Eine Einladung aus Deutschland, von der Organisation, die das palästinensische Volk unterstützt.

Raya reist also in ein paar Tagen, um diejenigen zu verteidigen, die früher — wie man es ihr jedenfalls wiederholt beigebracht hatte — gar nicht existierten. Mit einem plötzlich schmerzlich gewordenen Blick wendet sie sich zu mir:

— Ach, wenn Arik mich heute sehen könnte. Er wäre stolz auf mich.

— Arik? Welcher Arik?

— Mein zweiter Mann, der, der tot ist. Der Vater von der Kleinen.

Sie reißt den Umschlag auf und überfliegt den Brief. Sie fröstelt:

— Mein Gott, was für eine Kälte! Ich seh', daß du dir deine Füße im Ofen röstest; ich hol' dir Socken.

Als ich endlich für den Winter in Jerusalem ausgerüstet bin, setze ich mich wieder zu Raya.

— Also, erzähl mir von Arik!

— Arik... sein richtiger Name war Arieh, aber wir nannten ihn alle Arik. Das war mein kleiner Freund, als ich 15 war. Der, der die Welt neu erschaffen wollte. Erinnerst du dich, ich hatte ihn im Kibbuz gelassen. Eigentlich haben wir uns nie ganz aus den Augen verloren. Als mein Sohn geboren war, kam er mich sogar besuchen. Ich spürte, daß er mich noch liebte, weil er oft ekelhaft zu mir war, während ich sehr nett zu ihm war. Wir haben uns nach meiner Scheidung schließlich an der Universität wiedergetroffen. Und geheiratet haben wir nur, um seinen Eltern Freude zu machen.

— Wie war Arik?

— Man fand ihn mit seinen langen glatten Haaren und seinen dreifach unterteilten Brillengläsern häßlich. Blond und kurzsichtig. Gelinde gesagt: Er sah sonderbar aus. Ich seh' ihn vor mir, mit seinem grünen Samthut, einer lila Hose, orangefarbenem Halstuch und rosa Hemd. Wie ein Papagei. So farbenfreudig spazierte er durch die Straßen. Zu einer Zeit, als die Israelis alle aussahen, als trügen sie Uniform. Er fand sich auch häßlich. Er sagte immer wieder: »Raya, so schön wie du... und dann mit einem Typen wie mir leben! Eines Tages wirst du mich verlassen...« Häßlich... wenn man will... ja. Aber was für ein ungewöhnlicher, hervorragender, ruheloser Geist! Ein faszinierender Typ. Ich war sehr verliebt.

Arik Kolnik — er hatte seinen Namen zu Kolan »israelisiert« — war Bühnenregisseur. Er arbeitete mit Jugendbühnen und hatte außerdem mit satirischem Kabarett begonnen:

— Der Krieg ließ ihn nicht mehr los. In seinem Kabarett drehte sich alles darum. Er prangerte die selbstgefällige Betrachtung Israels an. Mir fällt ein Sketch ein, in dem Soldaten auf der Straße so ein paar arme Teufel mit einer Art Turban auf dem Kopf schlagen. Jemand kommt vorn auf die Bühne und beruhigt das Publikum: »Seien Sie unbesorgt, das hat nichts mit uns zu tun. Das kann Israels Image nichts anhaben — das ist in Bangladesch. Arik lästerte auch über den Heldenmythos, machte unsere Kriege lächerlich, Kriege, die nie aufhören, die immer mehr Opfer fordern. Arik war Spieler, kein Ideologe. Ein Provokateur, einer der instinktiv vorging und mit Ideen jonglierte.

Ariks Aufführungen waren bei weitem nicht perfekt. Es fehlte an Geld. Das war Experimentierbühne und politisches Theater par excellence: hervorragend, trotz seiner technischen Mängel, aufrüttelnd durch seine

Kühnheit und Originalität. Sein Theater hatte einen gewissen Erfolg, aber es brachte nichts ein:

— Wir waren arm. Wir hatten nur sein Gehalt, das er als Direktor des Jugendtheaters dieses Stadtviertels verdiente. Wir lebten in einer winzigen Wohnung und weder der eine, noch der andere hatte einen leichten Charakter. Arik war sehr ehrgeizig, er verlangte sehr viel von sich und noch mehr von den anderen. Ein Leben, das reich war und aufregend, aber auch hart.

Arik und sein Kabarett riefen oft Skandale hervor: Das Schauspiel fand auch im Zuschauerraum statt. Raya meinte sogar, daß Arik manchmal zu weit ging: »Schämst du dich nicht, dich über eine arme Frau lustig zu machen, die ihren Mann im Krieg verloren hat? Und wie kannst du es wagen, vorzugeben, daß unsere Minister und Generäle derartige Ideen haben? Unter ihnen gibt es zahlreiche Idealisten, und du sprichst immer nur von Berechnung, Ehrgeiz und Interesse!«

Raya macht sich über sich selber lustig:

— Damals war ich noch ein bißchen die Tochter meines Vaters. Und um ganz ehrlich zu sein, ich war sehr stark auf mich konzentriert. Erst viel später hat mein politisches Engagement mir geholfen, mich davon zu befreien. Ich war egozentrisch, fühlte aber schon vieles. So war ich z.B. nach dem Junikrieg von 1967 — wie jeder gute Jude — mit meinem ersten Mann zur Klagemauer gegangen, um sie zu küssen und um die zurückeroberte Altstadt Jerusalems anzufassen. Das war gleich am ersten Tag. Man hatte nur einen Weg geöffnet. Überall israelische Wachen. Und Menschen, überall Menschen! Das ganze jüdische Jerusalem schob sich zum arabischen Jerusalem...

Raya ergreift meinen Arm:

— ...und hinter einem vergitterten Fenster Kindergesichter. Augen, die uns anstarrten. Ich versuchte ihnen zuzulächeln. Ich winkte ihnen. Ich schämte mich. Ich war allein in der Menschenmasse, die vom Siegestaumel ergriffen war. Ich wollte umkehren. Unmöglich, gegen den Strom zu schwimmen. Die Menschenlawine rollte, rollte, rollte. Die Prozession zog zu den heiligen Stätten, zur Mauer, kehrte wieder zum Ausgangspunkt zurück. Ich kam mir in dieser wahnsinnig gewordenen Menschenmasse immer verlorener vor... Unsere Soldaten schossen in die Luft. Als ich meinen Mann nach dem Grund dafür fragte, hat er geantwortet: »Nur so, um den Arabern Angst zu machen. Einfach, damit sie ruhig bleiben!«

— Und du bist wirklich nie mehr dorthin zurückgekehrt?

— Nein, seit Jahren nicht mehr: ich fühle mich dort nicht wohl. Ich bin dann immer übertrieben freundlich, um etwas wettzumachen. Einmal bin ich sogar so weit gegangen, mit den arabischen Krämern englisch zu sprechen. Die haben mir hebräisch geantwortet. Und mit einer Miene, als wollten sie sagen: »Mach' dir doch keine Mühe, Kleine. Wir wissen, daß du eine Israeli bist.«

Viele Beschämungen dieser Art haben Raya zu ihrem politischen Engagement geführt:

— Ich erinnere mich noch an den Tag, als es an der Tür unseres früheren Hauses läutete. Es waren Araber, ein Mann und zwei Frauen, die ein wenig Englisch sprachen: »Entschuldigen Sie bitte, dürfen wir einen kleinen Blick reinwerfen? Das war früher unser Zuhause...« Ich wäre am liebsten im Erdboden versunken. Wie sollte ich ihnen auch erklären, daß ich nur Mieterin war und ihr Haus nicht beschlagnahmt hatte?

Neben uns beginnt das deponierte Baby zu schreien. Zum Glück kommt im gleichen Augenblick seine Mutter mit einem Schnauzbärtigen an ihrer Seite. Es ist Ely, der Mann, mit dem Raya heute zusammen lebt. Er beugt sich zur Begrüßung herunter, ich richte mich auf meinem Kissen auf, und auf halber Höhe lächeln wir uns zu:

— Ah, Sie schreiben also dieses Buch!

Ely ist neugierig, aber diskret. Er zieht sich zurück. Rayas Stimme klingt zärtlich:

— Weißt du, Ely hat Arik nie gekannt, trotzdem bewundert er ihn sehr. Er selber ist auch stark engagiert. Wenn sich jemand vorstellen kann, unter welch gespannten Verhältnissen Arik und ich gelebt haben, so ist er es. Ah, diese Nacht nach der Premiere im Kabarett! Eher ein korrosives Schauspiel. Gegen vier Uhr morgens klopft es an der Haustür. Arik steht auf, tappt umher, findet schließlich seine Brille. Er schleppt sich zum Eingang. Und plötzlich hör' ich ein dumpfes Geräusch. Ich stürze zu Arik. Er liegt am Boden, bewußtlos. Er blutet. Vor der Tür seh' ich einen großen Kerl mit dunkler Brille. Ich hab' ihn angeschrien: »Du Schweinehund! Was hast du ihm getan?« Der Kerl wurde ärgerlich »Was fällt dir denn ein? Ich hab' den doch nicht mal angefaßt! Ich komm' von der Armee.«

Es handelte sich tatsächlich nur um eine militärische Übung, einen vorgetäuschten Angriff. Arik, so überarbeitet wie er war, hatte durch das ruckartige Aufstehen einen Schwindelanfall erlitten. Beim Hinfallen hatte er sich den Kopf angeschlagen.

— Ich lebte ständig in Angst, daß man Arik wegen siner Aufführungen einmal etwas antäte. Ich werde meinen fürchterlichen Schrecken von damals nie vergessen. Arik war ganz grau. Er bewegte sich nicht mehr. Ich war fest überzeugt, daß der Mann mit der Brille ihn getötet hatte. Und ich sagte mir: So, meine Liebe, jetzt kommst du dran!

Arik hat sich von diesem nächtlichen Besuch der Armee wieder erholt. Der nächste sollte ihm aber einige Monate später zum Verhängnis werden... Bei dem Gedanken daran streicht Raya sich mit der Hand über die Stirn; sie wird blaß:

— Hören wir auf, ich bin todmüde.

Sie verschwindet in der Küche, schiebt ein Huhn in den Ofen und knabbert etwas nebenher. Ihr Gesicht bekommt wieder etwas Farbe.

— Ich entsinn' mich noch ganz genau. Es war am Jom-Kippur, dem Tag der großen Versöhnung...

Kippur ist der zehnte Tag im jüdischen Kalenderjahr, der mit strengem Fasten begangen wird. Alles steht in Israel still, die öffentlichen Verkehrsmittel und sogar der nationale Radiosender, was einzig auf der Welt ist. Ein Ambulanz-Wagen riskiert, mit Steinen beworfen zu werden, auch wenn er Notfälle transportiert.

— ...Unser Haus war wirklich häßlich, viele Leute oben und unten. Wir wohnten im dritten Stock. An jenem Tag saß die ganze Familie von Fotos umgeben auf dem Fußboden: mein Sohn, meine neun Monate alte Tochter, Arik, der Fotos aus der Zeit vor seiner Zeit entdeckte... Eine Freundin von uns kam noch unangemeldet dazu. Kurz darauf hat die Sirene zu heulen angefangen... Ich schnappe mein Baby und renne auf die Straße — ein Reflex, der auf meine früheste Kindheit zurückgeht, auf die Bombardierungen von 1948. Ich zittre... und zittre. Als ich sechs Jahre davor, im Krieg von 1967, meinen Sohn noch in meinem Bauch trug, war ich ganz ruhig; heute habe ich meine Tochter in den Armen und sterbe vor Angst. Ich gehe wieder in die Wohnung hoch...

Oben trifft Raya Arik am Radio. Ausnahmsweise hat das Radio an Kippur seine Sendung wieder aufgenommen.

Es ist Krieg.

— Wir sind in die Schutzkeller geeilt... Dort finden wir unsere unbekannten Nachbarn. Arik, ein echter Kindernarr, bietet den Kindern Kekse an, um sie zu beruhigen. Aber die Eltern sind außer sich und bemerken, daß man an Jom-Kippur zu fasten hat. Arik fiel aus allen Wolken. In seiner Familie hatte man sich nicht um derartige Vorschriften gekümmert. Als wir schließlich zu unserem angebrannten Essen zurückkamen, war ich im Innern so angespannt und verängstigt, daß sogar meine Freundin das fühlte. Um uns zu beruhigen, sagte sie zu Arik, daß er in Frieden gehen könne, sie bliebe bis zu seiner Rückkehr bei mir... Kurz darauf sind sie dann wiedergekommen: »Sammeln morgen früh um 5 Uhr!« Arik machte seine Späße wie immer. Aber schon bald verriet er sich, als er mir die Schuld zuschob: »Du lieber Gott, bleib doch mal ruhig, Raya! Du siehst doch, daß ich genauso nervös bin wie du!«

Noch heute kann Raya sich nicht erklären, warum sie in diesem Augenblick von einem völlig irrationalen Zorn gepackt wurde. Einem schrecklich ungerechten Zorn:

— Ich dachte: Arik, du bist wirklich ein Schuft! Ich hasse dich! Du hast nicht das Recht, mich zu verlassen! Die pfeifen, und da rennst du auch schon. Und was wird aus mir? Bin ich denn gar nichts mehr? Und was wird aus uns? Und aus unserer Liebe? Aus unserem Kind?

Arik ist bei Morgengrauen aufgestanden.

— Aufrecht stand er nackt vor dem Schrank. Er suchte seine Uniform. Er wühlte überall herum. Aber natürlich fand er in dieser Unordnung nichts, wenngleich es im Vorrat für sein Kabarett wahrlich genug Uniformen gab. Dann zog er endlich eine Jacke heraus, auf die falsche Medaillen gemalt waren: »Warum nicht die da?« Ich lachte und weinte in einem: »Du bist verrückt! Mit all den Abzeichen, da werden die dich gleich zu den Helden in die ersten Reihen schicken!«

— Sag mal, Raya, dein Arik muß aber Mut gehabt haben, um in solchem Moment noch zu spaßen!

— So war er nun mal. Das war eben seine Art. Mit einem Bühnenkostüm in den Krieg zu zieh'n, das sah ihm gleich! Theater oder Leben — was ist da für ein Unterschied? Und dann war diese Verkleidung, diese lächerliche Uniform, auch noch eine Art zu protestieren, sich gegen den Krieg zu stellen. So, als wollte er sagen: »Schaut mal her, ich bin ja nur der Komödiant in einer Komödie. Ich bin gar kein richtiger Soldat, und das ist auch kein richtiger Krieg.«

Hier nun stellt Raya die Kardinalfrage:

— Nach all dem wundert man sich, warum sie trotzdem gehen. Sogar solche wie Arik. Das wird mir immer ein Geheimnis bleiben. Kann sein, daß manche sich sagen: Danach, wenn ich mal zurück bin, will ich mir das alles überlegen. Aber das Schlimme ist, daß viele von ihnen danach nicht mehr die Möglichkeit haben, das zu überlegen.

An diesem frühen Oktobermorgen im Jahre 1973 sind Arik und Raya zum Sammelplatz gegangen.

— Die Eingezogenen und ihre Familien saßen auf dem Platz. Einige wunderten sich: »Warum werden wir noch eingezogen? Der Krieg sollte jetzt bereits gewonnen sein! Wer eine Medaille verdient, hat sie bereits bekommen. Wer sterben sollte, ist bereits gestorben!«

Viele Israeli dachten tatsächlich, daß der Krieg so kurz wie der von 1967 sein würde...

Leise sagte Raya:

— Er hat mich durchdringend angeschaut. Er hat seine Brille abgenommen. Seine Augen waren blaß, klargrün und voller Liebe. Er sagte: »Du bist so schön... ich liebe dich so... ich würde gern wiederkommen...« Und dann ist er gegangen.

Raya ist auch langsam fortgegangen.

— Und plötzlich spür' ich, daß ich mich umdrehen muß. Und Arik dreht sich im selben Moment um. Ich errate die Hälfte von seinem Gesicht, dann verschwindet alles. Ich fühle, daß ich ihn zum letzten Mal gesehen habe. Aber ich versuche, zur Vernunft zu kommen: sei nicht albern, sei nicht auch du noch theatralisch! In diesem verdammten Land denkt jede Frau in solchem Moment den gleichen Quatsch wie du. Und dann kehren sie doch wieder zurück!

Von diesem Augenblick an wird Raya wie von einem Schwindel erfaßt.

— Tag und Nacht mit Freunden zusammen. Ich komm' und gehe, renn' durch Läden, kaufe Kleider und wieder Kleider, irgendwelche Kleider. Endlich kommt am 15. Oktober eine Karte von Arik, abgestempelt am 11. Er schreibt, daß er mitten im Krieg irgendwo im Norden ist. Natürlich bin ich glücklich, seine Schrift zu sehen. Aber im Innern fühl' ich, daß seit seinem Fortgehen etwas nicht stimmt. Ich schreibe ihm jeden Tag, aber eine Stimme sagt mir, daß das nichts nützt, daß da niemand mehr ist, der meinen Brief bekommt, daß niemand antworten wird.

Eines Morgens sieht Raya Offiziere in ihr Haus kommen.

— Ich hab' sie durchs Fenster gesehen. Da waren ein Offizier, ein Arzt, und ich glaub' auch noch andere. Sie kamen, den Tod von einem unserer jungen Nachbarn zu melden. In diesem Augenblick hab' ich mir gesagt: Jetzt, wo Gott die Adresse kennt, kommt er wieder. Und die da, die kommen auch wieder.

In Wirklichkeit kannte Gott die Adresse schon seit mehreren Tagen. Arik Kolan wurde am 11. Oktober getötet, und im Morgengrauen dieses Tages hatte er seine Karte an Raya geschrieben. Als Raya sie bekam, war Arik gerade begraben worden.

— Diese Ruhe nach der einzigen Karte hat mich verrückt gemacht. Um mich abzureagieren, hab' ich gewaschen, haufenweise gewaschen: Ariks

Hemden, Ariks Hosen, Ariks Unterhemden. Die Hände im Wasser, weinte ich vor mich hin.

— Wann hast du's erfahren?

— An einem Freitag. Die Frau, die unsere Tochter hütete, stand mit ihr an der Eingangstür. Erst später ist mir aufgefallen, daß sie ja unten auf mich wartete. Als ich ihr das Baby abnehmen wollte, schrie sie: »Nein, lassen Sie sie mir!« Dann sah ich, daß der Briefkasten wieder leer war. Es war aus mit mir: Ich bin wie eine Wahnsinnige raufgelaufen, hab' mein Kleid ausgezogen und bin aufs Bett gefallen: eine leere Muschel.

Dann hat's an der Tür geklopft... Raya bewegt sich nicht. Wieder klopft es:

— Da standen sie. Drei Männer und eine Frau... Ich hab' mir die Hände vor die Augen gehalten. »Frau Kolan, Ihr Mann ist am 11. Oktober ums Leben gekommen und am 15. Oktober begraben worden.«

Raya starrt auf die Ecke des Teppichs:

— Wenn du wüßtest... niemand kann wissen, was ich in diesem winzigen Bruchteil einer Sekunde hoffen konnte, zwischen ihrem »Ihr Mann« und ihrem »ist«...Eine wahnsinnige Hoffnung: Arik ist nur verletzt, nur gefangen genommen, nur vermißt... Arik ist nur... Nein! Arik ist tot! Er-ist-tot. — Diese drei Wörter haben den Sargdeckel zugeschlagen.

Ab und zu kommt Ely nach dem Feuer schauen, legt ein Holzscheit in die Glut. Raya ist ganz woanders.

— ... Ich weinte nicht. Jemand hat mir Wasser gereicht. Ich sah das Glas zittern, ohne mir dabei bewußt zu werden, daß es meine Hand war, die zitterte. Ich war ausgesprochen höflich. Ich hab' sogar zu ihnen gesagt: »Ich weiß, daß es sehr schwer ist, solche Nachrichten zu überbringen...« Kaum hatten sie die Tür zugemacht, da hab' ich mich an die Strippe gehängt. Eine Nummer nach der andern:

Weißt du... Arik ist tot
Weißt du... Arik ist tot
Weißt du... Arik ist tot

Ich schrie um Hilfe. Und durch diese gleichbleibende Litanei wollte ich mir das Unglaubliche einhämmern. Und dann... und da weiß ich wirklich nicht, was mich gepackt hat, dann wollte ich meine Tochter nicht mehr sehn. Ich hab' dieses geliebte Baby abgelehnt, weil sein Vater, dieser Schuft, uns verlassen hatte. Und dann ist mein eigener Vater gekommen. Ich wußte, daß er an seine Tote, an meine Mutter, dachte. Als dieser so plötzlich schutzlose, verzweifelte Held mich in die Arme genommen hat, da begriff ich, daß ich einzig und allein auf mich zählen konnte.

In dieser Nacht ist Raya ins Kinderzimmer geflohen, aber am folgenden Abend kann sie nicht mehr:

— Ich hab' einen Freund angerufen: »Geh mit mir aus! Ich muß unbedingt raus hier.« Wir hatten noch Verdunklung. Und so sind wir durchs verdunkelte Jerusalem gegangen. Ich wage nicht, ihn zu bitten: »Nimm mich in den Arm, berühr' mich!« Er hätte das nicht verstanden. Ariks Bruder hätte auch nicht verstanden...

Sie nestelt an ihrem Zigarettenpäckchen herum, zögert einen Moment:

— Dazu muß ich sagen, daß Ariks Bruder ihm sehr ähnelt... ohne ihm eigentlich ähnlich zu sein! Vom Charakter her ist er ganz anders. Ich fühlte mich nie zu ihm hingezogen. Aber als er in diesen Tagen immer hier war, hatte ich ein wahnsinniges Verlangen, ihn anzufassen. Er hat die gleichen Züge wie Arik, den gleichen Nacken, den gleichen blonden Flaum auf den Armen. Eine wahre Tortur!

Raya empört sich:

— Denn für eine Witwe hat das Leben aufzuhören! Und für eine Kriegswitwe erst recht. Erinnerst du dich noch an diese Freundin, die ihr Kind zur gleichen Zeit wie ich zur Welt brachte, und deren Mann im Krieg von 1967 umgekommen war? Ich hatte sie fast aus den Augen verloren. Als sie aber von Ariks Tod hörte, kam sie sofort. Und das erste Mal nach sechs Jahren hab' ich es gewagt, ihrem Blick standzuhalten. Aber was für einem Blick! Brr... Da hab' ich mir geschworen: »Raya, so wie die wirst du niemals! In sechs Jahren wirst du mir nicht als lebendige Tote umherwandeln!« Meine Freundin hat sich nicht wieder verheiratet. Sie hat keinen Geliebten. Sie ist das, was ich eine professionelle Kriegswitwe nenne. Eine alte junge Frau, die sehr würdig und unglücklich bei jedem Schritt den ganzen Schmerz der Welt mit sich trägt.

Was Raya sagt, stimmt. Eine Kriegswitwe gehört nicht sich selber. Und das nicht nur in Israel. Die Kriegswitwen gehören der ganzen Nation. Und Frauen wie Raya wollen nur sich selber gehören:

— Öffentliches Eigentum sein? Das paßt kaum zu mir! Ich bin kein Stein, ich bin ein lebendiges Wesen. Ich bin kein Monument, ich bin eine Frau. Ich kenne eine Reihe von Frauen, die ihr Leben verloren haben, weil man sie zu dieser Rolle gezwungen hatte oder weil sie selber glaubten, dazu gezwungen zu sein. Für mich kam das gar nicht in Frage, mich zweimal zu »opfern«: Du leidest so schon genug, ohne noch was dazu zu tun. Ich hab' es abgelehnt, eine Vestalin zu sein. Und das hat man mir von Anfang an übelgenommen. Meine Kleider, meine Schminke, mein Schmuck und mein Ausgehn, meine Freundschaften mit Männern, warum war ihnen das alles so wichtig? Der Schmerz bleibt sowieso immer da. Er klebt an dir wie der Futterstoff deines Kleides. Ob das nun ein Ballkleid ist oder ein Witwenkleid.

— Und läßt man dich jetzt in Ruhe?

— Klatsch gibt es immer noch. Ich, die Kriegswitwe, lebe mit einem geschiedenen Mann zusammen. Und dann noch nicht einmal verheiratet! Aber das ist Ely und mir piepegal. Wir haben viele Freunde, und den Leuten, die wir um uns haben, denen ist das auch piepegal.

— Ihr könntet aber auch heiraten, oder?

— Gar keine Lust dazu. Wir waren beide schon zweimal verheiratet, da reicht's uns mit den Formalitäten. Vor allem sind wir antiklerikal: eine Zeremonie, Rabbiner und so weiter, das ist kaum was für uns! Ich, Raya Rotem, schwöre dir bei meinem Leben, daß ich nie mehr und um nichts in der Welt, an einer religiösen Feier teilnehme.

— Und wenn du wieder heiraten würdest, würdest du dann deine Witwenrente verlieren?

— Das ist nicht das Problem. Wenn ich die Armeepension weiterhin behalten will, dann deshalb, um ihnen nicht einen Pfennig zu schenken. Verglichen mit dem Preis einer Bombe oder eines Panzer-Bataillons sind das freilich nur ein paar Piepen. Daß sie dieses Geld aber weder zur Herstellung einer neuen Waffe noch zur Kolonisierung eines neuen Gebietes nehmen können, das ist mein Triumph. Ich bin sicher, daß Arik meiner Meinung ist... wo immer er auch sein mag. Und ich bin auch sicher, daß er mir verziehen hat.

— Verziehen? Was verziehen?

— Verziehen, daß ich ihn so sehr gehaßt habe. Um weniger zu leiden, hab' ich ihn mir monatelang schwarzgemalt. Ich wiederholte ihm: »Du bist tot, geschieht dir gerade recht! Gut aufgehoben. Du warst sowieso nichts wert!« Ich weiß, daß das ganz unlogisch ist, eine sonderbare Überlegung: weil Arik mich verlassen hatte, verdiente er den Tod. Denn wenn er nicht tot wäre, hätte er mich nie verlassen! Und dann ist der Tod auch unlogisch. Arik hätte auf der Bühne sterben können — alles andere, als durch den Krieg. Das war die äußerste Ironie seines Schicksals.

— Du hast mir immer noch nicht gesagt, wie es passiert ist.

Bis hierhin hatte Raya den Eindruck erweckt, als wollte sie diesen Teil der Geschichte übergehn.

— Sie schienen zu fürchten, daß die Wahrheit mir einen Schlag versetzte, daß Ariks Tod zu brutal für Frauenohren wäre... »Ein plötzlicher, totaler, endgültiger Tod«, haben sie mir auseinandergesetzt. Als wenn nicht jeder Tod total und endgültig ist! Ich hatte Alpträume: Arik allein in der Wüste, die Beine abgetrennt, verblutend. Arik gefangen, die Hände gefesselt, die Augen verbunden. Arik mit einer Kugel im Genick in einem Abgrund. Arik... Die Wahrheit, wie sie sie mir schließlich erzählt haben, ist folgende: Es hat sich an der syrischen Front abgespielt, im Golan. Fünfzehn von ihnen waren in einem mit TNT beladenen Lastwagen. Die Bombe hat mitten reingehauen.

— Wann hast du das alles erfahren?

— Vier Tage später. Sie haben mir erklärt, daß es Zeit brauchte, die Teile einzusammeln und zu identifizieren, bevor man sie begraben hat. Ich war — sonderbarerweise — erleichtert: Arik war keine Zeit geblieben, Angst zu haben. Er hat sich nicht sterben sehn. Für mich ist nur wichtig, daß er nicht gelitten hat. Daß sein Körper zerstückelt wurde, ist mir egal. Irgendwo hab' ich ein Photo von Ariks Grab, aber ich weiß nicht, wo es ist. Ich weiß übrigens nicht mal, wo sein Grab liegt. Das ist mir sowieso ganz egal. Für mich ist Arik nicht dahinten.

Von seinen persönlichen Dingen, die man ihr überbracht hat, hängt Raya an einem besonders. Es ist ein Kinderbuch. Es ist vom Tau naß geworden und ein bißchen angeschimmelt. Arik wollte es für die Bühne bearbeiten und hatte es dazu mit an die Front genommen.

Raya zieht mich zur Bibliothek.

— Schau! Diese Bücher gehörten alle Arik. Er interessierte sich besonders für Geschichtsphilosopie. Seine Überlegungen schrieb er an den Rand. Nachdem Ely sie gelesen hatte, sagte er neulich zu mir: »Ich kann fast nicht begreifen, wie nah ich mich ihm fühle. Das Leben ist sonderbar!« Stell dir mal vor, Ely war 1973 auch im Golan. Ganz in der Nähe von der Stelle, wo Arik mit seinen Kameraden in die Luft gesprengt worden war! Und jedesmal, wenn er an den Überresten des Lasters vorbeikam, hat er photographiert... ohne zu wissen, daß der Tod von einem dieser Männer sein eigenes Leben verändern sollte!

Als Raya gerade von ihm spricht, kommt Ely mit einem Teller voller Hühnerfleischstücken. Er legt wieder ein Holzscheit in den Ofen. Er kümmert sich gut um uns! Beim Kaffee zündet Raya sich eine Zigarette an und drückt sie gleich wieder aus.

— Nach Ariks Tod wurde mir allein schon bei dem Gedanken an Krieg schlecht. Ein endloser Zug von Besuchern zog an mir vorüber: erst die Zivilen, und dann auch noch die nach und nach heimkehrenden Militärs.

Ihr Gedusel widerte mich an. Ich hab' sie rausgeschmissen: »Eure Masche, nach der Arik ein Held ist und ich eine richtige Witwe, die zieht bei mir nicht. Euer Spielchen spiel ich nicht mit.« Und ich hatte Ariks Kabarett für zu radikal gehalten! Jetzt kenne ich die Heuchlerei ihrer Mythen gut. Ich habe miterlebt, wie sich Reichtümer anhäuften und wie sie wieder zerronnen, im Gleichklang von Leben und Tod... der anderen!

— Und deine Kinder?

— Meine Kinder denken wie ich. Ariks Tochter ist schon mit 10 Jahren aktiv. Ich habe ihr nie verborgen, was ich denke: »Glaub' ihren Geschichten nicht! Dein Vater war kein Held. Dein Vater haßte den Krieg. Dein Vater ist ihnen in die Falle gegangen.«

Letztes Foto, das wenige Stunden vor dem Tod von ARIK KOLAN aufgenommen wurde. Arik ist der mit den langen Haaren.

WARTEN

Mariam und Um Mohammed – Ägypten

Einen solchen Fragebogen hat Mariam, die Mutter von Mikhail, mehrmals – umsonst – an das Rote Kreuz in Genf geschickt.
Die Vermißten-Kartei des Roten Kreuzes umfaßt bis jetzt nicht weniger als 62.000.000 Namen.
Ja, zweiundsechzig Millionen.

اللجنة الدولية للصليب الأحمر

✚ P. 10.003 F. A. ar.

AGENCE CENTRALE DE RÉCHERCHES
COMITÉ INTERNATIONAL DE LA CROIX-ROUGE
GENÈVE - (Suisse)

CENTRAL TRACING AGENCY
INTERNATIONAL COMMITTEE OF THE RED-CROSS
GENEVA - (Switzerland)

DEMANDE D'ENQUÊTE — ENQUIRY FORM طلب للبحث عن شخص مفقود

Prière d'écrire très lisiblement — Please write clearly — الرجاء الكتابة بخط واضح

PERSONNE RECHERCHÉE – PERSON TO BE TRACED – الشخص المطلوب البحث عنه

Prénom / Name: WALID — الاسم وليد
Nom du père / Father's Name: MUSTAFA — اسم الوالد مصطفى
Nom du grand-père / Grand-father's Name: MOHAMMAD — اسم الجد محمد
Nom de famille / Family Name: ALSAADANI — اسم العائلة – اللقب السعداني
Date et lieu de naissance / Date and place of birth: Al Azizia 1940 — تاريخ ومحل الميلاد العزيزية ١٩٤٠
Nom de la mère / Mother's Name: Hanifa — اسم الوالدة حنيفة
Nationalité d'origine / Nationality at birth: égyptien — جنسية الاصل مصري
Nationalité actuelle / Present nationality: égyptien — الجنسية الحالية مصري
ou / or apatride / stateless ☐ او بلا جنسية

célibataire / single / أعزب ☒ — marié / married / متزوج ☐ — veuf / widower / ارمل ☐ — divorcé / divorced / مطلق ☐

Profession / Occupation: militaire Caporal — المهنة عسكري عريف
Dernier domicile connu / Last Known address — آخر عنوان معروف العزيزية شارع سيدي محمد بلوك ٥ القاهرة
Al Azizia, Rue Sidi Mohammad Bloc 5 le Caire
Lieu et date des dernières nouvelles / Place and date of last news — مكان وتاريخ آخر اخبار سيناء ٥ حزيران ١٩٦٧
Sinaii, le 05 juin 1967

DEMANDEUR – ENQUIRER – صاحب الطلب

Prénom / Name: Bouthaina — الاسم بثينة
Nom du père / Father's name: Naïm — اسم الوالد نعيم
Nom du grand-père / Grand-father's name: Abdel Motalab — اسم الجد عبد المطلب
Nom de famille / Family name: Al Saadani — اسم العائلة – اللقب السعداني
Adresse / Address: Al Azizia, Sidi Mohamad bloc 5 le caire — العنوان العزيزية سيدي محمد بلوك ٥ القاهرة
Lien de parenté avec la personne recherchée / Relationship with the person to be traced: épouse — العلاقة بالشخص المطلوب البحث عنه زوجته
Date de la demande / Date of the enquiry: le 20.05.1968 — تاريخ تقديم الطلب ١٩٦٨/٠٥/٢٠
Signature ……… — التوقيع

Ce formulaire ne doit pas être utilisé pour la transmission de messages
This form should not be used for the forwarding of messages
لا تستخدم هذه البطاقة لنقل الرسائل او الاخبار

Tournez s. v. p. — Please turn over — انظر الوجه الاخر من البطاقة من فضلك

Mariam

Ich hab' ihn mir in einem weißen Bett vorgestellt, irgendwo in Europa oder in Amerika.

Man hatte mir gesagt, daß ihr Sohn im Krieg umgekommen war...

Die Szene hat sich in der ersten Etage eines Wohnblocks im Vorort der Hauptstadt abgespielt, in einem Betongebäude, das schon verkommt, bervor es überhaupt fertiggestellt ist.

Alle waren sie da: sie standen in ihren Sonntagskleidern auf der Schwelle und lauschten auf meine Schritte im Treppenhaus... Die Teekanne erwartete mich auf dem Tisch und das traditionelle, mit Puderzucker bestäubte Weihnachtsgebäck. Aber keiner machte auch nur die geringste Anstalt, mir etwas anzubieten.

So vergehen einige Minuten in Schweigen.

— Gott segne Ihren Besuch, flüstert schließlich Mariam, die Mutter, mit gefalteten Händen auf ihrem tadellos gebügelten Kleid.

Wieder Schweigen. Nur ihre Blicke lassen mich nicht los. Worauf warten sie?

Auf dem Buffet nimmt das Foto des Soldaten einen Ehrenplatz ein. Ist er das? Ist das Mikhail Mahrus, der Kanonier, den die Israelis 1967 im Junikrieg getötet haben?

Die Mutter richtet sich auf, in ihrem Blick sehe ich Angst und Hoffnung zugleich.

— Es war kurz vor der Mitternachtsmesse, als sie mir Ihren Besuch angemeldet haben. Ich hab' die ganze Nacht gebetet. Ein Weihnachtswunder! Ich wagte nicht, daran zu glauben!

Aber von welchem Wunder spricht sie denn bloß?

Ich stelle Fragen und taste mich vor... Nach und nach zeichnet sich die Antwort ab. Dramatisch! Es handelt sich um eine falsche Annahme. Am Weihnachtstag vom Himmel gekommen, und dann noch aus Genf, aus der Stadt, in der das Rote Kreuz sitzt, das doch alles weiß, hatte mich die Familie von Mikhail für eine Botschafterin gehalten, für diesen Messias, auf den sie nun schon mehr als fünfzehn Jahre wartet...

Ich bin zutiefst erschüttert.

Mikhail Mahrus war für vermißt erklärt worden, und man hat seinen Körper nie gefunden. Aber seine Mutter wartet noch immer auf ihn. Ihre

Augen sind vom Beobachten der Straße verbraucht; sie schaut noch immer in der Hoffnung, dort endlich die Silhouette ihres Sohnes zu erkennen: Ist er das? Nein, das ist er nicht... Jedesmal, wenn am Haus ein Soldat vorbeigeht, der ihm aus der Ferne ähnelt, glaubt die Mutter aufzuleben... und stirbt dann wieder.

Der Vater wendet sich mir zu:

— Wir haben mehrmals an das Rote Kreuz geschrieben, zu Ihnen nach Genf. Aber Mikhail ist nicht auf ihren Listen: weder als Gefangener, noch als Toter, auch nicht als Verletzter oder sonst irgendwas.

Mit Tränen in der Stimme fährt die Mutter fort:

— Wir haben monatelang an der Stimme des israelischen Radios gehangen. Die haben lauter Namen von Gefangenen durchgegeben, aber nie den Namen von meinem.

Nach dem Junikrieg von 1967 haben sich tausende von Ägyptern dem Feind ergeben, aber andere, die im Wüstensand des Sinai verloren waren, sind erst Monate später — manchmal Jahre später — wieder aufgetaucht.

— Anfangs haben wir gedacht, daß er sich vielleicht lange dahingeschleppt hat, daß ein Beduine ihn aufgenommen hätte und daß er eines schönen Morgens hier vor unserer Tür wäre. Dann, mit den Jahrem haben wir uns gesagt, daß er vielleicht durch eine Verletzung das Gedächtnis verloren hat. Ich hab' ihn mir in einem weißen Bett vorgestellt, irgendwo in Europa oder in Amerika. Und daß er sich plötzlich an seinen Namen erinnert und daß dann Fremde — wie Sie — kommen würden, um mir zu sagen: »Mutter von Mikhail, wir bringen dir Nachricht von deinem Sohn!«

Eine antike
Tragödie aus dem Jahre 1973.

Um Mohammed

Komm, mein Sohn, komm dicht zu mir her, geh nicht weg, geh nie mehr weg, mein Augenlicht.

— Vor dem Haus haben sie im Sommer den Kopf von meinem Cousin in einem Sack gefunden. Meine Familie und die andere Familie von drüben, auf der anderen Seite vom Maisfeld, die schießen immer aufeinander. Mein Vater, mein Großvater, meine Onkel, das geht jetzt schon seit Jahren so, seit Jahren.

— Und geht das nun noch lange so weiter?

— Bestimmt. Damit das aufhört, müßte ein Mann von der einen Familie zu der anderen Familie rübergehn, und mit so einem Tuch auf dem Kopf, wo man die Toten reinlegt. Der Mann muß durch das ganze Dorf gehn, und alle sehn ihn an. Das hat mir alles mein Vater gesagt.

Nabil ist 12 Jahre alt. Seine Augen strahlen. Er ist so glücklich, daß er reden und sich ein bißchen wichtig tun kann und beeilt sich so sehr, uns etwas aus seinem Dorf zu erzählen, daß er darüber die Schweigepflicht vergißt und Geschichten hervorbringt, die uns gar nichts angehen.

Wir haben ihn auf einem ungepflasterten Weg getroffen, als mein Dolmetscher und ich Fahrräder gemietet hatten, um Luxor und seine Umgebung zu besichtigen. Wir haben nicht den Weg entlang der üblichen Sehenswürdigkeiten genommen, sondern sind auf der anderen Seite des Nils langgefahren, dort, wo sich die Dörfer zwischen Pflanzungen und Palmenhainen verstecken, wo der Fellache und seine verschleierte Frau noch Sonnenjahre vom Reisenden in Shorts und der Fremden mit entblößten Armen entfernt sind.

Nabil trägt einen langen Kaftan aus blauer Baumwolle.

— Sag mal, erleben die Frauen hier in deiner Ecke auch Schreckliches?

Der Junge zieht die Schultern hoch:

— Ach, die Frauen! Wenn die sich schlecht benehmen, klar!

— Gibt's nicht auch welche, die wegen Israel, wegen dem Krieg, unglücklich sind?

— Oh ja! Ich kenn' da sogar eine, die weint den ganzen Tag!

Nachdem wir dieses keimende Machismo-Exemplar verlassen haben und zwischen den Feldern und den Häusern aus getrocknetem Lehm dahinradeln, muß ich immerzu an den Kopf in seinem Sack denken. Dieses Bild geht mir nach. Als ich im Hotel ankomme, kann ich nicht umhin, Anwar Hanna Boutros, dem offiziellen Fremdenführer, davon zu erzählen.

Und wie der junge Nabil in seinem Kaftan, zuckt nun auch der offizielle Fremdenführer unter seiner tadellos sitzenden Jacke mit den Schultern:

— Gute Frau, für die Leute hier ist das alles was ganz Banales! Ich kann Ihnen da viel Besseres erzählen. Das ist genau eine Geschichte für Ihr Buch! Und glauben Sie mir, die Geschichte ist absolut authentisch, absolut wahr. Das ist 1973, vor ungefähr zehn Jahren, passiert, hier in der Nähe...

Da ich weiß, daß sich in diesem Land Sagen und Wirklichkeit oft vermischen, lag mir daran, diese Geschichte zu prüfen. Und ich habe alle gefragt: die Etagenboys vom WINTER PALACE, den Kutscher, den Kaftanschneider, den Pepsi-Verkäufer. Alle. Und alle kannten dieses Drama. Und alle haben es mir bestätigt.

Und hier ist also die Tragödie von Um Mohammed,* einer Bäuerin aus der Provinz Kena, tief im Süden Ägyptens.

Um Mohammed ist eine dieser schwarzen Silhouetten, die man vor ihren Ochsenkarren gespannt sieht, die im Kanal Wasser schöpfen oder die ihre Hühner auf dem Markt anbieten.

Eines schönen Tages ist Um Mohammeds Sohn in den Krieg gezogen. Den Krieg gegen Israel. Den Abnutzungskrieg, der von 1967 bis 1970 gedauert hat.

Jahre vergehn. Eine Jahreszeit folgt auf die andere. Um Mohammed sieht nichts kommen. Nicht einen einzigen Boten, nicht eine einzige Nachricht über Leben oder Tod. Sie denkt: Der Krieg wird ihn mir verschlungen haben, wie er schon so viele andere verschlungen hat. Jedenfalls sagt man ihr das. Und sie glaubt es dann auch.

Um Mohammed beginnt zu trauern. Sie bedeckt ihr Gesicht mit Asche. Sie schließt sich ein, wie es der Brauch will. Und weiterhin dem Brauch folgend, empfängt sie die Nachbarinnen, die das Klagelied für ihren verschwundenen Sohn improvisieren.

Und die Jahreszeiten wechseln sich ab. Jahre vergehn.

An einem schönen Sommerabend geht Ahmed Abdallah, Um Mohammeds Mann, aufs Feld hinaus, um den eben geschnittenen Mais über Nacht

---

* Um heißt auf arabisch »Mutter«. Mohammed ist der Name des Erstgeborenen. Die arabische Mutter nimmt bei der Geburt ihres ersten Sohnes dessen Namen an.

zu bewachen. Seine Hunde begleiten ihn. Er hat sein Gewehr dabei.

Um Mohammed bleibt allein in ihrem außerhalb des Dorfes gelegenen Haus. Ihre anderen Söhne haben die Gegend verlassen. Ihre Töchter sind verheiratet. Um Mohammed räumt ihr kleines Haus auf. Sie breitet die Decken auf der nackten Erde aus, dann geht sie die Tür zumachen. Aber als sie gerade die Tür vorschieben will, schiebt sie jemand von außen zurück...

— Keine Angst! Ich bin's, dein Sohn!

Wie angewurzelt kann Um Mohammed nicht einmal mehr den Schleier über die grauen Zöpfe ziehen. Ein Arm schlingt sich um sie, eine Hand verschließt ihr den Mund:

— Schrei nicht! Deine schrillen Laute wecken alle auf* !

Der verschwundene Krieger war aber absichtlich, ohne sich anzukündigen, überraschend mitten in der Nacht gekommen, um unbemerkt zu bleiben. Mohammed wollte nicht, daß seine schon so arme Mutter sich noch in Kosten stürzte, um das Fest für seine Rückkehr aus jahrelanger Gefangenschaft in Israel vorzubereiten.

— Weißt du, Mutter, ich hab' dir oft geschrieben, aber nie hat mir jemand geantwortet...

— Du hast mir geschrieben? Oh danke, mein Sohn! Ich hab' nie was bekommen... wir sind hier so weit weg von der großen Straße... wenn ein Brief angekommen wär', hätt' dein Bruder ihn mir vorgelesen...

Weinend hockt Um Mohammed vor ihrem irdenen Herd:

— ...Weiß Gott, was die da hinten dir zum Essen gegeben haben: Ich mach' dir ein paar von unseren Bohnen warm. Mach's dir bequem! Kühl dich mit dem Wasser im Krug ab! Zieh dich um, leg deine Uniform ab. Hier, nimm diesen Kaftan von deinem Vater!

Und während der Sohn, ganz erschöpft, schweigend sein Essen verzehrt, verzehrt seine Mutter ihn mit den Augen. Die Zeit vergeht. Um Mohammed streckt sich auf ihrem Lager aus:

— Komm, mein Sohn, komm dicht zu mir her, geh' nicht weg, geh' nie mehr weg, mein Augenlicht!

Neben seiner Mutter ausgestreckt, schläft der Junge ein. Bevor Um Mohammed die Lampe ausbläst, schaut sie ihn lange an. Das überwältigende Glücksgefühl hindert sie daran zu schlafen.

---

* Freude oder Trauer drücken arabische Frauen durch Trillerlaute aus, die durch rasche Zungenbewegungen hervorgerufen werden.

Mit weitgeöffneten Augen wacht Um Mohammed die ganze Nacht lang über ihrem Sohn.

Die ersten Vögel singen schon.

Plötzlich knarrt die Tür... Um Mohammed dreht sich um und erkennt die Silhouette ihres Mannes im Schein des anbrechenden Tages.

Das durch die Tür bis zu dem Nachtlager vordringende Dämmerlicht zeichnet zwei nebeneinanderliegende Formen...

Der Mann zögert nicht. Er legt sein Gewehr an.

— Das ist dein Sohn! schreit die Mutter.

Der auferstandene Sohn stirbt in dem Gewand seines Vaters.

Jerusalem

OPFERBEREITSCHAFT

Rachel – Israel

Die Mutter, der das Vaterland schon einen Sohn genommen hat und die bereit ist, ihm auch noch ihre zehn anderen Kinder zu geben.

RACHEL GIRAFI, eine Falascha, eine Jüdin aus Äthiopien. Hinter ihr das Foto ihres Sohnes Yossi, der 1966 bei einer Geheimaktion der Armee getötet wurde.

Rachel

Ich sag dir's noch mal: unsere schwarzen Juden aus Afrika, das sind richtige Männer! Nicht solche, wie diese blonden Jünglinge, die da für den Frieden demonstrieren.

An einem Aprilabend im Jahre 1983 mußte ich durch ganz Tel Aviv fahren, um schließlich zu dem Mann zu gelangen, der mir Rachels Adresse gab: dem Stabsfeldwebel Hézy. Seit Jahren kümmert sich dieser Israeli jemenitischer Herkunft wie ein Vater um die Falaschen, die schwarzen, aus Äthiopien immigrierten Juden.

Als mein Taxi an diesem Abend kreuz und quer durch Tel Aviv fährt, über Boulevards, am Meer entlang und zwischen Wolkenkratzern hindurch, lasse ich noch einmal meine Reportage bei den Falaschen an mir vorbeiziehn. Ich sehe Ambover, ihr größtes Dorf, das dicht an Gondar, Äthiopiens ehemalige Hauptstadt, grenzt. In Ambover hatte ich Hütten gefunden, wie sie in ganz Afrika vorkommen, schwarze Gesichter, wie die aller Afrikaner, und in weiße Tücher gehüllte Gestalten, wie alle anderen Gestalten Äthiopiens... Aber das waren Juden. In Ambover war die Erde rot, und nachts hörte man in der Ferne die Löwen des kaiserlichen Palastes in ihren Käfigen brüllen...

Aber an diesem Abend höre ich in der israelischen Nacht kein Brüllen, sondern den Motorenlärm dieser Stadt. Und der Stabsfeldwebel Hézy erwartet mich. Er ist ein schöner Mann, ein schnauzbärtiger Sechziger mit halboffenem Hemd und lässigem Seidentuch.

— Sie sind also diese Bücherdame! Ich mach' auch so was. Sie hören den Frauen zu, ich denen, die ein Trauma erlitten haben; die Armee schickt mir die schlimmsten Fälle. Sie sehen also, ich kümmere mich nicht nur um die Falaschen. Warten Sie mal, da ist ja gerade unser Dani!

Dani ist ein ganz junger Mann, blond und mit feinen Gesichtszügen. Er starrt uns ganz entsetzt an. Seine Hände zittern.

— Der Libanon... ein fürchterlicher Kampf... der Junge hat einen Schock bekommen... Aber da fällt mir ein, Dani kann ja Englisch, er könnte vielleicht für Sie dolmetschen?

Der Junge lehnt in panischer Angst ab. Dann versucht er verzweifelt, ein paar englische Wörter aus den Tiefen seines Gedächtnisses hervorzuholen. Er findet nichts. Unsichtbare Wunden haben Dani zerstört. Was hat er wohl im Libanon erlebt, daß ich in seinen Augen solchen Schrecken sehe?

Der Stabsfeldwebel nimmt vorsichtig seine Hand und sagt ganz langsam auf englisch zu ihm:

— Warum nicht, Dani? Ich weiß doch, Dani, daß du Englisch wie ein Engländer sprichst. Und diese Dame bringt dich bestimmt nicht ans Ende der Welt! Die Frau, die sie besuchen will, wohnt hier bei uns in Israel... Ich glaub' tatsächlich, Madame, daß ich die Frau gefunden habe, die Sie brauchen. Sie lebt in einer kleinen Stadt, in der es viele Falaschen gibt, etwa eine Autostunde von hier entfernt. Hier ist ihr Name und ihre Adresse: Rachel Girafi, Hasoftim 1251, Givaat-Zion, Ashqelon. Ihr Sohn wurde 1966 bei einem Auftrag getötet. Er gehörte dem Geheimdienst der Armee an.

Der Stabsfeldwebel muß einen wahren Kleinkrieg am Telefon führen, um Rachel dazu zu bringen, mir ihren Krieg zu erzählen... Nach langem Hin und Her ist Rachel schließlich bereit, mich zu empfangen. Ich verlasse den Stabsfeldwebel Hézy nur ungern. Ich mag ihn sehr gern. Und ich verlasse auch Dani, dessen verlorener Blick mich noch lange verfolgen wird...

Einige Tage später fahre ich in Begleitung von Benjamin, einem französisch sprechenden israelischen Freund, nach Ashqelon. Bei Rachel sind wir weit entfernt von der roten Erde Ambovers und den afrikanischen Hütten! Die Straße ist betoniert, das Haus modern und rationell eingerichtet. Keine Löwen, sondern die Geräuschkulisse von Fernsehern aus der Nachbarschaft, die von morgens bis abends laufen. Keine Matten, sondern bequeme Sessel. Sogar Drucke von Impressionisten und ein kleines Cembalo gibt es.

Ein Porträt auf breitem, weißem Hintergrund wird von einem breiten, schwarzen Rahmen eingefaßt:

— Das ist unser gefallener Sohn Yossi. Er war 22 Jahre alt.

Saadia Girafi, der Vater des Märtyrers, ist ein jemenitischer Jude von herzlichem Wesen. Rachel dagegen reicht mir Apfelschnitze auf einem Teller und nimmt erst einmal Maß. Später wird mir mein Freund berichten, daß sie ihn gleich anfangs gefragt hatte, ob ich Israel wirklich freundlich gesinnt sei und ob er dafür garantiere.

Sie verläßt uns nach fünf Minuten und verschwindet einen Augenblick lang im benachbarten Zimmer. Ich seh' sie weggehn: eine große schöne Frau, schwarze Haut, feine Züge, das krause Haar im Nacken zusammengenommen. Ich glaub' zu träumen, als ich erfahre, daß sie elf Kinder zur Welt gebracht hat. Sechs davon sind in Israel geboren.

Ihr Mann erzählt:

— Ich habe meine Frau in Äthiopien, in Gondar, kennengelernt.

Ich unterbreche ihn:

— Gondar? Ich kenne Gondar!

Saadias Augen leuchten auf. Und als er dann noch hört, daß ich auch den Jemen, das Land seiner Herkunft, kenne, bin ich für ihn fast schon nicht mehr die Fremde, »die aus der Kälte kam«.

— Ich habe meine Eltern verloren, als ich zehn Jahre alt war. Da hat mich mein Bruder schnell von Zuhause weggebracht, damit ich den Scheichen entkam, die alle kleinen jüdischen Waisen zum Islam bekehrten. Was sind wir umhergeirrt! Der Jemen, Äthiopien, jahrelanges Herumzigeunern. Ich zog schließlich als Hausierer mit Spielzeug durch die Gegend. Als ich Rachel traf, war ich sehr froh, eine nette Jüdin in diesem Äthiopien voller Christen zu finden.

In Gondar findet Saadia nicht nur eine Frau, sondern er entdeckt auch schwarze Juden, deren Existenz ihm völlig unbekannt war. Niemand weiß genau, woher diese Falaschen kommen, die schon seit altersher zu Schmiedearbeiten verurteilt waren. Diejenigen von ihnen, die über Jahrhunderte den Massakern und der Zwangsverlockung des Christentums standhielten, wissen heute nicht mehr, was aus ihnen in dem von sowjetischem Druck und von Hunger beherrschten Äthiopien werden soll. Wenn sie können, fliehen sie. Einige erreichen Israel,* wo der Kampf gleich weitergeht. Viele verpflichten sich übrigens schnellstens bei der Armee, als wollten sie sich dadurch ihre schwarze Haut vergeben lassen. Denn für dunkelhäutige Juden, die endlich das Verheißene Land küssen, fließen in diesem neuen Staat Milch und Honig des Alten Testamentes nicht gerade im Überfluß. Allerdings haben die Falaschen auch Sitten und Bräuche, die Kontroversen und Mißtrauen schüren. So stellten Puristen sich die Frage: »Sind das überhaupt echte Juden?«

Rachel aber trägt ihre dunkle Haut und ihr Judentum mit Stolz:

— Stell dir mal vor, in Äthiopien wurden wir von den Christen und den Moslems wie Kannibalen behandelt. Wir dagegen boten ihnen Kaffee an, und dann zerschlugen wir vor ihren Augen die Tassen, die sie mit ihren unreinen Lippen berührt hatten! Um ihnen unsere Verachtung zu zei-

---

* Ende 1984, etwas mehr als ein Jahr nach meinem Besuch bei Rachel, hat der israelische Staat tausende von Falaschen mit dem Flugzeug über den Sudan kommen lassen.

gen. Um ihnen damit zu sagen: »Ihr seid keine Juden, ihr seid nicht rein!« Oh nein, wir haben uns nichts gefallen lassen! Unsere Männer, die waren stark. Nicht wie diese europäischen Juden, die an der Wand lang schleichen sollen. Unsere Männer, da mußte man nur mal ihre Gewehre sehen. Und mal sehn, wie sie die anfertigen und behandeln. Ich sag dir: unsere Falaschen, das sind richtige Krieger!

Rachel hat sich endlich ein wenig entspannt, und endlich erzählt sie mir ein wenig aus ihrem Leben.

— Bis zum Einmarsch der Truppen Mussolinis in Äthiopien hat unsere Familie in Frieden gelebt. Die Italiener wollten uns töten. Sie glaubten, daß wir zu den Leuten des Kaisers gehörten, weil wir ganz in der Nähe vom Palast gewohnt haben. Da hat mein Vater ihnen seine Papiere gezeigt, und die Faschisten waren ganz erstaunt, daß sie einen Intellektuellen vor sich hatten, einen Mann, der viel gereist war.

Rachels Vater war in der Tat einer der Schützlinge von Jacques Faitlovitch, dem Reisenden, der zu Anfang des Jahrhunderts das Inselchen schwarzer Juden entdeckt hatte und ihnen die außerordentliche Mitteilung brachte: »Ihr seid nicht die einzigen Juden auf der Erde.« Es war Faitlovitch dann gelungen, einige Falaschen in jüdische Studienzentren Europas und Palästinas zu schicken. Rachels Vater war einer von ihnen.

— Dann kam mein Vater nach Äthiopien zurück, um in Addis Abeba Religion zu unterrichten. Er ließ sich den langen Bart eines alten Mannes wachsen, um die Bibel zu erklären. Es gibt ein Photo von ihm, da jagt er auf einem Esel hinter Falaschen her, weil die ihm nicht folgen wollten. »Schaut mal seine Sandalen an«, sagten sie. »Die sind aus Schweinsleder. Wie kann der mit dieser Christenhaut an den Füßen uns unterrichten wollen!«

Mein Vater wiederholte mir mehrmals:

— »Dahinten, in diesem verheißenen Land, da wirst du mehr als ein Ei zu essen haben!« Der Arme ist noch gestorben, bevor er überhaupt unseren Staat gekannt hat! Von meiner Familie leben noch einige in Äthiopien, aber ich geh' nicht mehr dorthin. Weißt du, daß in diesem Moment, wo wir miteinander reden, viele von unseren Leuten heimlich in den Sudan oder nach Kenia fliehen? Manche von ihnen werden gefaßt, manche getötet, und manche sterben unterwegs. Begreifst du, die werden Israel nie sehen! Hör' mal, ich kenn' hier ganz in der Nähe eine Falascha, die nach dem Tod ihres Sohnes auf die Knie fiel und die Erde küßte: Sie dankte Gott, daß er ihren Sohn auf israelischem Boden und nicht in Äthiopien getötet hat. Wenn unsere Kinder von Äthiopien nach Israel kommen, fällt Licht auf sie, und Wissen kommt über sie. Da hinten sind die Armen zu arm, um ein Heft zu besitzen. Israel gibt uns alles, dann können wir ihm doch wohl unsere Söhne geben.

— Wie war hier deine Ankunft?

— Pass auf, ich beklag' mich wirklich nicht, aber zuerst war ich ganz verloren. Versuch dir mal vorzustellen: Mein Mann kommt überglücklich in diesem Land, wo Milch und Honig fließen, an. Er hatte seinen besten Anzug angezogen und da gibt man ihm einen Spaten in die Hand und schickt ihn wie einen äthiopischen Sklaven zur Arbeit in den Weinberg! Als er erschöpft heimkam, seine schöne Hose zerfetzt, war ich außer mir vor Wut. Er aber strahlte vor Stolz: »Schau mal, Rachel, das sind Früchte aus unserem Land. Aus unserem Israel.« Seine schönen blauen Weintrauben hätte ich ihm am liebsten gleich an den Kopf geworfen! Später hab' ich mich natürlich geändert, und alles hat sich geändert. Jetzt fühl' ich mich wohl. Schließlich sind wir hier zu Hause. Auf unserer Erde...

Sie dreht sich um und zeigt mit einer Kopfbewegung auf den schwarzen Rahmen.

— ... und damit die Araber uns unsere Erde nicht wieder nehmen, müssen wir bereit sein, ihr alles zu geben.

Jetzt ist der Augenblick für mich günstig:

— Rachel, du hast einen Sohn hergegeben, der gerade erst 20 Jahre alt war...

— Oh, er war sogar erst 17, als er sich verpflichtete! Ich war stolz auf ihn. Davor hatte er eine andere Stelle, aber er fand, daß es ein Job für Frauen, für Schwächlinge war. Er dagegen wollte Israel dienen. Mein Sohn, das war ein richtiger Mann! Groß, stark, mit breiten Schultern. Und wenn du sein Gesicht gesehen hättest! Die Uniform stand ihm gut. Es machte ihm Freude, gut auszusehn. Das letzte Mal trug er einen neuen Anzug, das war bei einer Hochzeit. Zwei Tage darauf haben sie ihn mir getötet.

— Sie? Von welchen »sie« sprichst du?

— Ich weiß nichts. Und auch wenn ich's wüßte, würd' ich nichts sagen. Er war im Geheimdienst, also ist's ein Geheimnis.

— Hat man dir die Leiche gezeigt?

— Nein, aber Saadia, mein Mann, hat Yossi gesehen. Er ist hier in Ashqelon begraben. Sie haben zu seinem Andenken eine Synagoge gebaut. Überall haben sie seinen Namen hingeschrieben, auf die Lampen, an die Wände, überall. Und da gibt's auch noch einen Club hier mit seinem Namen.

Neben dem Yossi-Girafi-Club sind zwei nachgebildete, riesengroße Raketen aufgestellt. Diese ungewöhnlichen Symbole militärischen Heldentums scheinen mit ihren Metallspitzen den Himmel zu durchbohren.

— Sie haben sogar einem Lesesaal, in dem sich die Männer hier zum Studium der Thora versammeln, seinen Namen gegeben.

Für Rachel ist dieser nach ihrem Sohn benannte heilige Ort eine Art Krönung. Er ist das Symbol für ihr anerkanntes Judentum, das Symbol für ihre Integration in die Nation.

Ihre Haltung wird noch aufrechter:

— Mein Sohn hatte gerade sein Leben gegeben, da hat eine meiner Töchter die Fackel übernommen. Sie hat darum gebeten, sich vorzeitig verpflichten zu können, sie war noch nicht ganz 18. Natürlich, das ist nur ein Mädchen. Heute habe ich drei Mädchen und zwei Jungen bei der Armee. Einer von ihnen wurde verwundet. Er ist Offizier und studiert Medizin. Meine Kinder sind alle stolz darauf zu dienen.

— Sind sie alle ebensolche Patrioten wie ihr Bruder?

— Unbedingt. Ich sag's dir noch mal, daß unsere Falaschen richtige Männer, richtige Krieger sind... nicht solche, wie diese blonden Jünglinge, die ich in Tel Aviv für den Frieden demonstrieren sah!

Die spannungsgeladene, plötzliche Ruhe Rachels zündet in mir wiederum einen Funken:

— Aber von diesen pazifistischen blonden Jünglingen gibt es doch Tausende und Abertausende! Du weißt doch bestimmt, daß heute viele Israeli diese ganzen Kriege in Frage stellen, oder?

— Unsere Leuten nicht. Nein. Bei uns stellt man keine Frage: man gehorcht. Wir verlangen nichts: wir geben. Es ist Krieg: wir kämpfen.

— Du glaubst also felsenfest an deinen Staat?

— Ich glaube an Gott. Er gibt, und er nimmt. Er hat mir einen Staat gegeben, und er wird ihn auch retten.

DER ZWEIFEL

Zakia Riad – Ägypten

Die Schwester des bekannten Generals, die am Körper ihres Bruders vergeblich nach Spuren von Verletzungen gesucht hat.

Zakia Riad

Tausend Erklärungen — eine unlogischer als die andere. Das haben sie mir gegeben.

Männer! Nur Männer! Eine halbe Million von zusammengedrängten Männern, die, aneinandergeklebt, miteinander verschmolzen auf Kairos größtem Platz ihren Schmerz rausschrein. Im Kaftan, im Sakko, in Uniform, barhaupt, mit Turban oder Mütze, Männer aus der Stadt, Männer vom Dorf, Männer vom Nil oder vom Meer, Männer vom Ackerland oder aus der Sandwüste, sie alle versetzt ein vorbeiziehender Sarg ins Delirium. Irre Blicke, verzerrte Mundwinkel, erhobene Fäuste. Aus dieser Menschenwoge ragen Reiter und Köpfe von Pferden hervor, die vor den mit der ägyptischen Fahne geschmückten Leichenwagen gespannt sind. Und über der Flut von braunen Menschen strahlt ein buntes Heer von riesigen Gladiolengebinden. Vom einen Ende des weiten El-Tahrir-Platzes bis zum anderen und bis zur Kikhia-Moschee schallen Schreie, Anrufe, Gebete und Drohungen, die von den riesigen Gebäuden widerhallen: »Armee unseres Volkes, räche deinen Chef!« »Oh Riad, wir alle sind deine Fedajin gegen Israel!«

Die von Wahn befallenen Männer appellieren nicht nur an den verstorbenen Abdel Monem Mohammed Riad, den Generalstabschef der ägyptischen Armee, der plötzlich in den Rang des Märtyrerhelden, zum nationalen arabischen und ewigen Symbol avanciert ist. Sie rufen auch den Präsidenten Gamal Abdel Nasser an, der den Trauerzug anführt: »Gamal, Gamal, hol uns wieder unseren Kanal! Gib uns Waffen, wir geben dir unser Blut.«

Das war am 12. März 1969. Ägypten hatte seit Menschengedenken kein solches Begräbnis erlebt. Und auch danach sah man — außer bei Nassers Tod — hinter einem Sarg nie mehr solche Inbrunst und Wut.

Jahre sind vergangen. Die 500 000 Männer, die auf dem El-Tahrir-Platz entfesselt waren, haben alles vergessen. Ihre Herzen sind nicht mehr vom Andenken an den verstorbenen General Riad besessen. Sein Körper ruht in Ägyptens Erde und sein Geist im Militärmuseum von Kairo, im Saal Nr. 3, Erdgeschoß, links.

Die Männer haben vergessen. Aber da ist eine Frau, die sich erinnert:

Zakia, die Schwester und Seelenverwandte des Helden. Einer ihrer ehemaligen Studienfreunde hat mich darauf gebracht, sie zu treffen.

— Ist sie Amerikanerin?

— Nein.

— Ist sie Jüdin?

— Nein.

— Ist sie…

Zakia Riad hat sich umsichtig erkundigt, bevor sie meiner Bitte um ein Interview stattgibt. Schließlich willigt sie ein, mich zu empfangen.

Am späten Nachmittag des folgenden Tages werde ich sie in Begleitung von zwei ägyptischen Freunden, einem Diplomaten und einem ehemaligen Oberoffizier, besuchen. Um ihr Haus in der Martyr-Mohammed-Kinnaya-St.32 zu erreichen, müssen wir lange fahren. Der Verkehr auf der Heliopolis-Straße ist mörderisch. Er nimmt erst in den sandigen Straßen ab, die sich durch das Viertel der Villen ziehen, der großen Gärten, der Eukalyptushaine und der Zypressen, deren Spitzen über die Mauern ragen.

Die Schwester des Kriegsopfers Abdel Monem Riad bewohnt die zweite Etage eines Mehrfamilienhauses. Sie empfängt uns höflich. In perfektem Englisch lädt sie mich ein, ins Wohnzimmer zu kommen. Der große Raum ist rundherum mit eleganten Sofas und Sesseln möbiliert. Die Wände sind weiß und kahl. Völlig aus dem Rahmen fällt ein großes Porträt des Helden, das der Tür gegenüber an der Wand hängt. Das ist der einzige Schmuck.

Zakia, die in ihrem langen schwarzen Wollkleid sehr steif und stattlich wirkt, setzt sich auf den Rand eines rosé-goldfarbenen Sessels mit dünnen Beinen. Rosa und goldgelb sind auch die Bonbons in der Bonbonniere, die sie uns höflich reicht. Zakia hat die Arme gekreuzt und die Hände unter ihrem weiten Trägerkleid versteckt, als sie mich fragt:

— Was wollen Sie wissen?

Die Frage ist direkt, der Ton kalt. Versteht sich, daß ich in kleinen Schritten und auf Umwegen vorgehen muß, um mich meinem Ziel zu nähern: dem Tod des bekannten und geliebten Bruders. Aber wie dieses Interview ansetzten? Ich nehme Anlauf:

— Ich möchte gern, daß Sie mir von Ihrer Familie erzählen…

— Man sagt, daß wir alle ein bißchen außergewöhnlich sind. Und wenn ich uns mit meinem wissenschaftlichen Auge betrachte, finde ich uns wissenschaftlich gesehen alle sehr intelligent. Meine Mutter besaß Charakter. Mein Vater auch. Stellen Sie sich einen liberalen und progressiven Oberst vor! Unter meinen Geschwistern sind »Politiker« und »Wissenschaftler«, ein großer Militärchef, ein Minister, ein bekannter Gynäkologe, eine Pathologin mit einer Professur in Alexandria... und dann wohl noch ich, Biologin an der Universität von Kairo. Als ich 1941 meine Studien begann, waren wir fünfzehn Mädchen unter einhundertfünfzig Jungen. Als Pionierin habe ich einiges durchgemacht.

— Und Sie haben ja auch nie aufgehört, Pionierin zu sein! Die Biologie ist doch eine Wissenschaft der Avantgarde! Die Klon-Theorie, zum Beispiel: was halten Sie von der Idee, aus einer einzigen Urzelle eine unbegrenzte Anzahl von absolut identischen Wesen herzustellen? Stellen Sie sich hunderttausend Sadats vor! Und hunderttausend Begins!

Zakia wirft einen Blick zu dem Poträt ihres Bruders und streift mit einem anderen die Freunde, die mich begleitet haben:

— Sadat, oh je...! Die Klon-Theorie... ja... das ist interessant... aber wissen Sie, Politik interessiert mich überhaupt nicht.

Das Klima hat sich zwischen uns etwas abgekühlt. Um die Luft wieder zu erwärmen, hole ich mit Zakia noch weiter aus:

— Wie haben Sie in den vierziger Jahren, als Sie Studentin waren, die englische Anwesenheit hier empfunden?

— Ich hatte Angst. Ich erinnere mich an diese Soldaten mit ihren Gelagen; sie kamen betrunken in die Häuser und läuteten an den Türen. Alle Eltern hatten Angst um ihre Töchter. Allerdings muß man dazu sagen, daß es damals immer »der Fehler der Engländer« war, wenn in Ägypten irgendetwas schief lief. Später hat man dann andere Schuldige gefunden... und wir sind damit auch noch nicht am Ende... Schuldige müssen immer herhalten...

In dem großen Wohnzimmer von Heliopolis scheint Riad im Profil, als würde ihn die Sonne blenden, von oben aus seinem Rahmen heraus den Horizont Ägyptens zu betrachten. Die Ähnlichkeit zwischen Bruder und Schwester ist ergreifend. Ihr Blick unter den geradlinigen, buschigen Augenbrauen ist tief: eindringlich bei Abdel Monem, schmerzlich bei Zakia.

Der verstorbene Stabschef unter seiner mit goldener Kordel verzierten Mütze ist gegenwärtig. Er ist auch in unseren Gedanken... aber wir haben noch nicht gewagt, von seinem Tod zu sprechen...

Zakia entspannt sich endlich. Ihre Hände, die aus dem Überschlag ihres Kleides hervorgekommen sind, beginnen zu leben. Ihr Gesicht ist weicher geworden. Ich spüre, daß sie zugänglicher ist. Meine Hand deutet mit einer flüchtigen Geste zum Porträt. Und dann wage ich's:

— Sie waren seine Schwester... wie war das für Sie?

— Unerträglich. Qualvoll. Verstehen Sie mich. Man wird es Ihnen gesagt haben, ich war nicht nur seine Schwester, ich war auch seine Seelenverwandte. Wir lebten beide hier in dieser Wohnung, beide unverheiratet. Abdel Monem war drei Jahre älter als ich. Manche fanden ihn trokken, wie seinen Humor. Ich würde eher sagen, daß er äußerst gewissenhaft war. Er hatte die Einfachheit des wahren Berufssoldaten. Sein Zimmer, hier am Ende des Flurs, war schmucklos und karg. Zusammen mit meiner Schwester hatten wir ein Komplott geschmiedet, um ihn zu zwingen, sich ein bißchen mehr Luxus zu gestatten. Als er unseren Plan, ihm ein großes Bett zu kaufen, erriet, meinte er scherzend: »Niemand kann in zwei Betten gleichzeitig schlafen. Außerdem ist mein Bett eine historisch bedeutsame Antiquität, wie alle anderen Möbel in diesem Zimmer. Wer würde denn solche Schätze hergeben?«

Als Abdel Monem seine Schwestern humorvoll neckte, war er sehr weit davon entfernt zu glauben, daß sein kleiner, heller Tisch, sein kleiner Schrank, sein kleiner, abgewetzter Baumwollteppich und sein kleines, hartes Bett einmal tatsächlich gloriose Reliquien der Geschichte Ägyptens sein würden. Im Militärmuseum von Kairo tragen seine »Antiquitäten« dazu bei, den Mythos um ihn zu »möbilieren«.

— Mein Bruder war diskret, verschwiegen, er erzählte mir nie etwas von seinen Angelegenheiten. Sogar nach der Niederlage von 1967, die ihn schwer niedergeschlagen hatte, sagte er mir nichts. Ich habe ihn mehrmals gebeten, mir zu erklären, wie es möglich war, daß die Israelis mit einem einzigen Schlag unsere ganze Luftwaffe vernichten konnten, als sie noch am Boden stationiert war. Er hat mir nie geantwortet. Und wir sahen uns doch fast jeden Tag! Er paßte auf mich auf und ich auf ihn. Ich ließ ihm oft sein Essen ins Stabsquartier bringen. Am 8.März 1969, am Abend vor seinem Tod, hatte er mich angerufen, um mir zu sagen, daß er noch bis spät zu arbeiten hätte. Er war guter Laune. Er machte Spaß: »Natürlich habe ich Hunger! Für den Soldaten ist es nicht gut, einen leeren Magen zu haben!« Das war das letzte Mal, daß ich seine Stimme gehört habe.

Eine Stunde später holte an diesem denkwürdigen 8. März 1969 ein Posten vom Generalquartier die übliche Mahlzeit des spartanischen Soldaten bei Zakia ab. Man erzählt, daß Riad kaum Zeit gehabt hätte, sie zu genießen. Drei Offiziere wären zu ihm gekommen, und sie hätten dann die ganze Nacht hindurch geredet. Der General wäre dann auf seinem Feldbett eingeschlafen. Am nächsten Morgen sei er um neun Uhr bei Mohammed Fawzi, dem Kriegsminister, erschienen und hätte angekündigt: »Ich geh' an die Front, an den Kanal, um die Arbeit meiner Männer zu sehn.

Ich bin vor Sonnenuntergang zurück, um dem Ministerrat zur Verfügung zu stehn.«

Das fahle Licht von dem großen Glastropfenlüster hebt Zakias Augenringe und die Flächen ihres schweren, tragischen Gesichtes stark hervor:

— Es muß ungefähr acht Uhr abends gewesen sein, an jenem 9. März. Seit dem Telefongespräch am Vorabend war ich ohne Nachricht von meinem Bruder. Ich fing an, mir Sorgen zu machen... Ich rufe beim Generalstab an. Niemand scheint irgendwas zu wissen. Die Zeit vergeht. Meine Angst wird immer größer. Ich rufe meine Schwester und meinen Schwager an, die eine Etage über uns wohnen, damit sie kommen. Ich telefoniere... und telefoniere... Keiner weiß etwas. Endlich habe ich jemanden am anderen Ende: »Seien Sie ganz beruhigt, Frau Zakia, es ist nichts Ernstes!« Aber etwas später haben sie an der Tür geklingelt. Da sind sie. Mohammed Fawzi, der Kriegsminister, ist da. Und die anderen. Mir ist eiskalt. Fawzi hat zu mir gesagt: »Mein aufrichtiges Beileid, Frau Zakia, Abdel Monem ist als Held gestorben.«

Zakia scheint mein Vertrauen zu suchen:

— Ich werd' Ihnen was sagen. Sie wollen wissen, wie die Frauen den Krieg erleben? Sie werden genug für ein gutes Buch haben...

Ihr Blick gleitet zu dem Diplomaten und dem Offizier und bleibt an mir hängen:

— ... Ja, ein gutes Buch, das bringt, was offizielle Literatur nicht sagt. Zum Beispiel hat niemand gesagt, daß sie sich dagegen sträubten, als ich wollte, daß man die Leiche meines Bruders nach Hause bringt. Es war fast Mitternacht. Es war feucht und kalt. Ich habe meinen Wagen rausgeholt und bin ins Krankenhaus von Maadi gefahren. Ein weiter Weg. Ich hatte Zeit, mir alles mögliche vorzustellen. Alles ist mir wieder und wieder durch den Kopf gegangen. Während all diesen Stunden meines angstvollen Wartens, hatte ich verschiedene anonyme Anrufe bekommen, die absurd und zusammenhangslos waren. Später hab' ich verstanden: Sie wollten wissen, ob ich etwas wußte.

Zakia, die sich bis jetzt so gut beherrscht hat, bricht los:

— Im Krankenhaus dahinten wollten sie mich zuerst nicht an ihn ranlassen. Sie haben sogar versucht, mir in Kaffee oder Tee — das weiß ich nicht mehr — Drogen zu geben. Sie sagten, daß es mich beruhigen sollte. Ich hab' ihnen alles an den Kopf gekippt. Ich habe so sehr geschrien und so laut, daß sie mich schließlich zu ihm gebracht haben. Ich hab' ihnen immerzu gesagt: »Ich will meinen Bruder nach Hause holen. Jetzt, wo er tot ist, gehört mein Bruder nicht mehr der Armee, er gehört seiner Familie. Und ich werde ohne ihn hier nicht fortgehn.« Sie haben mir dann sämtliche Argumente angebracht, bis hin zu der Behauptung, daß es nicht hygienisch sei, einen Leichnam mit nach Hause zu nehmen. Können Sie sich das vorstelln? Mir das zu sagen, die ich Biologie-Professorin bin! Als sie es mir dann endlich doch erlaubten, meinen Bruder nach Hause zu nehmen, habe ich ihn dort auf sein Bett legen lassen. Und da...

Sie zögert, ihr Blick prüft uns:

— Da erst bemerke ich, daß sein Körper nicht einen Kratzer hat.

Zakia besteht darauf:

— Nicht einen Kratzer. Noch heute weiß ich nichts. Ich stelle mir alles vor. Alles war mir verdächtig. Sie haben mir tausend Erklärungen gegeben — eine unlogischer als die andere. Aber sprechen wir von etwas anderem...

Ich fühle, daß diese große, ganz in Schwarz gekleidete Frau, in diesem rosé-goldfarbenen Salon, die ihre Zweifel bis ans Lebensende mit sich herumtragen wird, daß diese Frau zu Tode verletzt ist.

— Ich trage seither nur Schwarz. Das ist vielleicht lächerlich und ändert auch nichts, aber Schwarz ist der einzige Abglanz von mir.

— Zakia, Sie haben diese Kriegsereignisse alle erlebt, da muß die Friedensreise von Sadat nach Jerusalem für Sie ein Trost gewesen sein?

— Sadat, oh je... Ich hab' Ihnen das schon gesagt und wiederhol' es Ihnen noch mal: Ich interessiere mich nicht für Politik. Ich arbeite, ich lehre, ich fülle mein Leben aus, damit es in etwa erträglich ist.

Ich war bei Zakia ausgeglichen und ruhig angekommen. Verlassen habe ich sie mit einem Gefühl von Unbehagen, perplex und aufgewühlt. Ich wollte mehr erfahren... Ich habe mich in die Zeitungen von damals vertieft. Ich habe mir zwei Bücher übersetzen lassen, die dem großen ägyptischen Symbol des militärischen Heldentums gewidmet sind. Und je weiter ich mich in meine Lektüre vertiefte, umso besser verstand ich Zakia, ihre Verbitterung und ihre Zweifel. Und immer mehr fühlte ich ihre Einsamkeit.

Stechend stand ihre Frage im Raum: Was ist wirklich geschehn?

Die offizielle Literatur geht von mehreren Hypothesen aus. Der große ägyptische Journalist Hassanein Haikal schreibt in der AL AHRAM vom 14. März 1969, daß »der General Riad an einem Lungenriß gestorben ist« (unter dem Druck einer Bombe). Der von Haikal befragte Arzt schließt diese Möglichkeit nicht aus.

Das von den beiden Journalisten Abdel Tawab und Abdel Hai geschriebene Buch *Der Adler Ägyptens*, herausgegeben bei Dar-el-Hilal, durfte die ersten beiden Jahre nach Riads Tod nicht gedruckt werden. Es konnte erst 1971 veröffentlicht werden. Der Untertitel dieses Werkes, *Abdel Monem Riad, zu Lebzeiten und als Märtyrer*, zeigt deutlich das Ziel: aus Riad einen Helden zu machen. Die Personen in diesem Buch — ob aus dem Zivilstand oder aus der Armee — werden darin nur mit Initialen oder Punkten angegeben. Nach den Untersuchungen der beiden Verfasser sei der General Riad unter folgenden Umständen gestorben: Der Hubschrauber des Oberbefehlshabers sei um 11.45 Uhr bei Ismailia, weit vorn an der Front, gelandet. Ein israelisches Geschoß aus einem Patton-Panzer, hätte Riad um 15.20 Uhr getroffen: »Der General hielt sich unter den feindlichen Bomben kerzengerade, wie es sich für einen Adler Ägyptens gehört. Ein Offizier mußte ihn in einen Graben stoßen, um ihn in Dekkung zu bringen.» Dieser verletzte Offizier neben ihm hätte erzählt: »Ich habe dem General zugerufen: Ich bin verletzt und Sie? Er hat mir geantwortet, daß er auch verletzt sei, daß es aber nicht so schlimm sei. Fünf Minuten später habe ich ihn wieder gefragt, wie es ihm gehe, und ich hab' keine Antwort mehr bekommen...« In diesem Graben hätte man Riad um 18 Uhr gefunden: »Granatensplitter hatten leichte Spuren an der rechten Leistengegend hinterlassen, außen auf dem linken Oberschenkel und auf der linken Hand. Ein Netz von getrocknetem Blut ging vom Mundwinkel bis auf die Brust.«

Im *Adler Ägyptens* sieht man sogar drei Granatsplitter, die auf einer Handfläche photographiert sind. Einer der beiden Autoren hätte diese Splitter selbst genau dort aufgesammelt, wo der General gefallen sei.

Niemand wird erstaunt sein, daß diese Berichte auch mich verwirrt haben. Ich will gern noch glauben, daß der Oberbefehlshaber fast ungeschützt an einer der gefährlichsten Stellen der Front umherspazierte. Was ich aber nur schwer einstecken kann, ist die Aussage, daß die Offiziere, die bei dem Angriff dabei waren, ihn erst ungefähr drei Stunden später in seinem Graben gefunden haben. Und auch noch andere Details.

Und wenn ich bedenke, daß sein Körper keinen einzigen Kratzer zeigte, wie kann ich da meine Phantasie darin hindern, ins Feld zu ziehn? Bei der Erinnerung an gewisse Ereignisse, die sich in den beiden letzten Lebensjahren Riads in Ägypten zugetragen haben — und in die er verwickelt war — kam es, das muß ich eingestehn, vor, daß ich mich fragte, ob der General eigentlich nur Freunde gehabt hat... 1967, nach dem Junikrieg gegen Israel, nach der größten Niederlage, die Ägypten je gekannt hat, hatte man einen Schuldigen gesucht und gefunden: den Marschall Amer,

Oberbefehlshaber und Vizepräsident von Ägypten. Am 14. September 1967 hat sich Amer, dem man alle Verantwortung zugeschoben hatte, umgebracht. Es sei denn, man hätte ihn umgebracht... Die Wahrheit wird man nie kennen. Nun hat sich General Riad, der Nachfolger an der Spitze des Generalstabs, beeilt, die Neuorganisation der Armee in die Hand zu bekommen, indem er unverzüglich mehr als tausend Offiziere die »Schuld an der Niederlage« waren, beseitigte...

»Ihre Phantasie wird Sie teuer zu stehen kommen!« hat man mir gesagt. Meine Hirngespinste sollen in der Tat nicht standhalten: weder vor der (Staats-) Raison noch vor der Geschichte. Allerdings sei mir freigestellt zu bemerken, daß der General — wie er auch gestorben sein mag — im rechten Moment gestorben ist. Die Armee mußte nach seiner schrecklichen Niederlage dem Volk ein neues Idol hinwerfen. Es mußte vergessen gemacht werden, was die Nachkriegsprozesse offenbart hatten: »... die Feigheit derer, die geflohen waren, die Schandtat derer, die Komplotte hegten, die Verweichlichung derer, die ein sanfteres Bett forderten, gerade in dem Augenblick, in dem die erste israelische Kugel losging.« Abdel Monem Riad ist nun im *Adler Ägyptens* der »reine und starke« Held, der Spartaner, das Gegenteil dieser Verrotteten.

Es gibt im Militärmuseum von Kairo einen großen Saal, der den General verherrlicht. Aber es gibt kein Stübchen, keine Grabstelle, keine Vitrine für die Truppen, die 1967 von den Verrotteten zum Schlachthof geführt wurden...

Ich habe Frauen in Trauerkleidung von Saal zu Saal irren sehen. Sie warfen keinen Blick auf den riesigen Saal zum Andenken an den ägyptischen Sieg von 1973. Sie suchten die Kriegsopfer von 1967, die Vergessenen, Versteckten, Beschimpften, Besiegten... ihre Söhne, ihre Männer, ihre Brüder.

Für Frauen der Unterlegenen hat man nicht einmal das Almosen der Erinnerung übrig.

Und für Frauen der siegreichen Krieger manchmal nicht einmal das Almosen der Gewißheit...

DAS LEIDEN

Bella, Ofer, Rami
und die anderen – Israel
Naguiya – Ägypten
Dganit – Israel
Sabah, Rawiya, Ragab
und die anderen – Ägypten

Israelische Behinderte und ihre Frauen.

BELLA ZUR und ihr Sohn Hagai. Von früher Kindheit an leidet Bella an Poliomyelitis. Sie hat Ofer geheiratet, den Israeli, der im Alter von 18 Jahren im Krieg von 1973 schwerverletzt wurde.

Bella, Ofer, Rami

Wichtig ist für mich nur sein Gesichtsausdruck. Auf alles andre pfeif' ich.

Als ich zwei Jahre alt war, bekam ich spinale Kinderlähmung. Meine beiden Beine sind abgestorben. Ofer, mein Mann, war achtzehn, als er 1973 in den ersten Minuten des Oktoberkrieges getroffen wurde. Seine Beine sind mehr noch als tot. Er kann keine Krücken benutzen. Er kann sich nur im Rollstuhl fortbewegen.

Bella und Ofer Zur — und ihr kleiner, einjähriger Sohn Hagai — wohnen in Raanana bei Tel Aviv, Pilotenstraße 12. Sie leben in einem der sechs Einfamilienhäuser, die, umgeben von einem kleinen Garten, ebenerdig für die Schwerkriegsbeschädigten gebaut wurden.

Wieviel Hin und Her, um zu Bella zu kommen! Gleich der Auftakt war umsonst. Eine Freundin hatte mich an eine der Leiterinnen eines Behindertenzentrums in Jerusalem verwiesen. »Ein ganz fortschrittliches Zentrum«, hatte sie mir versichert. Der telefonische Empfang ist anfangs freundlich, wird es aber immer weniger, als ich das Ziel meines Besuches erkläre. Dann kommt schließlich der Grund:

— Es tut mir leid, aber es handelt sich um eine Art von Militärgeheimnis. Wer unsere Jungs besuchen will, braucht eine schriftliche, amtlich bestätigte Genehmigung.

Auf ganz ähnliche Reaktionen stieß ein anderer meiner israelischen Freunde, der für mich Adressen von Kriegsversehrten suchte. Als er an amtliche Türen klopfte, ist ihm sehr schnell klargeworden, daß man Kriegskrüppel nur unter der Bedingung zeigt, daß sie »positiv« sind, daß sie optimistische und gut umgeschulte Behinderte sind. Ganz außer Frage, daß man negative Schatten ausgräbt, solche, die nicht mehr durchhalten, nicht mehr können, nicht mehr wollen. In allen Ländern der Erde gibt es Helden, die man ausstellt, vorzeigt, und andere, die man versteckt.

Und in allen Ländern der Erde gibt es Frauen von Helden, die man für präsentabel hält und solche, die zu »negativ« scheinen, weil ihre Verbitterung den Glanz der schönen Bilder abstumpfen könnte.

So mußte ich Freundinnen — und oft auch noch deren Freundinnen — mobil machen, damit sich endlich, ohne offizielle Hilfe, das Tor zum Rehabilitationspavillon für Schwerbehinderte im Tel-Hashomer-Krankenhaus bei Tel Aviv öffnete.

Die Oberschwester, eine Engländerin, ist völlig mit den »Neuen« ausgelastet, die aus dem Libanonkrieg gebracht worden sind, aber sie findet trotzdem noch Zeit für mich:

— Sie wollen die Verletzten von früher, aus den früheren Kriegen haben? Einen Moment, die sind hier im Register...

Sie greift nach einem Heft im Regal.

— ... Ich finde es gut, daß Sie versuchen, auf den Zeitablauf hinzuweisen. Erst wenn man die Last der Jahre bei einem Leiden beachtet, gibt man ihm sein wirkliches Ausmaß. Ich hab' eine Idee: Besuchen Sie Bella Zur, eine von unseren Sozialarbeiterinnen. Da haben Sie eine Frau, die seit ihrer Kindheit dem Leiden und der Last der Zeit trotzt!

Bella, mit ihrem Söhnchen auf dem Schoß, hat ihren Stuhl in den Garten in Raanana gerollt. Und wir haben uns neben den Rosensträuchern niedergelassen. Sie ruft mit neckender Stimme nach ihrem Mann, der ebenfalls im Rollstuhl sitzt, und sie reicht ihm den kleinen Hagai:

— Und jetzt verschwindet, ihr Männer! Wir haben unter Frauen zu reden. Männergeschichten kommen später dran.

Ofer rückt das Kind auf seinen Schenkeln ins Gleichgewicht und rollt in seinem Stuhl auf das Haus zu. Ich schalte mein Gerät ein, und Bella beginnt, sich auf die allernatürlichste Weise mitzuteilen. Sie spricht Englisch.

— Ja also... ich hab' Kinderlähmung gekriegt, als ich zwei Jahre alt war. Anfangs war ich ganz gelähmt, aber dann hat der Virus wenigstens meinen Oberkörper wieder freigegeben. Meine Arme funktionieren gut.

— Und dein Kopf auch!

Sie lacht.

— Ja, im Kopf, da läuft's auch gut. Manchmal sogar zu schnell! Ich stoße oft mit meiner Mutter zusammen, sie ist genauso temperamentvoll wie ich. Sie war in schweren Momenten immer da. Und von denen gab es viele, als ich monatelang, jahrelang im Krankenhaus war.

Bellas Eltern haben ihrerseits auch Schweres durchgemacht. Als Überlebende des Nazi-Holocausts waren sie 1948 in den Anfangsjahren Israels mit ihrem ersten Kind aus Polen gekommen.

— In Europa haben meine Eltern die Hölle gesehen, und hier haben sie auch nicht gerade das Paradies gefunden. Anfangs hatten sie's furchtbar schwer. 1952 bin ich dann noch dazugekommen, um ihnen das Leben zu komplizieren. Ich bin 30. Stell dir mal vor: Ich bin 30 und weiß immer noch nichts von dem Leidensweg meiner Eltern.

— Wieso nicht?

— Nichts. Kein einziges Wort. Als wenn's diese Jahre gar nicht gegeben hätte, als wenn's meine Eltern selbst in all diesen Jahren nicht gegeben hätte. Als ich anfing, vom Leben etwas zu verstehen, hab' ich ihnen ganz schön zugesetzt. Ich hab' gefragt und gefragt. Jedesmal war's wie gegen 'ne Wand. Denk mal, ich bin sogar bis in die Vereinigten Staaten gereist, um einen Bruder von meiner Mutter zu treffen. Ich hab' gehofft, daß er mir wenigstens was erzählen würde. Kein Wort. Wie meine Eltern. Und seine Kinder, also meine Cousins, die wissen nicht mehr als ich. Unsere Eltern sind nicht die einzigen, die nichts sagen, aber ich kenne auch andere, die wiederum nicht aufhören können, von sich zu erzählen, als wollten sie sich dadurch von einem Gift befreien. Das finde ich dann noch besser. Bei meinem Vater zum Beispiel ist die linke Hand gelähmt. Immer wieder, wenn ich diese Hand angeschaut habe, fragte ich mich: Was können die da wohl mit ihm gemacht haben?

Bella läßt ihren Blick auf einem Rosenstrauch ruhen, als zögen Bilder vor seinem Buschwerk vorbei.

— Als uns im Fernsehen der Holocaust angekündigt wurde, machte ich mir große Hoffnungen. Ich dachte, daß dieser Film bei meinen Eltern endlich etwas auslösen würden. Bei einer Szene hab' ich sie dann gefragt: »War das eigentlich wirklich so?« Sie wurden ärgerlich: »Armes kleines Ding, was glaubst du denn, das da ist alles Kintopp! Wir wissen's, und wir können dir's sagen, das war hundertmal schlimmer. Und jetzt reicht's!« Dann haben sie den Fernseher ausgemacht. Und sie haben geweint.

Auf der Straße rattert laut ein Lastwagen vorbei. Bella wartet, bis es wieder ruhig ist.

— Ich, ihre Tochter, ich hab' mir die Kassette gekauft und den Holocaust immer wieder angesehn. Ich versuche, etwas zu verstehen. Ich versuche, sie zu verstehen. Wenn darüber gesprochen wird, bin ich unersättlich. Ich reiß' beide Ohren weit auf.

— Und mit diesen Phantomen zwischen deinen Eltern und dir lebst du nun weiterhin?

— Und was für Phantome! Fast unmöglich, sie loszuwerden. Um schlafen zu können, stopfen meine Eltern sich mit Medikamenten voll. Und wenn sie dann schlafen, haben sie Alpträume: der Krieg. Als Kind hörte ich sie im Schlaf schreien: »Da sind sie... sie kommen.« Meine Eltern sind seither reine Nervenbündel, geladene Batterien. Sie können sich keine Minute entspannen. Können sich nicht einen Moment hinsetzen, um Musik zu hören. Mein Vater schuftet sich zu Tode. Er ist Mechaniker, er repariert Fahrräder. Meine Mutter wiederum dreht sich wie ein Kreisel, sie putzt und redet, klettert auf eine Leiter und redet immer noch, steigt wieder runter... und das den lieben langen Tag! Ich weiß natürlich, daß meine Eltern mit einem Trauma leben müssen, aber für ein Kind ist das nicht gerade lustig. Ein Kind kann sich nicht den ganzen Tag über sagen: Tu dies nicht und tu das nicht, deine Eltern haben dies oder jenes hinter sich. Ein Kind muß sich ausleben können, sonst erstickt es. Wie durch ein Wunder sind mein Bruder, meine Schwester und ich davon verschont geblieben. Wir sind in diesem Strudel nicht durchgedreht.

Bella ist in der Tat nicht »durchgedreht«, sie hat den Kopf nicht verloren. Das sieht man, das liegt auf der Hand. Von ihrem Rollstuhl aus beherrscht sie die Situation. Ihre Stimme ist genauso klar wie ihr Geist. Sie strotzt vor Energie. Ihre Heiterkeit zieht an. Bella hat viele Freunde.

Und da kommt auch gerade auf dem mit Steinplatten ausgelegten Gartenweg eine Nachbarin:

— Schalom, Bella! Du hast Besuch? Ich komm' nachher nochmal vorbei.

Bella sieht ihr nach, wie sie hinter dem Bretterzaun verschwindet:

— Das ist die von dahinten, vom letzten Haus. Wir sind hier in der Pilotenstraße sechs Familien. Die Männer sind alle Kriegsversehrte. Fünf davon im Rollstuhl. Einem von den Fünfen wurden beide Beine amputiert. Der sechste kann laufen. Wir zahlen hier zehn Dollar Miete im Monat. Damit du eine Vorstellung hast: Ofer bekommt im Monat 800 Dollar Invalidenrente. Er ist Elektroniker im Armeedienst.

— Wie habt ihr euch eigentlich kennengelernt, Ofer und du?

Bellas Gesichtszüge werden weicher, ihre Stimme ebenfalls.

— Oh, das ist eine ganze Geschichte! Dazu muß ich dir was zeigen. Komm! Laß uns ins Haus gehn!

Zwischen Wohnzimmer und Küche drückt Bella auf einen Knopf: in einer neonlichtbeleuchteten Vitrine glitzern dutzende von Medaillen und Trophäen.

— Siehst du, wir sind alle beide Meister!

Und wirklich! Ofer Zur ist Olympiasieger im Basketball für Behinderte und im Schießen. Bella hat den Meistertitel im Schwimmen und ist Goldmedaillengewinnerin der Olympischen Spiele für Behinderte von Toronto. Anläßlich dieser ungewöhnlichen Spiele haben sich 1976 dieser Junge und dieses Mädchen — beide anders als die anderen — gefunden.

— Wir waren an die hundert israelische Behinderte im Flugzeug zwischen Tel Aviv und Toronto. Der Flug wollte nicht enden. Für jemand, der keine Beine hat, sind diese endloslangen Flüge schrecklich. Wir müssen getragen werden. Und du weißt, die Flugzeuge mit ihren Gängen, die nicht breiter sind als ein Bügelbrett und den Toiletten, die enger als 'ne Besenkammer sind. Bei der Zwischenlandung in Amsterdam sind alle, die es nur irgendwie fertigbrachten, ausgestiegen. Nur uns, die Gelähmten, uns hat man einfach dringelassen. Es lohnte sich nicht, unsere Rollstühle aus dem Gepäckladeraum zu holen.

— Und Ofer?

— Ja eben, Ofer war da. Dicht neben mir, wie ich an's Flugzeug gefesselt. Wir haben uns dann bei den Wettkämpfen wiedergetroffen. Ich hab' ihm beim Schießen zugesehen, er mir beim Schwimmen. Und dann... was soll ich dir weiter noch erzählen? Wir haben uns zu Hause wiedergesehen... und dann... dann haben wir geheiratet! Komm mit ins Wohnzimmer, das Photo anschauen. Eingerahmt steht da das junge Paar vor einem Blumenhintergrund.

— Übrigens, Bella, rat' mal, was die Oberschwester zu mir sagte, als sie mir empfahl, dich zu besuchen! Sie sagte: »Ofer und Bella, die beiden... das ist die ganz große Liebe!«

Bella versucht, das gelassen hinzunehmen, aber sie strahlt:

— Sie hat dich nicht belogen. Du wirst mich — wie alle meine Kameradinnen — bestimmt fragen, was ich an ihm, was ich an Ofer eigentlich finden kann. Was ich an ihm finde? Alles. Er hat alles. Ruhe, gesunden Menschenverstand, Güte, Weisheit. Er ist nicht der Typ, der sagen würd': »Ich hasse die Ägypter, weil die's sind, die mich so zugerichtet haben.« Und er würd' auch nicht sagen: »Ich hasse die Ärzte, weil die's nicht mal fertiggebracht haben, meine Beine wieder in Gang zu bringen!» Ofer trägt niemandem etwas nach. Er sagt ganz einfach: »Ich bin, wie ich bin. Und ich muß so weiterleben, wie ich bin.«

Und um diesen panegyrischen Gesang noch ins richtige Maß zu bringen, fügt Bella hinzu:

— Mein Ofer, das ist ein Heiliger!

Dann lacht sie laut auf.

— Meine Freundinnen, wie sollen die das auch verstehen? Vor Ofer war ich mit einem befreundet, der beide Beine hatte... Ofer... wichtig ist für mich nur sein Gesichtsausdruck, was er denkt, was er sagt. Auf alles and're pfeif' ich.

... Wie ich Bella so zuhöre, gehe ich in meine eigene Vergangenheit zurück. Ich denke an eine Sommernacht... er hatte bei einem Sprung auf eine Granate ein Bein verloren... er hat seine Prothese abgenommen, und wir haben uns geliebt. Und es stimmt, ich habe alles vergessen. Und es stimmt, »das« war gar nicht mehr wichtig. Wichtig war nur noch die Lust und vor allem die Zärtlichkeit...

Bella gesteht, daß sie oft Mädchen getroffen hat, die glaubten, das ertragen zu können... und die es nicht ertragen. Ich hab' auch eine junge Frau gekannt, die mir sagte: »Leben hatte ich ja für zwei, aber ich konnt' einfach nicht mehr... jede Bewegung immer für zwei machen. Wenn er mich in die Arme nahm, und seine kalten Beine an mir herumbaumelten, war mir, als wenn er den Tod in mich pflanzte.«

Bei Bella und Ofer dagegen hat das Leben gesiegt. Im Haus von Raanana spürt man das Leben überall: in den Blumen im Wohnzimmer, in der Auswahl der modernen Bilder. Und man sieht, wie es in den Zügen des reizenden, kleinen Hagai blüht und sich fortsetzt:

— Meine Schwangerschaft, die Geburt, der Kaiserschnitt, was für eine Geschichte!

Für Bella und Ofer ist ihr Sohn mehr als ein Kind aus Fleisch und Blut, er verkörpert das unverhoffte Glück.

— Ein echtes Glück, daß wir beide, mein Mann und ich, im Rollstuhl leben! Wie sollte ich, die Zwergin, denn sonst wohl meinen Riesen erreichen?

Lachend zieht Bella mich durchs Haus, das bestens für Behinderte eingerichtet ist. Im Badezimmer zeigt sie mir einen Stuhl, der eigens dafür gemacht ist, unter die Dusche gerollt zu werden:

— Ofer kann nicht — so wie ich — die Krücken nehmen, um bis zu den Griffen der Badewanne zu kommen. Für ein richtiges Bad müßte er getragen werden, und ich hab' nicht genug Kraft dazu... Weißt du, seine Verwundung, das war eine sehr böse Verwundung. Man dachte, daß er nicht überleben würde. Wenn ich daran denke... der Krieg... Ofer weiß nicht mal, was das ist... er hatte gar keine Zeit. Er ist von der ersten Kugel der Ägypter getroffen worden.

— Gibt's da nicht Momente, wo du diese Ägypter haßt, die deinen Mann verstümmelt haben?

— Nein. Ich habe bei unseren olympischen Wettkämpfen viele ägyptische Behinderte getroffen. Kein einziges Mal hab' ich so was gedacht wie... grad recht geschehen... das hast du verdient... jeder kommt dran... Das sind Männer wie unsere hier, Opfer des Krieges, wie unsere. Ich hab' Mitleid mit ihnen. Aber das alles, das ist, was ich — Bella — empfinde. Ich bin nicht die Regierung Israels. Und dann: die Regierungen, das ist eine Sache, und die Menschen, das bleiben die Menschen. Sie sind die

Leidtragenden. Bei unseren Olympischen Spielen zum Beispiel haben die Araber Anweisungen von ihren Regierungen. Das letzte Mal haben Ofer und ich versucht, ein paar Worte mit den Jordaniern zu wechseln: eine Wand. Sie weigerten sich, mit uns am gleichen Tisch zu essen. Wenn die Araber »Israel« sehen, machen sie kehrt. Sogar die Behinderten. Wer weiß, sie würden vielleicht gern mit uns reden? Wie soll'n wir erraten, was sie in ihrem Innersten denken?

Was können schließlich auch Gefühle im Rollstuhl gegen die Staatsräson im Panzerwagen ausrichten?

Ich weiß nicht, was die arabischen Behinderten »in ihrem Innersten« denken, aber ich fühle, daß Bella hinter ihrer etwas forsch wirkenden Miene leidet.

— Die Araber drehen euch den Rücken zu, einverstanden. Aber die Ägypter? Die haben doch mit Israel den Frieden unterzeichnet?

— Mit den Ägyptern ist das anders. Wenn wir uns in den Stadien treffen, unterhalten wir uns, machen wir Photos. Manchen tanzen auch, wenn sie Beine haben. Ich erinnere mich noch an die Schlacht zwischen Israel und Ägypten... im olympischen Schwimmbecken! Ah, wenn sich nur alle unsere Kriege so freundlich im Wasser abgespielt hätten! Noch im vergangenen Sommer sind wir in England gegen ägyptische Behinderte angetreten. Sie schienen mir herzlich wie immer zu sein... jedenfalls sah's so aus... das war im Sommer '82... die israelischen Flugzeuge bombardierten den Libanon...

— Habt ihr euch nie bei euch in Israel oder Ägypten getroffen?

— Nein, nie. Aber ich würd' gern Ägypten kennenlernen. Ich hab' keine Angst davor, die aus der Nähe zu sehen, die auf meinen Mann geschossen haben. Nur, das ist nicht so leicht. Ihr Land ist nicht darauf eingerichtet, Touristen wie uns — im Rollstuhl — zu empfangen.

Das Telefon läutet. Bella antwortet und raunt mir zu:

— Wart' im Garten auf mich!

Ich bin wieder in der Sonne, Rosenduft umgibt mich. Ein Zweig streift mein Bein. Mein Bein... ich fühle es...

Bella kommt zurück:

— Das war eine von meinen Schützlingen...

— Eine deiner Schützlinge?

— ...Ich bin Sozialarbeiterin. Erinnerst du dich nicht? Seit fünf Jahren. Aber ja, ich geh' mit meinem kleinen Wagen und meinen Krücken von Haus zu Haus. Aber ja, ich steig auch die Treppen rauf!

Ofer hat sich mit dem kleinen Hagai zu uns gesellt. Jetzt kommt er mit seiner Geschichte dran. Bella kennt ihren Mann, übernimmt wieder das Baby und läßt mich mit ihrem Mann allein. Seine Furcht davor, von der fremden Journalistin gequält zu werden, hat sie gespürt. Sie ist diskret.

Ich merke gleich anfangs eine Spannung in Ofers zurückhaltender Stimme:

— 1973 war ich 18 Jahre alt. Ich machte meinen Dienst im Sinai. In Israel geht man nach der Sekundarschule zum Militär. Für drei Jahre. Anschließend geht man jedes Jahr für einen Monat wieder hin.

Zögernd fährt Ofer fort:

— Das war ganz am Anfang Oktober, ich hatte meine drei Jahre noch kaum begonnen. Na ja, und dann ist der Krieg losgegangen, was soll ich Ihnen da noch weiter sagen?

Ein Interview mit Ofer gleicht in ungefähr einer »schwierigen Zangengeburt«.

— Erzählen Sie mir doch, wie es kam...

— Wir waren nicht drauf vorbereitet. Und da sehen wir plötzlich die Ägypter, die auf uns schiessen. Wir waren auf unserer Seite nur zwei Panzer mit jeweils 10 Mann. Wir hatten Tote, Verletzte. Alle waren jünger als 19 Jahre.

— Und Sie?

— Ich hab' in der ersten Minute eine Kugel in den Rücken gekriegt.

— Hat man sich sofort um Sie gekümmert?

— Sofort. Hinter der Front wurde gleich eine Notoperation gemacht. Später wurde ich nach Tel Aviv gebracht. Dort hat man dann die große Operation gemacht. Ich bin ein Jahr im Rehabilitationszentrum Shiba des Tel-Hashomer-Krankenhauses geblieben. So. Das wär's. Das ist alles. Das ist das Leben. Das ist mein Leben.

In dem angedeuteten Lächeln Ofers lese ich seine Hoffnung, daß jetzt mit meiner Fragerei Schluß ist. Nur ungern gehe ich weiter:

— Wenn Sie ägyptische Kriegsversehrte treffen, sprechen Sie dann von Ihren Schlachten, stellen Sie dann Vergleiche an oder tauschen Sie Erinnerungen aus?

— Über Politik wird an sich zwischen uns nicht gesprochen. Es wird über alles und nichts geredet, wie mit Freunden. Für mich ist das, als wenn ich mit Franzosen oder Amerikanern spreche.

— Bella hat mir gesagt, daß Sie während der Wettkämpfe nur mit den Ägyptern reden, aber nie ein Wort mit den anderen Arabern wechseln...

— Die Araber ziehen sogar noch im Rollstuhl den Krieg hinter sich her.

— Glauben Sie, daß sich das eines Tages ändert?

— Dieser Tag wird kommen. Da bin ich sicher. Ja. Das glaub' ich, das glaub' ich ganz bestimmt. Vor dem Frieden haben die Ägypter vom Behinderten-Sport uns auch den Rücken zugedreht. Sie sind jetzt anders. Warum nicht die anderen auch?

Bella und ihr kleiner Hagai sind wieder am Rosenstrauch erschienen:

— Ich glaub' das auch! Und ich würd' alles dafür geben, daß es schneller geht. Aber ich bin ja nur Bella, die fest auf ihrem Stuhl sitzt. Ich will den Frieden. Ich will nicht, daß der Krieg mir meinen kleinen Hagai nimmt.

Bella pflückt eine Rose, gibt sie dem Kleinen in seine Patschhand und dreht sie mir zu. Und dieses Kind, das mehr ist als die Erfüllung der schönsten Hoffnung, reicht mir die Blume.

Ofer schlägt vor, mich zu einer Taxistation zu fahren. Bevor er die Garagentür öffnet, faßt er mich am Arm:

— Sagen Sie, Sie glauben doch auch an den Frieden, nicht? Sie kennen doch die Araber, Sie sind doch oft dahinten rumgereist. Sie wissen doch sicher, daß sie uns eines Tages anerkennen werden? Sie wissen doch auch, daß wir nur noch Geduld brauchen und daß alles nur mehr eine Frage der Zeit ist? Sie haben bestimmt gemerkt, daß sie uns jetzt eher dulden als früher, nicht wahr?

Klugerweise schenkt Ofer meiner Antwort keine genaue Beachtung... Während Bella sich im Wagen einrichtet, gibt Ofer mir eine ausgedehnte Erklärung darüber, wie sein neues Auto funktioniert, ein elektrisches Modell »dernier cri« für Behinderte. Er hebt und schiebt sich hinter das Steuer, klappt seinen vor der Wagentür stehenden Rollstuhl zusammen, drückt auf einen Knopf, um den Stuhlheber herabzulassen. Er befestigt daran den Rollstuhl, der dann in einem auf dem Dach dafür vorgesehenen Ständer Platz findet.

Der Wagen erreicht die Kurve der Pilotenstraße. Ein Behinderter rollt in seinem Stuhl an den Gärten entlang. Bella dreht sich zu mir:

— Schau, das ist einer unserer sechs Soldaten. Ich bin hier in unserer Straße die einzige Frau im Rollstuhl, die einzige Frau auf dem Niveau der Männer. Für mich, Bella Zur, ist das meine Art von Gleichberechtigung. Mein Feminismus eben!

Ob in Israel oder Ägypten; jedenfalls habe ich oft bei denen, die am meisten gelitten haben, auch am meisten Menschlichkeit gefunden. Und das ganz besonders bei den Schwerstverletzten. Einige haben mir ganz spontan geraten (ohne das Anliegen meines Buches zu kennen), die gleiche Umfrage doch »auf der anderen Seite« auch zu machen. Und nicht selten ist es der schwarze — oder blutrote — Humor, der hilft, das eigene Sterben nicht zuzulassen...

In der Zeitschrift des Kibbuz *Shdemot*, in der Herbstnummer von 1982, stellt Rami Nitzani mit seiner Art von Humor zwei »Fälle« vor.

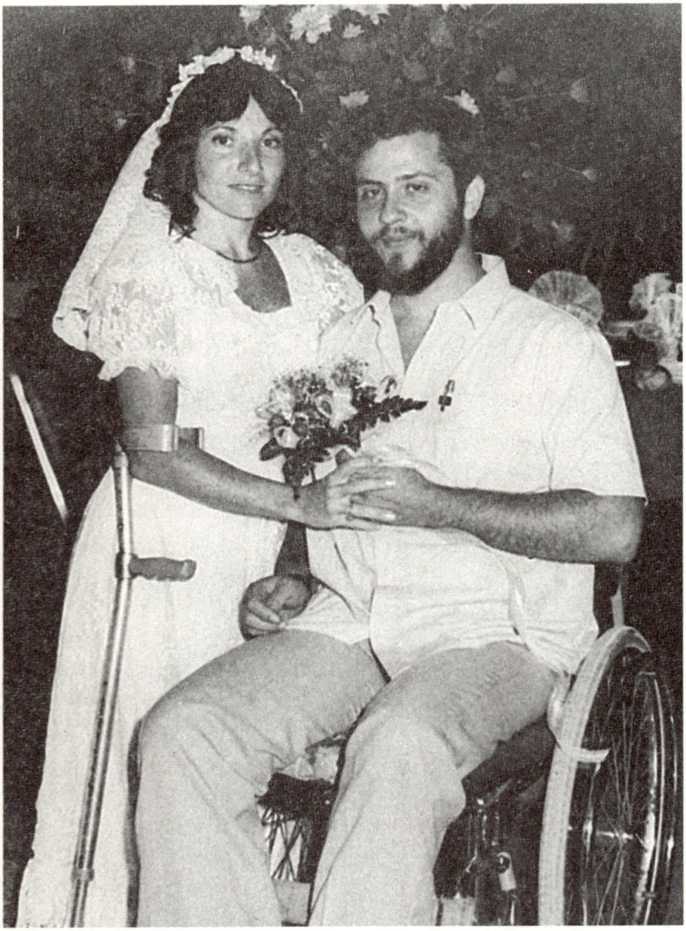

Bella und Ofer an ihrer Hochzeit.

Zwei Geschichten von Rami

Wenn Gott schweigt, sollst du warten!

Mein Freund Salomon, gallenbitter von Natur aus, verbringt seine Zeit damit, sein Gehirn anzustrengen. Was ihn schikaniert, ist weder seine steigende oder fallende Börse noch das Auf und Ab seiner Liebschaften. Nein! Was ihn in panische Unruhe versetzt, das ist das religiöse Problem der Armlosen. Armlose Juden, haben die das Recht, ihre Religion auszuüben, oder nicht? Jeder weiß, daß der gute orthodoxe Jude beim Beten um seinen linken, nackten Bizeps einen schwarzen Gebetsriemen, genannt »Tefilin«, rollen muß. Mein Freund Salomon fragt sich nun ganz ängstlich, ob die, die im Krieg einen oder beide Arme verloren haben, das Recht haben, den »Tefilin« um die Prothese zu schnüren. Mein Freund Salomon fragt sich nun weiter ganz ängstlich, wie der heilige »Tefilin« — der seiner Berufung nach beim Anbetenden auf der Haut Spuren hinterlassen soll — wie der nun beim Kontakt mit dem Plastik-Bizeps reagieren wird.

Bis man ihm freundlichst von da *oben* oder von unten Auskunft gibt, ist mein Freund Salomon, der beidseitiger Kriegsarmloser ist, und weder vom Himmel noch von den Rabbinern Antwort bekam, solange ist er nun im Betstreik.

Eine einfache Beingeschichte

Der Reiher steht auf einem Bein. Meine Stiege begnügt sich mit zwei Tritten. Mein Tischchen hat drei hübsche Beine. Der Ochse hat vier Beine und der Stier, der hat fünf. Meine Küchenschabe hat acht und der Tausendfüßler noch ein paar mehr.

Ich selber, ich hab' eineinhalb Beine, eine Prothese und einen sehr hübschgeschnitzten Stock.

Die jungen Mädchen, die mir mit den Augen — weiter aber auch nicht — folgen, sie sagen angeblich, daß ich mit Eleganz hinke. Unrecht haben sie nicht: ich achte auf Haltung und Gang!

Umsonst! Obwohl das Bein, das mir bleibt, immer noch so hübsch ist, obwohl meine beiden Schenkel noch immer so fest wie ein Schraubstock sind und zwischen ihnen mein kleiner Stock noch genauso standhält, werd' ich doch niemals genügend Beine haben, um den Mädchen zu folgen!

Die Krankenschwester,
die so stolz darauf ist, ihren Namen zu nennen.

NAGUIYA GHARIB MAKLAD war Krankenschwester in Suez. Einer ihrer Söhne wurde im Krieg getötet, der andere kam mit dem »Kriegs-Syndrom« zurück; er hat den Verstand verloren.

Naguiya

Seine Stirn hatte eine klaffende Wunde, seine Augen waren ausgestochen, seine Nase zerschunden. Er rief immerzu nach mir.

Naguiya ist auf ihre unter Schwierigkeiten erworbenen Diplome so stolz, daß sie auf ihr eisernes Bettgestell mit den Messingkugeln steigt, um sie von der Wand zu nehmen. In ihrem kleinen Zimmer läuft sie damit von einer Ecke in die andere, um das günstigste Licht, ohne Reflex, einzufangen. Es sieht beinah so aus, als wären ihr die Fotos, die ich von den Diplomen machen will, wichtiger als die Aufnahmen, die ich gerade von ihr selber gemacht habe.

Das erste Diplom hat sie zur Hilfspflegerin ernannt, als sie schon 34 Jahre alt war. Auf dem zweiten, einem Anerkennungs- und Auszeichnungsdiplom, ist auch ihr Foto. Man sieht Naguiya mit weißem Schleier unter dem ägyptischen Adler stehen, neben dem Zeichen des Roten Halbmonds. Dieses denkwürdige Bild wird ringsherum mit einem Palmenzweig geschmückt und trägt das Datum vom 17. Mai 1974, sowie die Unterschrift von Anwar el Sadat.

Heute ist Naguiya Gharib Maklad an die Sechzig. Ihr tiefer Blick ist noch immer der gleiche. Die Schatten unter ihren schwarzen, feuchten Augen sind bläulich geworden:

— Als ich 14 Jahre war, haben sie mich von der Schule genommen, um mich zu verheiraten. So jung heiraten ist sehr schlecht. Heute lernen die Mädchen, Gott sei gedankt, bis zu Ende und werden dann verheiratet. Ich... ich kann ein bißchen schreiben, und ich lese ganz schlecht. Zu Anfang hab' ich Erste Hilfe gemacht, aber nicht fest. Dann bin ich 1957 beamtet worden. Ich durfte Spritzen geben. Ich bin Hilfspflegerin.

Naguiya ist heute im Ruhestand. Verschleiert sie sich nun aus alter Treue — oder aus Armut — den Kopf und die Schultern noch immer mit Verbandsmull?

— Ach, was hab' ich gesehen... was hab' ich bloß gesehen! Im Krankenhaus von Suez hab' ich alles gesehen. Im Krieg von 1967 wurden uns immerzu ausgestochene Augen, Beine zum Amputieren und von Tanks zermalmte Wirbel gebracht. Da war einer, dem seine Stirn hatte eine klaffende Wunde, seine Augen waren ausgestochen, seine Nase zerschunden. Er rief nach mir... und er rief wieder nach mir... er rief immerzu nach mir: »Ya abla! Ya abla! Komm zu mir, Oberschwester!« Und da war einer, der hatte seine beiden Augen verloren und noch den linken Arm. Denk' mal, das war ein Offizier! Mit der Hand, die er noch hatte, befühlte er immer mein Gesicht, weil er sicher sein wollte, daß ich das war, und daß man keine andere an meinen Platz gestellt hatte. Er wollte nur mich. Zu mir hatte er Vertrauen. Mich störte, daß ich ihm immer Zeitungen vorlesen sollte, weil ich doch so schlecht lese. Nun... ich les' wohl nicht gut, aber dafür bin ich auch kein Angsthase! Ich bin die ganze Zeit geblieben, fast alle andern sind abgehauen. In den ganzen Kriegen haben sie immer nur mich gerufen, damit ich mit den Journalisten mitten in die Bombenangriffe gehen sollte. Bei uns in Suez, da nahm's kein Ende: immerzu haben sie bombardiert, immerzu haben sie geschossen. Ab und zu brachten sie israelische Verletzte zu uns ins Krankenhaus. Denen hatte man die Augen verbunden, daß sie nichts sehen konnten. Nach der ersten Hilfe bei uns, hat man sie nach Kairo geschickt.

Naguiya bewegt ihren massiven Körper, um einen geblümten Plastikvorhang wegzuziehen. Sie führt uns auf ihren winzigen Balkon und zieht unter der Nase meines Begleiters die Leine, auf der zwei imposante Unterhosen trocknen, hoch, um ihm den Blick freizumachen. Wir befinden uns eine Etage über einer staubigen Gasse, in der Autos mühsam von Loch zu Loch holpern, wo Esel trappeln und beladene Frauengestalten vorbeihuschen.

— Schau mal, hier wird wieder aufgebaut! In Suez war fast nichts mehr. Und in Port-Tawfik, gleich nebenan, da war überhaupt nichts mehr. 1973 haben uns die Israelis hundert Tage lang eingeschlossen. Kein einziger Tropfen Wasser mehr. Die alten Brunnen mußten wieder ausgegraben werden. Das war am ersten Tag von diesen ganzen Geschichten... da wurde mein Sohn getötet. Und meinen Mann, den armen Teufel, den hatte ich grad davor verloren.

Als wir in ihr Zimmer zurückkehren, wischt Naguiya sich mit ihrem Verbandsmull die Augen trocken und läßt sich auf ihr Bett fallen:

— Ich hab' Ägypten alles gegeben. Meine Kinder waren alle Freiwillige, alle fünf, die Mädchen, wie die Jungen. Ich bin eine Suez-Tochter, eine Patriotin. Ich verehrte, ich liebte Nasser. Nasser, das war meine Sonne. Als er gestorben ist, hab' ich meinen Trauerschleier zerrissen, bin aufs Dach gestiegen und hab' diese Stücke angemacht. Die Leute schrien: »Du bist verrückt! Du verlierst den Verstand, Naguiya! Die Israelis werden von der anderen Seite am Kanal deine Schleier sehen und zur Strafe auf dein Haus schießen!« Das war mir doch egal! Nasser, das war eben Nasser!

Heute ist mir auch alles egal. Nach allem, was ich gesehen hab'. Früher, wenn ich da im Kino ein kleines Schiff untergehen sah, hat mir das schon was ausgemacht. Aber jetzt hab' ich vor nichts mehr Angst.

Mit einer Hand greift Naguiya plötzlich mein Handgelenk, mit der anderen zeigt sie zur Türe:

— Der Krieg hat mir einen Sohn genommen, und schau dir mal den da an..

Der junge Mann, der eben eingetreten ist, nimmt den engen Durchgang zwischen Bett und Tür ganz ein. Seine Hände hält er geballt in den Taschen seines Pyjamas. Seine Stimme ist genauso agressiv wie sein Blick:

— Ja, Madame, bei uns in Suez, da war das nicht Kino. Manchmal kam's vierundzwanzig Stunden hintereinander auf uns runter. Wenn wir dann mal nach Kairo gegangen sind und gesehen haben, wie sich da alle in Frieden amüsierten, hat uns das schon angeödet. Das hat uns genervt, wenn die da in den Cafés ihre Späße machten, wenn die aus den Kinos kamen oder ins Kabarett gingen.

Naguiyas Sohn leidet unter dem Kriegssyndrom. Er lebt im Zustand andauernder Anspannung und Erregtheit. Starr sind seine ganz blauen, entgeisterten Augen auf das Geschehn um ihn her gerichtet.

— Ihn muß ich wie ein Kind hüten, erklärt Naguiya. Davon haben wir tausende. Schau mal meine Nachbarin, die Griechin! Die, die eine kleine Eisenwarenhandlung hat, die Foula Margaraky. Du hast sie selbst gesehen! Sie, die hat Courage gehabt und ist geblieben. Alle anderen Griechen sind weg. Arme Foula! Die hat jetzt, dadurch daß sie unter den Bomben gelebt hat, einen zu wenig! Keinen Zahn mehr und auch keinen Kopf! Die kann grad noch drei und vier zusammenzählen. Grad noch! Sie stopft sich mit Medikamenten voll. Hochgradig drogenabhängig! Die könnt' man für genauso alt halten wie mich. Dabei ist sie vierzig!

Bei Foula, wie bei Naguiyas Sohn, und bei vielen Opfern des Kriegssyndroms, reicht es schon aus, nur ein Wort zu sagen, das sie an Krieg oder Bombardierung erinnert, um einen ganzen Redeschwall auszulösen, als ob eine elektrische Entladung ihren Mechanismus in Gang setzte. Der Junge geht auf mich los und fängt an zu schreien:

— Meine Mutter hat Ihnen nicht alles gesagt. Sie hat Ihnen nicht alles gesagt, was sie gemacht hat! Sie hat Ihnen nicht alles gesagt, was sie gesehen hat! Sie hat Ihnen nicht…

Naguiya unterbricht ihn:

— Das ist richtig, aber das ist meine Sache! Ich kann schließlich nicht alles sagen! Ach, was hab' ich alles gesehen… was hab' ich gesehen!… Da war diese Frau, die man ohne Kopf im Graben gefunden hat, ihr Baby lag an ihrer Brust. Wenn die Israelis bombardierten, hat die Zivilbevölkerung alles abgekriegt. Als sie das Krankenhaus bombardiert haben, hat man unseren Fahrer ganz ohne Gesicht gefunden... Ach, ich hab' so viel gesehen... ich hab' so viel gesehen... Da wurden Leute gebracht, die ich gekannt hab'. An einem Tag, halte dich aber gut fest, an einem Tag, da hat man mir einen zugeschnürten Sack gebracht. Ich mach' ihn auf, und was seh' ich? Zuerst eine Männerjacke, ganz blutverschmiert... Schultern... ich fühle: das ist ein Stück Körper. Kein Kopf, keine Arme, keine Beine. Ich such' in den Taschen, da ist ein Ausweis. Ich erkenne das Foto. Der Gärtner der Suez-Kompanie! In einer anderen Tasche war der Umschlag von seinem Gehalt: einundvierzig Pfund. Der kam gerade vom Zahltag. Der Arme, der hat kein Glück gehabt: auf seinem Zettel hab' ich nämlich gesehen, daß er gerade eine Gehaltserhöhung bekommen hatte.

— In Suez wurde der Zivilbevölkerung wirklich viel Leid angetan. Um sich dessen bewußt zu werden, braucht man nur die Friedhöfe zu besuchen.

— Als wir die »Hundert Tage« eingeschlossen waren, wurden sie alle sofort begraben. Die Soldaten wie alle anderen. Oft hat man nicht mal ihren Namen gekannt.

Der Militärfriedhof von Suez ist ganz schlicht, wie übrigens der kleine Flecken auch, der für die Zivilbevölkerung reserviert ist. Auf manchen Gräbern ist nur eine Holztafel. Auf anderen, wo der billige Gips abzublättern beginnt, schützt ein in die Masse eingelassenes Glasschildchen das Photo des Toten. Auf diesen Friedhöfen aus Sand und Staub gedeihen die Fettpflanzen und die Lorbeerbäume verkümmern. Hier und da vertrocknet auf einem Grab ein Palmenblatt. Und auf einigen Grabstellen findet man den gleichen Koranvers, wie auf dem Gefallenendenkmal: »Du darfst keineswegs die für tot halten, welche für die Religion Allahs fielen; sie leben vielmehr bei ihrem Herrn...« (Dritte Sure, Vers 170; Al-Imran).

Naguiya, die alles, alles gesehen hat, seufzt unter ihrem weißen Schleier:

— Viele von denen, die man im Krankenhaus gerettet hat, wären besser auf dem Friedhof aufgehoben... Wenn ich an dieses junge Mädchen denke — Gott, was war die schön — die war unter eine Splitterbombe gekommen und hatte den ganzen Körper voll mit kleinsten Kugeln. Vom Kopf bis zu den Füßen. Man mußte ihr beide Brüste entfernen, um die Kügelchen dahinter rauszukriegen. Und nicht mal alle! Und dann die von

Napalmbomben: keine Nase mehr, keine Augenlider, keine Ohren, ganz schwarz. Und dann noch die von den... wie heißen die gleich... diese Bomben? Egal... die waren ganz zerstückelt. Das Schlimmste waren nicht die Bomben, die vom Himmel runtergekommen sind, sondern die drüben, auf der anderen Seite vom Kanal abgeschossen wurden. Was soll das bloß alles?

Was soll das bloß alles? Das ist die Frage, die sich auch Experten in Sachen Leiden stellen, die sich zu internationalen Kongressen in Palästen versammeln. Sie schreiben:* *»Um den Begriff, »unnötiges Leiden« zu klären, untersuchen Experten die Sprache, in der dieser in dem Abkommen von Den Haag betreffend die Gesetze und Gebrauchsrechte bei Krieg zu Land von 1899-1907 Ausdruck fand... Außer den Verboten besonderer Konventionen wird insbesondere verboten... Waffen und Geschosse zu benutzen und anderes Material, das absichtlich unnötiges Leid bewirkt.«*

Die gleichen Leidensexperten stimmen darin überein, daß es gut wäre, *»Waffen, die unnötiges Leiden bewirken«*, abzuschaffen.

Weitgehend stimmen sie darin überein, daß dies *»eine Art von Gleichung einschließt zwischen einerseits dem Maß an Verletzungen und auferlegtem Leiden (der menschliche Aspekt) und andererseits dem der Auswahl einer Waffe zugrundeliegenden notwendigen Ausmaß (militärischer Aspekt). Weitgehend herrscht Übereinstimmung darüber, daß diese Gleichung oft schwer zu etablieren ist, da keine der beiden Seiten auf genaue Zahlen beschränkt werden könne, und darüberhinaus die beiden Seiten so unterschiedlich sind, daß sie schwer miteinander verglichen werden können.«*

Gerade die Napalmbombe und die »kugelspeiende Splitterbombe« versetzen die Bevölkerung in Angstzustände, wo es doch leichter — und sogar billiger — wäre, das gleiche militärische Resultat mit weniger schrecklichen Mitteln zu erreichen.

Unsere Experten, deren Macht sich auf die Niederschrift ihrer Berichte beschränkt, können weder den Krieg, noch die Waffen abschaffen. Also kämpfen sie untereinander stundenlang, tagelang und über ganze Kongresse hinweg, um zu wissen *»inwieweit der englische Ausdruck von arms calculated to cause superfluous injuries, dem französischen Orginal entspricht«*. Ganz zu schweigen von der semantischen Präzision eines Exper-

---

* Bericht der »Conference of Government Experts on the Use of Certain Conventional Weapons.« Luzern, 1974. (S. 8-9)

ten, der das Element der zu berechnenden Wirkung nicht aus dem Text verlieren wollte, weil er meinte, daß *»ohne dieses Waffen-Designer nicht davor zurückscheuten, Waffen zu entwerfen, die unnötiges Leiden hervorrufen würden.«*

Für Naguiya spricht das Leiden nicht Französisch und nicht Englisch, weder Arabisch oder gar Hebräisch. Es hat nichts mit Grammatik oder Wörterbüchern zu tun. Es hat lediglich mit Kindern, Frauen und Männern zu tun. Und mit Stolz, Ehrgeiz, Dummheit, Interessen. Mit Diktatoren und Demokraten, mit Fanatikern und Finanzleuten, die es fertigbringen, daß Menschen aufschreien, weinen, sterben.

Wenn Naguiya spricht, nehmen ihre praktischen Hände die Leichtigkeit von Flügeln an. Diese Hände, die so viel Hilfe geleistet haben und so viele Verbände erneuerten, bekommen dann etwas Philosophisches.

Bevor wir uns auf ihrer Türschwelle trennen, streckt sie die Arme in die Höhe und öffnet die Handflächen zum Himmel:

— Der Tag, an dem ich vom Frieden erfahren hab', das war der schönste Tag in meinem Leben. Aber was hab' ich nicht alles gesehen... was hab' ich nicht alles gesehen!...

INTERNATIONAL COMMITTEE OF THE RED CROSS

Conference of Government Experts on the Use of Certain Conventional Weapons

(Lucerne, 24.9—18.10.1974)

REPORT

GENEVA
1975

Die Krankenschwester,
die den Terroristen gepflegt hat
und ihren Namen nicht nennen will.

Dganit

Glaub' mir, feindliche Soldaten unter diesen Umständen zu pflegen, das nimmt dich schwer mit.

Suchen Sie unter den Krankenschwestern im Tel-Hashomer-Krankenhaus nicht nach ihr. Sie hat mich gebeten, ihren Namen nicht zu nennen. Ich hab' für sie einen Blumennamen ausgewählt, nämlich Dganit (Kornblume), um dadurch die bitteren Aussagen ein wenig zu mildern, die sie mir anvertraut hat.

Bittere Härte hatten schon ihre Eltern gekannt. Als das Naziregime aufkam, hatten sie sich in Deutschland einer jener Gruppen angeschlossen, die sich anschickten, nach Palästina zu gehen, in der Hoffnung, dort eines Tages einen jüdischen Staat aufzubauen:

— Hier einmal angekommen, mußten meine Eltern mit ihren Intellektuellenhänden den Boden bearbeiten. Nur ihr Traum hielt sie am Leben. Meine Mutter hat das nicht durchgestanden. Sie wurde schwer krank. Sie war eine feine Frau, sie kam aus einer reichen, kultivierten Familie. Ihre Mutter hätte ihr aus Deutschland Geld schicken können, aber mein Vater war viel zu stolz dazu, dies auch nur in Gedanken anzunehmen. Daß meine Eltern jung gestorben sind, hängt mit ihrer schweren Existenz zusammen. Ich selber bin in Haifa geboren. Als ich noch Kind war, kam mein Vater mir wie ein Geist vor. Er verschwand, kam wieder, ging für zwei Tage weg, kam zurück, verschwand nächtelang. Ich verstand das nicht. Viel später erfuhr ich, daß er in der Hagana, der jüdischen Untergrundbewegung kämpfte, die eines Tages unsere offizielle Verteidigungsarmee werden sollte.

Damals gab es in Palästina den Staat Israel noch nicht.

— In unserem Stadtviertel von Haifa lebten wir inmitten von Arabern. Wir verstanden uns gut. Das Leben ist sonderbar. Jahre später, als der Haß die beiden Gemeinschaften trennte, hat der Zufall uns wieder einander gegenübergestellt. Mein Vater wurde wegen Herzkomplikationen ins Krankenhaus eingeliefert, und ein junger, arabischer Arzt beugte sich über ihn. Mein Vater erkannte ihn und sagte: »Aber ehrlich, du bist doch der Bengel, der meiner kleinen Dganit nachgerannt ist. Du hast sie in der Hilel-Straße an den Haaren gezogen!« Auf diese Weise haben wir einen meiner kleinen Spielkameraden wiedergefunden, den Sohn unseres arabischen Nachbarn aus Haifa. Er hat dann von diesem Tag an meinen Vater und meine Mutter ärztlich betreut. Was war das für eine Überraschung, als wir uns beide in weißen Kitteln an ihrem Krankenbett wiedertrafen! Ich bedauere sehr, daß so viele Araber, und darunter so begabte wie dieser Herzspezialist, aus dem Land fliehen mußten.

Dganits Haus in einem angesehenen Vorort von Tel Aviv ist ebenerdig und ohne Schwellen gebaut. Alles ist hier rollstuhlgerecht eingerichtet. Vom Wohnzimmer kommt man schwellenlos in den Garten. Im Wohnzimmer das typisch israelische Nebeneinander von modernen Gemälden und palästinensischen Kissen. Im Garten Blumen und Sträucher im Überfluß. Dganit wacht über diesen Rahmen, wie sie über ihre beiden halberwachsenen Söhne und ihren behinderten Mann wacht. Sie ist eine gut etablierte Frau von vierzig Jahren, mit strahlendem Blick, warmem Lächeln und wirksamen Gesten:

— Als ich meinen späteren Mann im Tel-Hashomer-Krankenhaus kennenlernte, war ich noch Schwesternschülerin. Ich war 18, Yossi 20: Er konnte seine Beine nicht mehr benutzen.

An dem Tag, an dem der Unfall geschah, war Yossi am Ende seiner Kräfte. Er hatte gerade seine Nachal-Zeit hinter sich, in der Militärdienst und Einsatz in der Landwirtschaft gleichzeitig geleistet werden. Sein Lastwagen kam aus der Gegend von Haärava und transportierte Sprengstoff in das Gebiet von Eilat, an die Grenze von Jordanien. Yossi ist eingeschlafen. Der Lastwagen kippte um. Alles ist in die Luft geflogen.

— Ich fing damals in meinem Beruf gerade an. Ich war ganz jung. Ich seh' mich noch an seinem Bett stehen und hör' ihn sagen: »Heute geht es mir besser, morgen fang' ich wieder an zu laufen!« Das hatte mich tief erschüttert. Damals gab es eine Vorschrift, die dem Pflegepersonal verbot, den Patienten die Wahrheit zu sagen. Natürlich hatten wir schon den Krieg von 1948 hinter uns, aber wir verstanden noch nicht allzuviel von der Psychologie der Schwerverletzten. Inzwischen hatten wir weitere Kriege... die es uns erlaubten, mehr Reife zu erlangen. Aber 1958 waren wir nicht so weit. Yossi mußte also durchs Schweigen hindurch und wegen der übertriebenen Hilfsbereitschaft ihm gegenüber von ganz allein darauf kommen, daß er für den Rest seines Lebens gelähmt war. Nichts weniger als das!... Die Leute irren, wenn sie meinen, daß ich Yossi stütze. Ganz im Gegenteil, er ist es, der mich aufmuntert. Mein Mann ist eine Kämpfernatur. Alle beide versetzten wir der Vergangenheit einen kräftigen Tritt ins Hinterteil. Yossi ist Opfer eines Mißgeschicks gewesen, und wir lehnen es ab, daraus ein Drama zu machen. Aber das ist nicht immer leicht. Die Leute möchten mich zur Heldin machen. Ihre Blicke sagen mir: »Diese Dganit, die hat Mut! Mit solch einem Klotz am Bein!« Aber was wissen die denn davon? Was ist für die schon »Mut«? Was ist Mut überhaupt? Die Leute bewundern mich. Aber wer von uns ist eigentlich der Mutigere? Yossi oder ich?

Sie dreht sich zum Fernseher:

— Jetzt, wo im Libanon gekämpft wird, leidet Yossi darunter, abgeschoben zu sein. Das ist übrigens jedesmal das gleiche, wenn die Spannung mit den Arabern wächst und die Reservisten eingezogen werden. Er wiederholt dann ununterbrochen: »Ich bin zu nichts mehr nutze!« Doch was würden wir ohne ihn machen? Denn in diesen Augenblicken übernimmt er doch immer die Leitung der Firma. Das tröstet ihn ein wenig, aber er behält trotzdem den Eindruck, in den Augen der anderen ein Drückeberger zu sein. Er behauptet, daß die Leute ihn sonderbar anschaun, wenn sie ihn am Steuer seines Wagens sehen, weil man seine Invalidenausweismarke auf der Scheibe nicht gleich sieht. Er glaubt, daß bei roten Ampeln die Leute sich zurückhalten, um nicht auf seinen Wagen zu spucken. Und er meint, daß man von ihm denkt, er habe den Dreh gefunden, sich aus dem Staub zu machen, während die andern draufgehen...

Für Dganit nimmt das Unbehagen andere Formen an. Im Bus oder auf der Post fragt man sie gelegentlich: »Und wo ist Ihr Mann? Im Süden? Im Norden? Im Golan?« Dganit kann dann nur antworten: »Nichts davon, mein Mann ist nirgendwo dort. Mein Mann ist gelähmt.« Auch die darauffolgende Verlegenheit kann die Taktlosigkeit nicht auslöschen.

— Manchmal reicht's mir dann. Dann muß ich weg, dann brauch' ich andere Luft. Israel lebt — wie ein Dampfkochtopf — ständig unter Druck.

— Ihr müßt aber eines Tages aus diesem Topf heraus...

— Das bestimmt! Aber da müßte man erst einmal wissen, was die Araber denn eigentlich wollen. Und auch, was für ein Israel wir wollen. Mir selber ist das völlig egal, ob wir einen ganz kleinen Staat haben. Ich will nur eines, den Frieden und sonst nichts.

— Aber Dganit, was Israel angeht, da bist du doch auch nicht von gestern. Du kennst die Araber. Du hast in Haifa mit ihnen gespielt. Das hast du mir erzählt...

— Meine Gefühle sind ganz durcheinander. Ich mein' ja auch nicht die Araber als solche. In meine Kurse über medizinische Ethik kommen mehrere Araber. Ich versteh' mich im allgemeinen sehr gut mit ihnen. Meine besten...

Sie lacht:

— Siehst du, ich wollte mich gerade dazu verleiten lassen zu sagen: »Meine besten Schüler sind Araber«, wie andere sagen: »Meine besten Freunde sind Juden«. Aber Spaß beiseite, wo's vom Besten gibt, da gibt's auch vom Schlechtesten. Die Araber, ich kann sie verstehen. Aber sie gehn mir auf die Nerven. Bei jedem Krieg denkt man, daß es endlich der letzte ist. Und dann fangen sie wieder an. Dann haun sie uns wieder eins rein. Als Krankenschwester hatte ich schon das Recht auf meine drei Kriege. Der Krieg... das ist schlimm... aber man weiß, was da auf einen zukommt. Soldaten sind Soldaten. Aber die Terroristen!... Ich hab' wirklich das Grauen kennengelernt, als diese Dreckskerle einen Bus in die Luft gesprengt haben, und ich mich dann um die zerrissenen Körper kümmern mußte.

In Dganits Gesicht steht der Horror, Tränen füllen ihre Augen.

— In den beiden ersten Wochen nach dem Attentat konnte ich kein einziges Mal vom Krankenhaus bis nach Hause fahren, ohne nicht unterwegs anzuhalten. Ich schluchzte und schluchzte. Das war mir noch nie passiert. Und ich hatte bereits einiges gesehen! Da war eine Frau, die sich an mich klammerte und schrie: »Hilf mir doch, hilf mir doch! Mach doch was!« Ihr Mann und ihr siebenjähriger Sohn waren tot, und von ihrer kleinen Tochter blieb nur noch ein Häufchen mit riesigen Wunden.

— Und wenn du nach Hause kamst?

— Dann mußte ich mich erst mal fassen: ein paar Tropfen Wasser in die Augen, ein wenig Puder auf die Nase... und ein gezwungenes Lächeln für Yossi. Mein Mann sagt und wiederholt mir immerzu, daß er den Krieg so sehr haßt wie ich, und daß der Krieg nur Verlierer hinterläßt. Wir sind da ganz einer Meinung, und trotzdem zerreißen wir uns jedesmal gegenseitig, wenn wir darüber reden. Ich kann einfach nicht rational und kalt darüber sprechen, the-o-re-tisch, wie's Yossi kann. Aber wie kann er nur seine toten Beine dabei vergessen? Und wie kommt es, daß ich in mir einen solchen Vorrat an Revolte und Zorn angestaut habe?... Nein! Ich will kein drittes Kind! Mein Schoß sagt nein. Kinder? Für was für eine Zukunft?

— Kennst du viele Mütter, die so reagieren?

— Keine Ahnung! Ich hab' mit anderen Frauen nie darüber gesprochen. Nie. Ich weiß bloß, daß ich die beneide, die nur Mädchen haben. Meine Söhne, die werden an die Front geschickt, und bald werde ich so wie all diese Mütter von Soldaten sein. Früher, wenn ich da im Krankenhaus arbeitete, konnte ich die Situation gewissermaßen noch meistern: Ich sprach Mut zu, ich pflegte und tröstete. Bald werde ich leiden. Ich fühl' diese Schlinge, die sich um mich herum zuzieht. Und ich bekomme jetzt schon Angst.

Sie denkt nach:

— Natürlich hätten meine Söhne der Armee entkommen können, wenn sie in den Vereinigten Staaten geblieben wären, wo wir einige Jahre gelebt haben. Ich meine aber, daß jeder von uns seinen Anteil zu tun und zu geben hat: Die Juden brauchen einen Staat. Aber Achtung, das heißt nicht, daß man Angreifer oder Ordnungshüter der anderen werden soll! Meine Söhne sollen die Grenze schützen und bewachen — gut — aber mehr auch nicht.

— Als Israel den Sinai an Ägypten zurückgeben mußte, hast du also nicht protestiert? Apropos Ägypten, ich komm direkt von dort. Ich habe da Frauen interviewt, Frauen, die eure Kriege erlebt haben, so wie du. Ist es schon passiert, daß du Verletzte von euren Gegnern pflegen mußtest? Von den Ägyptern, zum Beispiel?

— Von den Feinden? Ja, im Krieg von 1973, da waren es gerade Ägypter. Ein Offizier und Soldaten. Wir hatten Sprachprobleme. Ich redete über Gesten mit ihnen, lächelte ihnen zu und glättete ihre Kissen. Und dann hatten wir auch noch das Problem mit der Angst: sie waren oft sehr beunruhigt. Sie fürchteten, daß die Leute hier ihnen etwas tun könnten. Langsam haben sie sich dann ein wenig entspannt, blieben aber doch immer recht reserviert. Ich kann das verstehen. Schließlich waren sie ja beim Feind.

— Und was hast du dabei empfunden?

— Glaub' mir, feindliche Soldaten unter diesen Umständen zu pflegen, das nimmt dich schwer mit. Ich hatte im gleichen Moment meinen Schwager an der Front. Täglich hörte ich, daß ein Freund oder der Freund eines Freundes gefallen war. Israel ist ein kleines Land, und da gibt's immer jemand, der jemand kennt, der wiederum jemand kennt... Das alles lastet auf mir. Jetzt, nachdem wir den Frieden unterzeichnet haben, könnte ich Ägypten besuchen, aber dazu hab' ich wirklich keine Lust. Zwischen uns gibt es zu viele Tränen. Ich weiß, daß die Ägypter sehr freundlich sind, aber mein Herz ist noch anderswo. Ich könnte auch durch die Schönheit der alten, ägyptischen Grabmäler die frischen Gräber zwischen uns nicht vergessen. Vielleicht später mal... wir werden ja sehen...

Langes Schweigen... Und dann wagt's Dganit endlich:

— Das Allerfürchterlichste mit diesen verletzten Feinden… also gut, ich werd' dir das auch noch erzählen. Das war 1973, mitten im Krieg. Genau diesen Augenblick hatte ein arabischer Terrorist gewählt, um in Tel Aviv einen Autobus in die Luft zu sprengen. Dieser Kerl ist mitsamt seiner Bombe in die Luft gegangen, und dann hat man ihn mit anderen Fahrgästen eben mir ins Krankenhaus gebracht. Das war einfach grauenvoll: Die Gedärme quollen aus dem Leib hervor, die Geschlechtsteile waren zerfetzt… und für diesen Terroristen mußte nun Intensivpflege rund um die Uhr geleistet werden, während gleichzeitig unsere eigenen israelischen Verletzten ununterbrochen eingeliefert wurden. Da kannst du dir ihre Reaktion bestimmt vorstellen: »Wie kannst du, als Tochter Israels, dich so lange um diesen arabischen Dreck kümmern? Und dann ist das noch nicht mal ein Soldat… sondern ein Mörder!« Alles war an diesen Tagen in diesem Krankenhaus sowieso irrsinnig. Alles war absurd und verrückt, wie der Krieg an sich absurd und verrückt ist.

— Und weiter?

— Ich hab' dann weiter meine Pflicht bis zu Ende getan. Ich hab' den Terroristen bis zu seinem Tod gepflegt. Er kam nicht mehr zu Bewußtsein. Denen, die mich kritisierten, hab' ich gesagt: »Ich bin Krankenschwester und nicht Richter. Wenn der überlebt, werden andere ihn richten.«

Ägyptische
Behinderte und ihre Frauen.

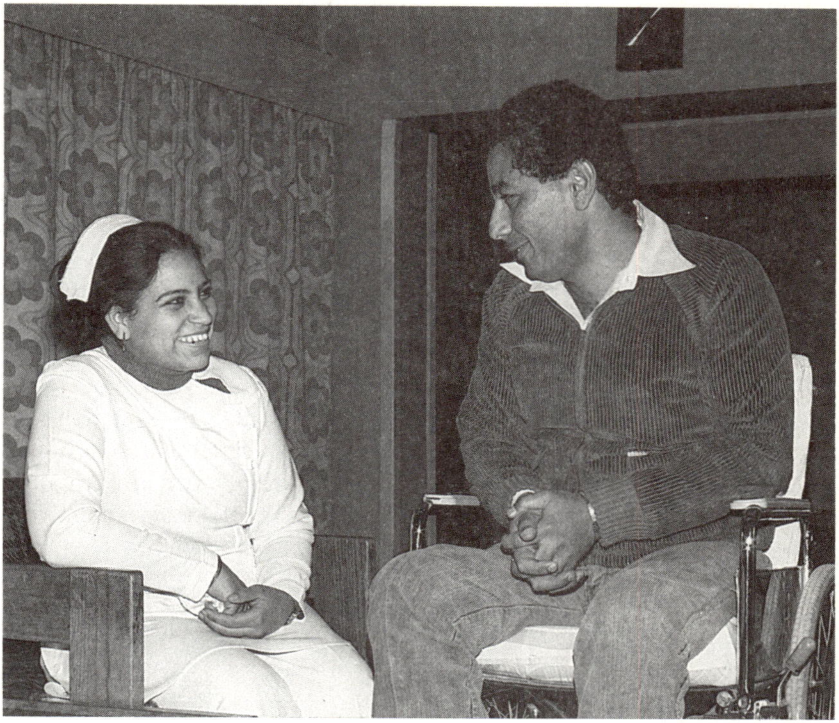

SABAH, die Krankenschwester aus Kairo, und ihr Verlobter, der Hauptmann YOUSSEF, Schwerverletzter aus dem Krieg von 1973.

Sabah, Rawiya, Ragab

Um einen Einarmigen zu heiraten, hat meine Freundin sich von einem heilen Mann scheiden lassen.

Wafa wa el-Amal, das Rehabilitationszentrum für Schwerstbehinderte und Verstümmelte, liegt einige Kilometer von Kairo entfernt in dem angrenzenden Sandgebiet und gleich neben Schweppes.

Eine Sozialarbeiterin führt mich zu einem der Ärzte. Ein Mann an die Fünfzig, freundlich entgegenkommend. Als ich bei ihm eintrete, scherzt er gerade mit einem der Behinderten im Rollstuhl. Ich erkläre ihm die Absicht meines Buches. Er stellt mir den Behinderten vor:

— Das ist Ragab Abdel Kader Hassan: ein Splitter unten im Rücken, im Oktober 1973. Seine Beine sind abgestorben. Wenn Sie sich alles, was Sie interessiert, angesehen haben, können Sie ihn im Fernsehraum wiederfinden. Er wird Ihnen seine Geschichte erzählen. Und da Sie vor allem an den Frauen interessiert sind, ist er vielleicht einverstanden, Sie in sein Dorf zu bringen, wo seine Frau wohnt. Unser Ragab, der hat Glück: er hat ein Auto bekommen, das sich nur mit den Händen bedienen läßt.

Der Behinderte verläßt uns mit einem kleinen Winken. Der Arzt setzt sich wieder:

— Ragab ist einer der einfachen Fälle. Wir haben andere, die viel dramatischer, viel tragischer sind. Die haben hier aber nichts zu suchen, wir können für sie nichts tun.

— Zum Beispiel?

— Wir haben welche, die von oben bis unten gelähmt sind. Sie wurden an einem der neuralgischen Punkte der Wirbelsäule oder im Gehirn getroffen. Sie können sich überhaupt nicht selber behelfen. Sie haben den Abgang von Harn und Stuhl nicht unter Kontrolle. Was ihre Frauen angeht... diese sexuellen Probleme sind mehr noch als ein Drama. 80% der Männer, die wir »Spastiker« nennen, was heißt, daß ihre Krankheit durch eine Verletzung an der Wirbelsäule hervorgerufen wird, 80% können wohl noch sexuelle Kontakte haben, aber ihre Erektion nicht mehr kontrollieren. Sie wird nicht mehr vom Gehirn gesteuert, sondern durch einen Reflex verursacht, den man hervorrufen kann. Das ist die gleiche Art von Reaktion wie der klassische kleine Hammerschlag unterhalb der Kniescheibe, mit dem der Arzt Ihr Bein hochschnellen läßt.

— Sie wollen damit sagen, daß die Frau alles zu übernehmen hat?

— Genau. Sie muß sehr aufmerksam und aktiv sein. Sie muß die sensiblen Stellen kennen. Und gerade hier wird nun die Lage entmutigend, wenn nicht sogar zum Verzweifeln. Ich habe den Frauen dieser Behinderten vorgeschlagen, ihnen zu zeigen, was sie tun müssen, und das mehrmals. Aber alle haben abgelehnt, bis auf eine. Was wollen Sie da machen? Schließlich sind wir ja nicht in Amerika, nicht einmal in Europa! In unserer erdrückenden, heuchlerischen islamischen Gesellschaft schämt sich die Frau über Sexualität zu reden, sogar noch bei einem Arzt. Dabei ist es doch unbedingt nötig, daß sie genau Bescheid weiß, denn bei einem an der Wirbelsäule Schwerbeschädigten kann die Erektion innerhalb eines Bruchteils einer Sekunde aufhören, und das ganz ohne Grund.

Der Arzt bleibt nachdenklich:

— Ich habe sie genau beobachtet und stelle mir immer wieder die Frage: Sind diese Frauen, die sich so leicht mit der Impotenz ihrer Männer abzufinden scheinen, sind sie wirklich ohne sexuelles Verlangen? Ich werd' das nie erfahren. Natürlich sind bei uns in Ägypten die Frauen aus dem einfachen Volk und aus der niedrigen Bürgerschicht meistens beschnitten. Und Sexualität ohne Klitoris... Ich werd' Sie noch mehr zum Staunen bringen... allerdings bin ich selber der Erste, der erstaunt ist! Ich habe bei diesen Frauen impotenter Behinderter Wunder erlebt: Manche von ihnen haben Kinder! Und nicht vom Himmel!

Kennt der Arzt vielleicht die »Wunder«, die jene alten »Haddschas«* behaupten zu tun? Diese alten Hexen, die um die Hussein-Moschee in Kairo herumspuken? Eine von ihnen, die auch noch Engelmacherin ist, die vor mir ihre Armspangen, ihren Koran und ihre Amulette schwang, hat sich vor mir gerühmt: »Du verstehst, ich helfe den Frauen, die zur Moschee kommen und beten, weil sie keine Kinder haben. Ich gebe einem von meinen jungen Männern einen kleinen, recht warmen Schwamm, und wenn er voll ist, stopf ich ihn schnell in die Frau, die hinter meinem Vorhang versteckt ist. Alle sind zufrieden. Die Jungen kriegen ihr Geld, die Frauen ihr Kind und ich, ich krieg' meinen Teil.«

Ohne sich um unsere Anwesenheit zu kümmern, tritt ein großer Kerl unaufgefordert ins Büro des Arztes. Er bringt geschäftig die in den Fächern aneinandergereihten Dossiers in Ordnung und zieht dann — immer noch ohne von uns Notiz zu nehmen — einen Putzlappen aus der Tasche und beginnt die Lampe zu polieren. Der Arzt lächelt bitter:

— Das ist einer, der den Oktoberkrieg von 1973 überlebt hat, einer aus

* Frauen, die bereits die Pilgerfahrt nach Mekka gemacht haben.

der Schlacht vom Sinai. Ein winziger Metallsplitter hat sich in seinem Gehirn festgesetzt. Unmöglich, ihn rauszuholen, ohne noch Schlimmeres zu riskieren. Der arme Mann ordnet und poliert Tag und Nacht. Eine Art von Wahnsinn. Da gibt es leider noch schlimmere...

Noch schlimmere Arten von Wahnsinn... Wie die, die durch Traumen des modernen Kriegs ausgelöst werden. Sie standen im Sommer 1983 auf dem 7. Internationalen Psychiatrie-Kongreß von Wien zur Diskussion. Nach F. Jones, einem anerkannten Fachmann auf diesem Gebiet, liegt dieser israelisch-ägyptische Sinaikrieg vom Oktober 1973 mit der Marne und Okinawa unter andern an der Spitze der Horrorskala.* In diesem Krieg haben sich die ägyptischen und die israelischen Soldaten offen auf engem, flachem, wüstenähnlichem Raum bekämpft. Mehr als zweitausend Panzer stießen aufeinander. Und von oben wurden sie fürchterlich beschossen. Die ausgeklügeltsten Waffen wurden losgelassen, und gegen die ferngesteuerten Waffen des elektronischen Krieges steht der Mensch schutzlos da.

Der »Arbeitssüchtige« hat uns gerade verlassen, da klopft's an der Tür. Herein kommt eine Figur aus »Schrecken des Krieges«, ein Goya mit verformtem Kopf. Auf der einen Seite sind die Wangenknochen und die Augenhöhle eingedrückt, und das zerquetsche Auge ist durch ein Glasauge ersetzt. Das andere Auge ist in einen Winkel der Augenhöhle verrutscht. Eine grauenhafte Symmetrieverschiebung, die durch eine bis zu den Augenbrauen gezogene graue Wollmütze verstärkt wird, die noch andere Schäden versteckt.

Der Mann kommt auf mich zu, nimmt meine Hand und schüttelt sie kräftig. Er möchte mir etwas sagen, aber aus seinem Mund kommt nichts Artikuliertes. Der Arzt spricht mit ihm ganz langsam, wie mit einem Kind.

— Ahmed, diese Dame ist aus Europa gekommen, sie will mit denen sprechen, die im Krieg gelitten haben. Sie will ein Buch schreiben.

Ahmed, in seinem formlosen Kaftan jetzt ganz aufgebracht, reißt seine graue Mütze vom Kopf, um mir die Narben an seinem verschobenen, huppligen Schädel zu zeigen. Er fuchtelt in der Luft umher, will das treffende Geschoß nachmachen. Und um mir noch besser die Schäden zu zeigen, holt er sein Glasauge heraus und hält es mir hin.

Der Arzt greift ein:

— Aber Ahmed! Los, weg damit! Tu' dein Auge wieder rein!

---

* LE MONDE (21. Juli 1983)

Und zu mir gewandt:

— Sie müssen ihn entschuldigen, er ist ein schwerer Fall. Er spricht nicht mehr. Er kann nur noch »ja-ja-ja-ja-ja« wiederholen. Alle Versuche der mechanischen oder psychologischen Rehabilitaion waren umsonst. Und stellen Sie sich mal vor, er hat sich gerade verheiratet! Stimmt's, Ahmed, du hast dir eine hübsche kleine Frau geleistet. Zeig' uns deinen Heiratsvertrag!

— Ja-ja-ja-ja-ja!

Und wieviel Stolz in diesen »Ja«s! Und welche Eile beim Suchen im tiefsten Grund seiner endlosen Tasche! Ahmed zieht schließlich aus seinem Gewand einen Fetzen, den er glättet und unter meiner Nase entfaltet.

Der Heiratsvertrag ist noch nicht einmal eine Woche alt.

— Lassen wir uns aber nicht zum Träumen verleiten, meint der Arzt. Ich glaube nicht, daß es sich um eine große Liebesgeschichte oder um Aufopferung handelt. Die Wahrheit ist vielmehr, daß die Familie der Kleinen sehr, sehr arm ist. Für derartig mittellose Leute ist eine Invalidenrente bis ans Lebensende ein großes Glück.

Ahmed hat das Interesse an dieser Fremden, die nicht Arabisch spricht, verloren. Mit einem letzten »ja-ja-ja-ja-ja« verläßt er uns. Der Arzt nimmt seinen Gedanken wieder auf:

— Bei diesen Heiratsgeschichten der Kriegsversehrten habe ich alle möglichen Motivationen beobachten können. Das kann das Geld sein, ja. Aber es kann auch echte Liebe sein, eine dieser Bindungen, die alles überlebt. Dann kann es auch die Suche nach einer gewissen Form von Sicherheit sein: wenn eine Frau einen Schwerverletzten heiratet, weiß sie, daß das Risiko, verstoßen zu werden, klein ist...

Der Arzt steht auf:

— Sehen Sie sich unsere Jungs an! Wir werden bestimmt einige im Fernsehraum finden.

Drei von ihnen schauen sich ein Fußballspiel an. Einer von den dreien trägt einen leuchtend gelben Pyjama. Ragab ist da und erkennt mich, grüßt meinen Dolmetscher und stellt mich stolz seinen Kameraden vor:

— Diese Dame ist aus Europa gekommen, um uns zu treffen. Sie schreibt ein Buch über uns und über unsere Frauen. Ich hab' recht, nicht wahr?

Der gelbe Pyjama neben ihm wird nervös. Er hantiert immerzu an den Bremsen seines Rollstuhls herum. Er kommt mir schüchtern vor, scheint aber andererseits nur darauf zu warten, reden zu können. Er macht mir ein Zeichen, ihm zum Fenster zu folgen:

— Schaun Sie mal die Blumen! Die hab' ich gepflanzt! Ich helfe dem Gärtner. Ein Glück, ich hab' wenigstens das. Aber gehn wir lieber in mein Zimmer!

Sein Zimmer ist nicht mehr als eine Zimmerecke hinter einem Vorhang.

— ... Die haben mich schon viel rumgeschoben... Die haben alles versucht. Hier bin ich jetzt schon bald acht Jahre lang.

— Kümmert man sich um dich? Wirst du hier gut behandelt?

— Na ja... In den Zeitungen sagen sie, daß wir, die Helden von Wafa wa el-Amal, wie Könige leben. Denkst du! In den ersten beiden Jahren... wenn Sie das gesehen hätten! Wir wurden gehegt und gepflegt, viele Leute besuchten uns, wir wurden photographiert. Richtige Stars! Und dann hat man uns fallen lassen. Heute sind wir beinah ganz abgeschoben. Ich jedenfalls, ich hab' das Gefühl, ganz verlassen zu sein...

Der gelbe Pyjama raucht eine Zigarette nach der anderen, wie fast alle seine Kameraden. Die Asche läßt er fallen, und die Stummel drückt er zwischen den Schalthebeln seines Krankenstuhls aus.

— ... Wenn Sie mich so sehen, müssen Sie denken, daß ich ein Glückspilz bin, weil ich mich fortbewegen kann. In unserem Land der Armen haben viele Versehrte nicht so viel Glück wie ich. Sie haben nichts. Sie werden getragen. Ich hab' sogar noch ein Auto. Machen Sie sich aber keine Illusionen. Man hat mir Sonderbedingungen eingeräumt, ja, einverstanden. Aber ich selber, ich habe mein Auto bezahlt! Ich will Ihnen mal was sagen: Der Präsident Sadat war gekommen, um selber die Nachricht zu verkünden: »Oh, Ihr Helden von Ägypten, Ihr, meine lieben Söhne. Jeder von Euch wird ein Auto erhalten. Der Scheich von Katar schenkt es Euch. Nennt mir alle Euren Namen!«

Der Kranke holt aus seiner Tasche eine Schachtel mit Medikamenten und schluckt eine Tablette, als wolle er seinen alten Zorn beschwichtigen:

— Na ja, und von diesen Autos haben wir dann nicht einmal die Farbe gesehen! Die sollen daraus Taxis gemacht haben! Und wenn's nur diese Autogeschichte gewesen wäre! Da sollen auch viele, sehr viele Sachen für uns geschickt worden sein, für die im Zentrum hier. Wo ist das alles hingekommen? Das ist das gleiche wie mit dem Gebäude mit Rampen, das man denen im Rollstuhl versprochen hatte. Dieses tolle Haus, das soll dahinten, bei dieser Baustelle sein, da, wo Sie die Kräne sehen. Ich frag' mich, ob's das überhaupt gibt. Keiner spricht mehr davon.

Mit einer abrupten Wende dreht er seinen Rollstuhl und zeigt mir über seinem Bett ein Photo hinter Glas, auf dem er neben Jehan Sadat, der Frau des Präsidenten, sitzt.

— Ihnen bin ich nicht böse, weder dem Präsidenten, noch Frau Sadat, die unser Zentrum geschaffen hat und die für uns alles getan hat. Das ist ihre Umgebung... die Leute, die haben ihnen ich weiß nicht was gesagt!

Aus der rechten Pyjamatasche kommt wieder die Tablettenschachtel hervor.

— Jetzt, wo der Präsident Sadat tot ist, jetzt sieht man Frau Sadat fast nie mehr. Sie verstehen, was ich meine... Man läßt also alles dahinschlittern... Mich stopft man zum Beispiel mit Medikamenten voll, mir gibt man nur noch Beruhigungstabletten. Beruhigungstabletten hierfür und Beruhigungstabletten dafür. Mit der Rehabilitation ist es aus. Sie sagen, daß sich das sowieso nicht mehr lohnt. Aber genau das Gegenteil wär' richtig gewesen: mit den Tabletten aufhören und mit meinen Bewegungsübungen weitermachen!

Aus der linken Tasche kommt schon wieder die Zigarettenschachtel hervor. Der Mann macht einen Zug:

— Zu Anfang hatten wir hier Ausländerinnen — wie Sie — als Krankenschwestern. Ich mochte sie gern. Mit ihnen gings zack-zack. Die sagten: »Nein, den da nicht, der wird nicht getragen. Der soll lernen, allein fertig zu werden.« Da hatten wir noch Hoffnung. Jetzt weiß ich, daß ich nie mehr so sein werde, wie die anderen. Wenn ich in mein Dorf, nach Faijûm, komme, rollt man mich vom Haus eines Bruders zum Haus eines anderen Bruders und von einem Cousin zum nächsten. Ich gehöre nicht mehr zu ihnen. Ich fühl' mich bei ihnen wie ein Gast. Vor dem Krieg hatte ich eine Verlobte. Der Heiratsvertrag war schon unterschrieben. Wir hatten schon die Ringe...

Plötzlich scheint in dem Kranken etwas vorzugehen:

— Früher, da hatte ich ein kleines Geschäft. Wie sollte ich heute eine Frau ernähren? Und dann kann ich auch keinen Sohn mehr haben... Ich bin nicht der einzige, wir sind tausende und tausende, die fürs Vaterland verstümmelt sind.

— Dieses Opfer bedauerst du?

— Nein. Aber da ist so viel Ungerechtigkeit. Du wirst nicht gleich behandelt, wenn du Gefreiter oder Hauptmann bist. Wenn du arm oder reich bist. Am Eingang zum Krieg sind wir alle gleich. Am Ausgang wird dann alles anders. Ein Offizier wird zur Behandlung ins Ausland geschickt. Der Arme dagegen, der kann nur mit Allah rechnen. Das ist das gleiche für die Pension. Ich, der kleine Händler, ich hab' Recht auf fünfunddreißig Pfund Invalidenrente* pro Monat. Ich kenn' welche, die kriegen hundert Pfund, und die sind nicht schlimmer zugerichter als ich. Wir haben alle Blutzoll bezahlt. Aber wir haben nicht alle das Recht auf die gleichen Taschentücher, um unsere Tränen zu trocknen... Ich sag' mir oft, daß der Krieg im Grunde wie die Vendetta in meinem Dorf ist... nur in groß! Jemand in deiner Familie wird getötet, und du rächst ihn, und die anderen rächen sich und so weiter und so weiter... immerhin haben wir endlich mit Israel Frieden gemacht. Sie haben uns sogar ihre Verletzten zu Besuch geschickt. Das war zwei Jahre, nachdem ich hierher gekommen bin, gleich nach Sadats Besuch in Jerusalem. Unter den israelischen Verletzten waren schlimme Fälle, so wie meiner. Aber was mir aufgefallen ist: die haben da drüben die Moral nicht verloren. Weil man sich in Israel um die Behinderten kümmert, nicht wahr? Wenn ich so denke... die hatten uns versprochen, daß sie uns einladen... aber nichts... nichts! Und sogar Pässe hatten wir uns machen lassen!

— Gib mir die Namen von den Israelis, ich fahr' bald dorthin!

— Ihre Namen? Die hab' ich vergessen... Ich könnt' die im Besuchsregister leicht wiederfinden... aber... aber ich will mit denen vom Sicherheitsdienst keinen Ärger... Ich hab' meinen Paß gesehen, ich hab' ihn in der Hand gehabt! Bevor sie ihn mir wieder weggenommen haben, hatt' ich Zeit zum Lesen: »Für alle Länder gültig«. Ich bin nie gereist. Vielleicht werde ich nie reisen. Ich träume davon... ich träume... Einmal woandershin gehen... nur einmal... irgendwohin... nur zwei Tage lang... ein bißchen vom wirklichen Leben! Alle Behinderten der Erde müßten sich die Hand geben können... auch wenn's eine künstliche ist.

Das Fußballspiel im Fernsehen ist gerade zu Ende. Auch Youssef zieht es vor, mit mir ein wenig abseits der anderen zu reden. Im Gegensatz zu seinem gelben Pyjamakameraden, der sich vernachlässigt, pflegt Youssef sein Äußeres. Er hat sich gerade verlobt und Sabah, seine Liebe, ist Krankenschwester im gleichen Zentrum. Youssef strotzt vor männlicher Kraft, die mit dem Weiß seines Pullovers um die Wette strahlt. Ein schöner Junge... ein Abbild von Gesundheit. Sein schwarzer Humor steht in nichts der Selbstironie der Juden nach:

— Obwohl ich ja Hauptmann bin, hab' ich in den gleichen Krankenhäusern wie meine Männer die gleiche Runde gedreht. Unsere Arme — wenn uns noch welche bleiben — tragen zwar unterschiedliche Abzeichen,

* Ungefähr 35 Dollar.

aber ob man nun Oberst oder einfacher Soldat ist, das Fleisch bleibt das gleiche. Mein Fleisch ist gut... allerdings fahre ich es jetzt im Wagen. Oh, Madame, apropos Wagen... Als ich zur Rehabilitation im Krankenhaus von Agusa war, rollte ich meinen Stuhl oft durch das Stadtviertel. Was für eine Geschichte jedesmal! Diese Ecke da ist voll von Arabern, Saudi-Arabern, Typen aus Kuwait, Erdölleuten, die Geld haben wie Heu und sich in Sicherheit gebracht haben. Einer von diesen Schwachköpfen glaubte, mir eine Freude zu machen. Er hat mir auf die Schulter geklopft: »Na, Alterchen, du scheinst mir ja in Form zu sein!« Dämlicher Idiot! Ich hab' ihm geantwortet: »Ganz toll in Form! Du siehst, das läuft prima! Wir haben uns fürs Vaterland so sehr angestrengt, daß es uns Sessel geschenkt hat, damit wir nun ausruhen!«

Diese Erinnerung freut Youssef, aber sein Gesicht verfinstert sich schnell wieder:

— Ich habe meinen Stuhl nicht nur in Kairo gerollt oder in meinem Dorf in Oberägypten, bei Minia. Ich bin mit ihm und anderen verstümmelten Offizieren sogar in die Bundesrepublik Deutschland gegangen. Das war bei einem Austausch zwischen unseren beiden Ländern. Aber brrr... was sind die Leute da oben kalt! Eben der Norden!

— Du wirst mir noch sagen, daß du die Behinderten Israels da noch lieber hast!

— Warum nicht? Die Israelis haben wie wir den Blutzoll gezahlt, in den gleichen Kriegen! Und dann sind das herzliche Menschen, wie die aus dem Süden.

Während wir so plaudern, hat sich eine weiße Gestalt hinter den Stuhl geschoben. Youssef verläßt seinen Krieg, um sich der strahlenden Erscheinung zuzuwenden:

— Das ist Sabah, meine Verlobte.

— Wirklich, Sabah strahlt. Mit ihren ganz schwarzen Augen und ihren ganz weißen Zähnen. Und man sieht, daß sie ihn liebt, ihren Youssef. Sie lächelt mir zu:

— Man hat mir gesagt, daß Sie mich sprechen möchten.

Wir gehen in den Speisesaal, wo Sabah sich mir mit kleinen Pinselstrichen durch wiederholtes Schweigen und kurzes, geniertes Lachen hindurch porträtiert.

— Ich bin 23. Ich bin seit drei Jahren Krankenschwester in Wafa wa el-Amal. Normalerweise schickt uns die Armee am Ende unserer Lehrzeit hierher: eine Art Pflichtdienst, der zwei Jahre dauert. Ich hab' um Verlängerung gebeten. Natürlich, um bei Youssef zu bleiben, aber auch, weil ich sehr an meinen versehrten Brüdern hänge. Ich halte mich für die Schwester von allen Verstümmelten; dadurch, daß ich bei ihnen lebe, leide ich mit ihnen. Youssef und ich, wir haben uns hier kennengelernt. Unsere Heirat ist seit 1980 registriert... aber wir haben sie noch nicht vollzogen... weil wir kein Geld und keine Wohnung haben... Oh ja, Kinder, Youssef kann welche haben, das hat er mir gesagt... oh ja, ich kenne viele Frauen, die einen Invaliden geheiratet haben. Ich hab' sogar eine Freundin, die hat sich von einem heilen Mann scheiden lassen, um einen Einarmigen zu heiraten. Ich... ich kann sie verstehen. Ein guter Mann, wenn er auch Invalide ist, das ist besser als ein Rohling. Ich liebe meinen Mann, weil er stark ist... und trotzdem ist er weich... und er leidet... da muß ich ihm dienen. Mein Vater und meine Mutter sind tot. Also haben meine älteren Brüder ja oder nein sagen müssen. Eine Schwester muß ihrem Bruder gehorchen, ja, auch dann noch, wenn das ein Dummkopf ist! Anfangs wollten sie von dieser Heirat nichts wissen. Aber als sie meinen Youssef gesehen haben, haben sie gesagt: »Das ist ein Mann!«

— Sag mal, Sabah, was du hier alles siehst, diese Kriege, dieses Abschlachten, lehnst du dich denn nicht dagegen auf?

Das Lächeln verschwindet:

— Unsere Erde mußte befreit werden. Und außerdem, jede Wunde ist Gottes Wille.

— Wenn du an Israel denkst, an die Frauen in Israel, an die, die dahinten so leiden, wie ihr hier, was macht dir das?

— Ich hab' Mitleid mit ihnen und Zuneigung.

Als ich ein wenig später zu Youssef zurückkehre, um mich von ihm zu verabschieden, bin ich gerührt, als er — der meinen Buchplan der »zwei feindlichen gesinnten Stimmen« nicht kennt — zu mir sagt:

— Solange Sie mit meiner Frau gesprochen haben, hatte ich Zeit, in meinem Stuhl nachzudenken... Zeit habe ich soviel, daß ich davon verkaufen könnte... Meine Idee für Ihr Buch wäre, daß man auch die Frauen aus Israel da reinbringt.

»Ich habe soviel Zeit, in meinem Stuhl nachzudenken... Zeit habe ich soviel, daß ich davon verkaufen könnte...«

Zeit... hat Youssef davon zuviel verkauft? Hat er zuviel Zeit zum Nachdenken gehabt? Ein Jahr nach dieser ersten Unterhaltung treffe ich ihn wieder, immer noch im Zentrum und immer noch in seinem Stuhl, aber verändert. Er hat den Glauben in die Zukunft, den Glauben, der ihn aufrecht hielt, verloren. Sein strahlendes Gesicht ist grau geworden. Man könnte meinen, daß er nicht mehr daran glaubt. Woran? An alles... an nichts... Er wirft wohl noch weiterhin mit seinen »nokat«* um sich, aber seine kleinen, heiter-bitter gemischten Geschichten haben keinen Schwung mehr, genausowenig wie er. Er beklagt sich nicht einmal mehr. Er stellt fest:

— Immer noch keine Wohnung... und ich... noch immer verheirateter Junggeselle... immer noch keine richtige Hochzeit zwischen Sabah und mir...

Mit der sich dahinschleppenden Zeit und den Unannehmlichkeiten, die sich anhäufen, hat auch Sabah ihr Strahlendes verloren. Sie ist dicker geworden. Wenn sie sich in ihr Tuch einhüllt, erscheint sie mir noch düsterer. Es ist Januar und die feuchten Luftzüge verfangen sich in den speziell für Invaliden eingerichteten Klapptüren.

Sabah meidet mich fast:

— Guten Tag. Ja, Ihre Fotos sind gut angekommen. Ich weiß, daß Ragab Ihnen in seinen Briefen gedankt hat. Er ist schon in seinem Wagen und wartet auf Sie, um Sie und Ihren Dolmetscher in sein Dorf zu bringen. Sie können dann seine Frau und seinen Sohn sehen, den kleinen Ashraf. Er wird bald zehn.

So verlasse ich Wafa wa el-Amal, das Modell-Zentrum, das einst Berühmtheiten, Journalisten und Kameras aus der ganzen Welt vorbeiziehen sah. Heute läßt man im Quartier der Kriegsverletzten alles laufen. In den Modell-Duschen sind die Abflüsse verstopft, und die Hähne klemmen. In den sanitären Modell-Einrichtungen sieht man hier und da vergessene Spritzen herumliegen, leere Ampullen, Sonden und ihre verschmutzten Plastiksäcke...

Und in ihren Modell-Rollstühlen haben die Modell-Kriegsversehrten den Mut verloren.

Ragab lenkt seinen auf manuelle Bedienung eingerichteten Wagen geschickt. Sein sehr sensibles Gesicht verrät nur einen kleinen Teil seiner großen, inneren Feinheit: Ragab, vor seiner Verletzung ein kleiner Baumwollkämmerer, ist arm, aber ein Gentleman voller Zuvorkommenheit. Als wir auf der Straße von Guizeh ankommen, bremst er, um einen Militär-Konvoi vorbeizulassen:

— Ach, diese Dinger. Mich hat ein israelischer Tank erwischt. Er ist explodiert, und ich bin mit in die Luft geflogen. Ich war gerade auf gleicher Höhe. Denken Sie nur mal, das war durch ein Geschoß von uns, ein ägyp-

* Plural von »Spaß« auf arabisch.

tisches, durch das ich meine Beine verloren habe! Nein, was für ein Blödsinn! Bei mir hat's die ganze Wirbelsäule erwischt. Ich bin nicht ohnmächtig geworden, aber Donnerwetter, was hat das wehgetan! Das war am 9. Oktober 1973.

— Und davor, im Junikrieg von 1967, da hast du nichts abbekommen?

— Ich hatte Glück. Ich war zwanzig, und ich machte meinen Militärdienst in El-Arish, im Sinai, als die Israelis uns angegriffen und zum Kanal zurückgejagt haben. Was für ein jämmerlicher Zusammenbruch! Ich brauchte drei Tage bis zum Kanal, ich stieg immer von einem Lastwagen auf den nächsten um. Eine Hölle! Die Israelis hatten den ganzen Himmel für sich. Sie schossen uns wie die Hasen ab. Ich bin davongekommen, aber tausende von unseren Leuten sind in der Wüste gestorben. Und die Überlebenden! Wenn Sie die gesehen hätten! Geschwollene Beine wie Elefanten, kurz vor dem Platzen. Bei uns, in Menuât, behandelte man sie mit Pflanzen, wie zu Zeiten der Pharaonen. Die alten Frauen machten das.

Und da ist auch gerade Menuât. Ein Dorf, wo die alten Frauen auf ihren Türschwellen hocken und uns vorbeifahren sehen. Häuser, die weder Alter noch Form haben, aus denen Stroh, Taubenschläge und Hühnerställe hervorquellen, säumen die überbevölkerten, schmutzigen Gassen. Weiter entfernt bewässert ein Kanal Felder, die noch von der Ausbreitung des Dorfes verschont blieben. Diesem Dorf, das sich bald an die Vororte Kairos klebt. Grauweißer Schaum schwimmt auf dem bleiernen, verdorbenen Wasser, in dem Ochsen und Kinder planschen. Die Palmen fächern trotz des Staubes, der auf ihnen lastet, einen Hauch von Frische an die Böschung. Gleich dahinter wechselt das Grün des Klees mit dem Malventon der Riesenkohlköpfe ab.

Ragab hupt, um unser Kommen anzukündigen. Aus einem zusammengestückelten Haus — halb aus Lehm, halb aus Beton — taucht ein Junge auf. Ragabs Gesicht leuchtet auf:

— Da ist ja mein kleiner Ashraf! Mein Sohn ist mein ein und alles!

Der Krieg hat Ragab das Leben gelassen, aber er hat ihn auf andere Art getötet: Er wird keine Kinder mehr haben.

Während sich um uns eine Wolke von Neugierigen bildet, tritt Rawiya, Ragabs Frau, in die Haustür.

Rawiya hat sich zu meinem Empfang viel Mühe gegeben. Ihr langes, violettes Kleid hat einen ebenfalls violetten Einsatz, von schwarzem Samtband eingefaßt und ringsum mit goldenen Sternen bestickt. Sterne sind auch auf dem schwarzen Tuch um ihre Haare, und Gold ist sogar in ihrem

Mund: zwei goldenen Zähne, die einen Teil ihres Kapitals ausmachen. Blauer Khol beschwert ihre beiden Augen, von denen eines tot ist: das Trachom, noch immer sehr verbreitet im Ägypten der Armut.

Als Ersatz für die fehlende Decke breitet Rawiya beflecktes Zeitungspapier auf dem Tisch aus. Sie ist sehr schüchtern, und meine Gegenwart schüchtert sie noch mehr ein. Ich necke sie, um sie ein bißchen aufzulokkern:

— Legst du für mich diese Zeitungen aus? Weil ich in Zeitungen schreibe? Weißt du, ich kann ja nicht Arabisch lesen.

— Ich auch nicht! Ich kann auch nicht lesen, wie du. Ich bin nie zur Schule gegangen.

Rawiya ist 28. Nicht nur, daß es ihr an Schulbildung fehlt: Gott hat sie überhaupt ein wenig vergessen. Sie hat Mühe, mich zu verstehen. Ich weiß nicht, wie ich sie nehmen soll. Rawiya lebt eingemauert in ihrer kleinen Welt, die nicht viel größer als eine Nußschale ist. Ich fühl' mich richtig dumm mit meinen zu intelligenten Fragen... die Frauen im Krieg... die Frauen gegen die Bombe... pazifistische Frauen... Frauen, die die Welt verändern werden... was kann das denn auch einer Rawiya bedeuten?

Rawiya lebt mit den nächstliegenden Realitäten. Alles andere geht über sie hinaus.

— Als mein Ragab verletzt war, hab' ich ihm alle Essen gemacht, die er gern hat, alle Essen, die man hier bei uns macht, und sogar, was man für die Feste kocht, und ich hab' ihm alles in meinem großen Topf ins Krankenhaus gebracht. Die haben alle meinen Helden besucht, das ganze Viertel hier!

Das Viertel von Rawiya und Ragab... das sind zweihundet Leute, die fast alle zur gleichen Familie gehören.

— Und dann sind da um sein Bett noch alle die anderen gewesen, viele Leute, die ich nie gesehen hatte. Sie haben den Helden vom Krankenhaus Pyjamas gebracht und Schokolade und Zigaretten und Blumen aus Plastik und Kassetten mit der Stimme vom Muezzin. Das war so schön! So schön! Die haben ihnen auch Korans in Plastik gegeben, so ganz kleine, wo man in die Tasche steckt.

Ragab kann nun gar nicht mehr anders, als sich in seinem Rollstuhl kerzengerade aufsetzen. Er unterbricht uns:

— Sie verstehen, wir, wir sind nämlich die Helden vom Kanal!

Er plustert sich auf.

— Denn den Kanal, den haben wir überquert!

Und ironisch:

— Ich, Ragab, ich hab' ihn dreimal überquert... 67, als ich den Krieg verloren und meine Beine behalten habe... 73, als ich den Krieg gewonnen und meine Beine verloren habe... und 79, als man meine Beine ins Flugzeug gerollt hat, um mit Sadat die Fahne in El-Arish zu hissen: Israel hatte uns unsere Stadt zurückgeben müssen.

Rawiyas violette Silhouette steht hinter dem Rollstuhl, die Hände liegen auf der Stützstange. Grob und geschunden sind diese Hände. Sie kommt mir so hilflos vor, weit mehr noch als ihr Mann. Nie hat sie ihr Dorf verlassen. Sie weiß nicht einmal, wie ihr Mann bei den Versehrten von Wafa wa el-Amal lebt. Nicht etwa, weil es ihr an Liebe zu ihm fehlte! Sie sagt: »Ich hab' ihn genommen, weil er mir gefallen hat. Ragab ist ein Emir, Ragab ist ein Prinz.«

— Würdest du gern mit deinem Prinzen nach Mekka pilgern?

— Oh ja, so gern! Aber das geht nicht. Gott hat mir's übrigens auch noch nicht befohlen.

Ich zögere, Rawiya die grausame Frage zu stellen. Ich deute auf die Kinder, die in der Gasse spielen:

— Bedauerst du nicht?

Rawiya wirft einen raschen Blick auf ihren Mann, der uns zuhört. Sie senkt den Kopf. Ich kann ihre Stimme kaum vernehmen:

— Allah hat uns einen Sohn gegeben... davor...das reicht.

Grab eines ägyptischen Soldaten in Suez.

Grab eines israelischen Soldaten in Jerusalem. Eine Geschoßhülse dient als Blumenvase. Sie wird von den Abzeichen des jungen Helden dekoriert und dem »Tefilin«, dem schwarzen Gebetsriemen, den die Juden sich beim Beten um den linken Oberarm winden.

Kairo

MYSTIZISMUS

Yona – Israel
Souraya – Ägypten
Gita – Israel
Um Hashem – Ägypten

**Eine Granate tötete ihren Sohn
und die Trauer darüber auch ihren Mann.**

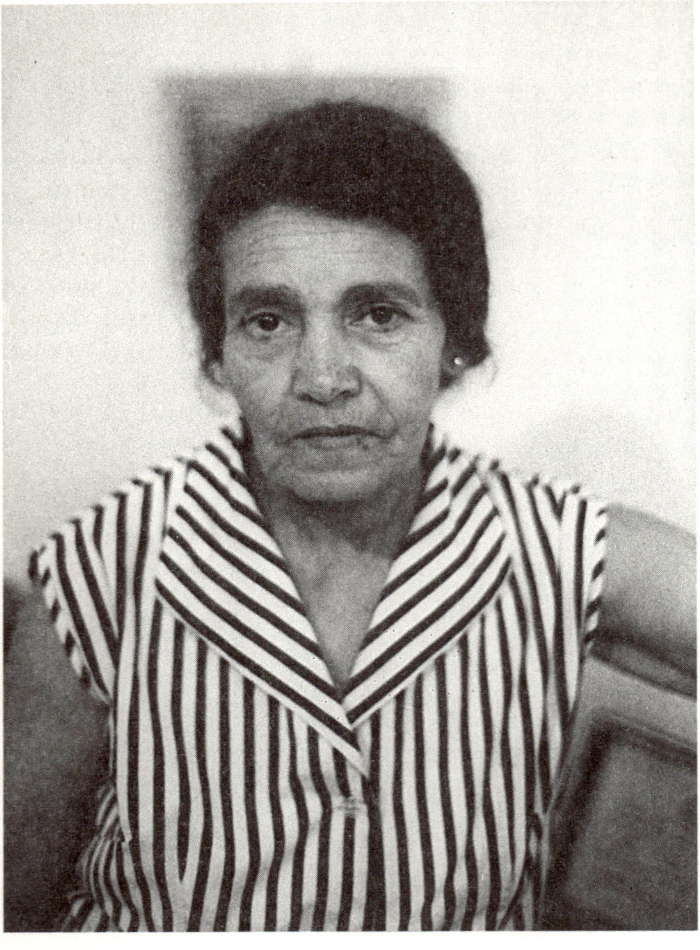

Yona

Gott hat uns befohlen, den Jemen zu verlassen, und unterwegs sind unsere Kinder gestorben. Seitdem wir hier sind, nimmt sie uns der Krieg.

— Ich glaub', das war Anfang der dreißiger Jahre. Ich war wohl so 10 Jahre alt...

Yona Gariya weiß nicht genau, wie alt sie ist. Sie ist mit einer jener kleinen Scharen von jemenitischen Juden nach Palästina gekommen, die sich als eifrige Anhänger ihres Glaubens nicht damit begnügten, den Ewigen ewig anzuflehn, sie »nächstes Jahr nach Jerusalem« zu führen. Sie hatten sich in einem Land ohne Wege auf den Weg gemacht, in einem archaischen Jemen, das mit seinen Bergen und der glühenden Hitze den Fremden verschlossen blieb, und wo die Stämme von den Vorbeiziehenden noch Lösegeld forderten...*

Yona! Da hab' ich Mühe, mir ihre Kindheit vorzustellen, wenn ich sie hier in diesem Sommer 1982 in ihrem modernen Streifenkleid, in ihrem modernen Wohnzimmer, in dem modernen Vorort Petach Tikva bei Tel Aviv so vor mir sehe. Sie wohnt Tabib Str. 23. Ich schau' mir das Photo von ihrem Sohn Zacharia an, einem Jungen mit den Augen einer Ikone, der im Alter von 20 Jahren von den Ägyptern getötet wurde. Und ich schau' sie an: Yona, diese kleine Frau mit dem pathetischen, verstockten Gesichtsausdruck, die auf ihre Art Jahrhunderte durchlebt hat.

Ihre Familie war in Ibb zu Hause, einer kleinen Stadt im Innern des Jemen. Ihre Mutter hatte sich wiederverheiratet. Ihr Stiefvater fertigte aus Ziegen- und Schafshäuten Trinkwasserschläuche und Wiegen an. Und dieses allesbestimmende Familienoberhaupt hat dann eines schönen Tages erklärt: »Meine Kinder, heute nacht hat Gott zu mir geredet. Ich hab' von Jerusalem geträumt...«

Das war vor 50 Jahren.

— Also, erzählt Yona weiter, also hat der Vater gehorcht, und wir haben uns auf den Weg ins Gelobte Land gemacht. Der König von Jemen, der Imam JAHJA, der hat zu uns gesagt: »Geht nur in euer verdammtes Jerusalem. Aber rechnet nicht mit meinem Schutz, wenn ihr durch mein Gebiet zieht. Verkauft, was ihr könnt, und laßt den Rest da.«

---

* Erst 1950, zwanzig Jahre später, sind die »Zauberteppiche« in Aden gelandet, um die Juden aus dem Jemen an Bord zu nehmen und in ihren ganz neuen Staat Israel zu bringen.

Die Juden haben dann ihre Esel beladen und sich aufgemacht. Über Berge und Berge und nochmals Berge. Manchmal verbringen sie die Nacht in einer Karawanserei, manchmal »bei Arabern, aber das war teuer«. Kaum machen sie einen Etappenhalt, da eilen die Frauen auch schon mit ihren »reinen Kasserollen« und ihrem »jüdischen Essen« in die Küche. Vor Straßenräubern verschont sie der gütige Gott. Aber Fieber und Erschöpfung töten ihre Kinder. Da »tut der Himmel sein Wunder«. Er läßt eine Karawane über ihren Weg laufen, die ihnen bis Aden Hilfe und Schutz anbietet.

Aden ist zu dieser Zeit ein unter britischem Protektorat stehender Hafen, und die Engländer, die sowohl über Aden als auch über das Heilige Land walten, sehen diese Vagabunden nur mit Verdrossenheit sich nach Palästina einschiffen. Aus diesem Grund sieht man die von ihren Bergen herabgekommenen jemenitischen Juden dann monatelang in dem stickigen Hafen umherirren. Einzig ihr Traum hält sie aufrecht bei ihrer Lauer auf ein Schiff, das »ins Land unserer Vorfahren« geht...

— Eines Tages konnten wir uns dann doch einschiffen, fährt Yona fort, aber heimlich.

Die Mutter des israelischen Märtyrers Zacharia Gariya hat sich vor mir in ihrem Sessel der »Woolworth-Luxus-Klasse« zusammengekauert.

— Ganze Stämme von Juden waren im Viehladeraum in Stroh und Mist aneinandergepfercht. Das stank! Das Schiff legte mehrmals an, aber man mußte versteckt bleiben. Kinder starben. Drei Wochen bis Palästina. Drei Wochen bis zu Gott!

Und Yona hat noch Glück gehabt, das Meer blieb ruhig! Hannah, eine andere Jemenitin, hat mir ihr verrücktes Abenteuer erzählt. Ihr Schiff war mitten auf dem Roten Meer in einen Sturm geraten: »Da hat uns der Kapitän, ein Moslem, laut zugeschrien: ‚Heda, ihr Juden! Kommt sofort aus dem Laderaum raus und hier rauf auf die Brücke! Beschwichtigt Ihn mal! Auf mich will Er nicht hören. Ihr glaubt doch so fest an Ihn, vielleicht hört Er auf euch!...‘ Da haben unsere Weisen ihre Bibel genommen. Sie haben sich zum Himmel gedreht. Und sie haben Gott angerufen... und der Wind hat sich gelegt. Das Wasser, das den Laderaum überschwemmt hatte, ist zurückgegangen. Der Kapitän und alle die anderen Moslems da vom Schiff, die hatten wirklich Glück, daß wir, die Juden, mitgereist sind, weil Gott auf die Juden hört! Eigentlich hätt' der Kapitän es uns billiger machen müssen.«

Yona, die Jemenitin mit ihrem glatt nach hinten gestrichenen Haar, lächelt nie. Ihr gegenüber fühl' ich mich recht ungeschickt. Was sollte ich aber auch sagen, als sie mir — wie einen Talisman — ein schwarzsamtenes Kissen bringt, worauf sie die Epauletten und die militärischen Abzeichen ihres Sohnes gesteckt hat? Ich versuch's deshalb mit einem kleinen Kunstgriff:

— Der Jemen, das alles ist schon lang her! Erzähl' mir lieber noch von Israel. Euer erster richtiger Krieg, der von 1948, erinnerst du dich noch daran?

— Und ob ich mich daran erinnere! Das war gerade damals, als ich meinen Mann getroffen habe. Er war Bauunternehmer. Er hat mir drei Kinder geschenkt... und, glaub mir, als die Ägypter meinen Sohn getötet haben, da haben sie auch meinen Mann getötet! Einer wie er! Alle Kriege hat er mitgemacht. Er hatte sich mit Jüdischen Brigaden aus Europa zu den Engländern gestellt, dann vier Jahre in den Nazi-Gefängnissen dahingesiecht, er hat wie ein Löwe gegen die Araber gekämpft, und dieser Mann, der alles überstanden hat, der ist vor Kummer gestorben... Sein Zacharia, das war sein Ältester, sein ganzer Stolz. Der Schmerz hat den Vater zernagt, er konnte nicht weinen, er hat nur immer wieder gesagt: »Wenn ich denke, daß ich meine ganzen Kriege überstanden habe und er, die Sonne meines Lebens, er ist in den ersten Stunden am ersten Tag seines ersten Krieges gefallen...«

Der Panzer von Zacharia Gariya war tatsächlich am 6. Oktober 1973 um 8 Uhr abends auf der Kanal-Verteidigungslinie von einem ägyptischen Geschoß getroffen worden. In dem Panzer waren vier, alle 20 Jahre alt. Nur einer hat überlebt. Und neun Tage lang hat Yona dann alle Nachrichten verfolgt, ist zu den Nachbarn gelaufen: »Wißt ihr irgendwas? Wo ist er? Haben sie seinen Namen im Radio gesagt?« (Der israelische Rundfunk sendet nicht nur Nachrichten, er bringt auch persönliche Mitteilungen von Soldaten. Die Israelis, deren Söhne unentwegt irgendwo stationiert sind, achten dann auf jede Stimme aus ihrem Transistor.)

Erst am zehnten Tag haben Abgesandte der israelischen Armee an ihrer Tür geklopft. Und Yona hat sich in ihre Trauer zurückgezogen, wie andere ins Kloster...

Die jüdische Trauer folgt ganz bestimmten Riten. Nach der Begräbniszeremonie — bei der in die Hemden der Männer und in die Kleider der Frauen vom Rabbiner ein Schnitt gemacht wird — verläßt die Familie des Verstorbenen ihr Zuhause nicht mehr. Angehörige bringen das Essen. Die Familie lebt auf dem Boden, sie schläft auf dem Boden, und auf dem Boden wird auch gegessen. Man sucht keinerlei Ablenkung. Das Familienoberhaupt liest die »Kaddisch«, die Gebete für den Toten. Dieses zurückgezogene Dasein dauert traditionsgemäß sieben Tage. Yona hat sich aber über einen Monat lang eingemauert. Und als sie schließlich aus ihrer Abgeschiedenheit wieder hervorkam... haben ihre Schritte sie zum Grab von Zacharias zurückgeführt.

— Jetzt ist das schon 10 Jahre her, aber ich besuch' ihn immer noch. Ich rede mit ihm, ich versteck' nichts vor meinem Sohn. Er weiß auch, daß ich jetzt eine Brille tragen muß, wo ich früher so hübsch war und sehen konnte wie eine Katze in der Nacht. Mein Sohn weiß auch, das kommt davon, weil meine Augen zuviel geweint haben.

Sie holt ganz tief Luft:

— Als Gott uns befohlen hat, den Jemen zu verlassen, sind unsere Kinder in den Viehladeräumen der Schiffe gestorben... Und seitdem wir hier sind, hier auf dem Boden von unserem Israel, holt sie uns der Krieg weg.

Die Pilgerfahrt ist ihre Droge.

Souraya

Der Krieg dieser Verantwortungslosen empört mich jetzt nicht mehr so sehr.

Eine schmale Silhouette. Souraya Ali Taher umhüllt ihr zartes Gesicht mit schwarzen Schleiern und versteckt ihre Augen hinter dunklen Brillengläsern. Sie geht nicht, sie schwebt. Ein von Gott bewohnter Schatten. Dank der Charterflüge, die den Familien der Märtyrer Ägyptens billig von der Armee angeboten werden, hat sie sich schon mehrmals auf den Weg nach Mekka gemacht.

Ich habe sie 1981 getroffen, ein paar Wochen nach der Ermordung des Präsidenten Sadat. Souraya hat mich zum Essen ins Offizierskasino von Heliopolis eingeladen, das ihr als Offizierswitwe beachtliche Preisermäßigungen gewährt.

— Meinen Mann, meinen Flieger, haben sie mir unter Nasser getötet. Wie er umkam? Wie soll ich denn das wissen! Das haben sie mir nie gesagt, und das werden sie mir auch nie sagen. Der Krieg von 1967, das ist der Krieg der großen Lügen. Das Radio log: »Unsere Streitmächte haben an die zehn israelische Flugzeuge abgeschossen!« Und Nasser log. Im Fernsehen hab ich sein Gesicht gesehen, und ich habe gespürt, daß er uns was vormachte. Aber wer hätte da gleich an eine solche Niederlage gedacht? Als ich die Wahrheit erfuhr, konnte ich plötzlich nicht mehr sprechen. Stundenlang kein Wort. Und stell' dir mal vor, mein rechtes Bein war auf einmal ganz steif. Gelähmt. Das hat monatelang gedauert, bis es wieder gut war.

Souraya steht wieder mit beiden Beinen im Leben, wenn sie sich auflehnt:

— Die haben mich angelogen, wie sie andere Offiziersfrauen auch angelogen haben, andere Ehefrauen und Mütter. Erst viel später haben sie's gewagt, mit uns zu sprechen. Sie fürchteten zu Recht die Empörung der Offiziersfrauen, wenn sie gleich die Wahrheit gesagt hätten.

Souraya schaut sich um: In diesem Offiziersklub gibt es ein Restaurant, eine Bar, ein Schwimmbad, einen Duty-free-Shop... aber auch Bedienungen und Ventilatoren, die Ohren haben.

— So war es auch mit dem Sarg. Sie haben mir eine Kiste vorgeführt. Versiegelt! Was drin war? Der Körper von meinem Mann oder Stücke von einem anderen? Sie haben gesagt: »Aufgemacht wird nicht... Frauen sind zu sensibel.«

Überall in der Welt glaubt man, Müttern und Witwen von Kriegsopfern eine gewisse Schonung entgegenbringen zu müssen. Wenn man sie sich aber über die in ein Krankenbett abgelegten menschlichen Überreste oder über Wunden beugen läßt, hält man diese Frauen sonderbarerweise für weit weniger empfindlich.

Die eine Hand Sourayas spielt mit der Brille, die andere streichelt die Kante des Plastikstuhls:

— Ich bin allein. Als sie ihn mir getötet haben, hatte ich gerade meinen Vater und meine Mutter verloren. Kinder hab' ich keine. Auch keine Familie. Nur noch eine Schwester...

Für eine Frau aus dem Mittleren Orient ist das selten. Und es ist schwer.

— ... Als Sadat seine Reise nach Israel machte, hat mein gebrochenes Herz wieder angefangen zu schlagen. Frieden, endlich Frieden! Gleichzeitig hab' ich aber auch für ihn gezittert...

— Was denkst du über seinen Tod?

Souraya sieht zu dem Mann rüber, der in ein paar Meter Entfernung von uns sitzt und uns beobachtet. Sie zieht ihren Schleier enger ums Gesicht und setzt die dunkle Brille wieder auf:

— Möchtest du, daß ich im Gefängnis lande?

Und dann steht sie plötzlich auf und zieht mich mit:

— Komm, gehen wir zu mir nach Hause.

Den Ausgang des Offizierskasinos bewacht ein mit einem Seitengewehr bewaffneter Soldat. Er kontrolliert die Fliegerwitwenkarte von Souraya und die Papiere des Ägypters, der mich begleitet. Dann sieht er sich genau die Genehmigung an, die Souraya mühsam für mich bekommen hat. Schließlich bin ich Ausländerin, und der ägyptische Staatspräsident ist erst vor kurzem ermordert worden.

Souraya Ali Taher wohnt nicht weit vom Klub entfernt in der El-Nouzah Str. 18, im ersten Stock eines kleinen Gebäudes. Der Verputz ist abgebröckelt von diesem Haus am Rande einer sehr breiten, nicht ganz ausgebauten Verkehrsstraße in einem nicht ganz fertigen Stadtviertel.

— Ich komme aus einer Soldatenfamilie, und ich habe einen Soldaten geheiratet. Früher hatte ich eine Villa und auch Hauspersonal. Aber seit mein Mann gestorben ist, ist der soziale Teil meines Lebens immer weniger geworden. Und heute bewohne ich diese Zweizimmerwohnung mit meiner Schwester.

— Hast du nie daran gedacht, dich wieder zu verheiraten?

— Nein, danke. Gute Männer gibt es nicht mehr. Keine so wie mein Mann, sieh mal, er, er war gut...

Das Photo ist eingerissen und mit Reißnägeln an die Wand gesteckt.

— ... Er ist nicht mehr da... aber weißt du, eigentlich bin ich doch glücklich.

Souraya lebt auf. Fast hüpft sie zu ihrem Schrank:

— Schau mal, mein Pilgerkleid. Ganz weiß und mit dem Namen Allahs bestickt. Wart' mal, ich will dir alles erzählen. Männer, die nach Mekka gehen, müssen ein weißes Gewand ohne jede Naht tragen. Wir, die Frauen, wir dürfen genähte Kleider tragen, die brauchen auch nicht weiß zu sein. Wir müssen barfuß gehen oder recht offene Sandalen tragen. Frauen müssen von einem Mann aus ihrer Familie begleitet werden. Ich habe keinen Mann, aber ich bin »Chahid«-Witwe, Witwe eines Märtyrers, ich habe Gott mein Liebstes gegeben, deshalb kann ich an den Gruppenreisen zu verbilligten Preisen teilnehmen. Das ist gar nicht teuer. Ein Glück, sonst müßte ich Geld borgen, und es ist doch verboten, Pilgerfahrten mit geborgtem Geld zu machen. Man nimmt nur ganz wenig Gepäck mit. Oh nein, nicht wegen der Diebe! In Mekka stiehlt niemand. Nicht einmal, wenn man Gold oder Silber auf der Straße eintauscht.

Souraya hockt auf ihrem kleinen Teppich und macht mir ihre fünf Tagesgebete vor. Und dann beginnt sie ihre lange, schöne Geschichte von ihren großen und kleinen Reisen zu Allah.

— Das Flugzeug nach Dschidda startet in Kairo um 5 Uhr morgens. Alle Pilger des Charters heften sich einen Anstecker an die Brust. Für meine letzte Pilgerfahrt hatten sie uns einen großen machen lassen. Da stand drauf: »Pilgerfahrt im Jahre 1401 der Hedschra — Souraya Ali Taher« und dann noch der Name von unserem Begleiter in Saudi-Arabien und unsere Adresse in Medina. Die Pilger bekommen auch einen besonderen Paß, der ist nur für diese Reise gültig. Er ist dunkelblau. Jeder muß in seinem Paß ein Photo haben, auch verschleierte Frauen, man muß aber ihre Augen sehen können. Der ägyptische Schleier ist modern, er braucht nur noch die Haare und den Hals zu verdecken. Auf dem Flughafen von Dschidda tasten die Zöllnerinnen, die auch verschleiert sind, die Reisenden am ganzen Körper ab, um sicher zu sein, daß sie keine Männer sind. Unterwegs im Flugzeug wiederholt man schon: »Hier bin ich, oh Gott, zu deinen Diensten... hier bin ich, oh Gott, zu deinen Diensten... zu deinen Diensten... zu deinen Diensten...«

Wenn Souraya und alle ihre Begleiter aus der Chartermaschine in Dschidda ankommen, werden sie nicht direkt zu den Heiligen Stätten geleitet. Sie werden erst einmal 14 Tage in den großen, speziell für die Pilger in Medina errichteten Gebäuden warten müssen.

— Männer und Frauen sind in verschiedenen Häusern untergebracht. Auch Verheiratete, weil man für die Pilgerfahrt in absolut reinem Zustand sein muß. In meinem Zimmer waren wir acht Frauen. Und alle zusammen haben wir Allahs 99 Namen nacheinander aufgesagt. Wir streckten unsere offenen Hände mit unserem Gebetskranz zum Himmel. Wir haben von morgens bis abends den Koran gelesen. Und was waren wir glücklich! Ich hatte neben mir eine Frau, die war ganz untröstlich. Sie weinte schon seit acht Jahren. Die Juden hatten ihren Sohn getötet. Und glaub', was du willst, aber nach ein paar Tagen — ich hab' das gesehen — da ist Frieden in ihr Gesicht gekommen. Allah ist groß.

Acht Frauen, die im gleichen Zimmer zwei Wochen lang eingeschlossen leben, in diesem Brutkasten von Medina und in der Glut ihres Glaubens.

— Und dann ging's endlich nach Mekka.

In dieser Steinwüste, aus der einst das Wort kam, erstreckt sich heute ein riesiges Mosaik aus tausenden und abertausenden von Pilgerzelten.

— Immer mit meinem »Chahid« im Herzen hab' ich zuerst die kleine Pilgerfahrt, die »Umra«, unternommen, die man zu jeder Zeit machen kann. Aber das letzte Mal hab' ich die große Pilgerfahrt gemacht, den »Haddsch«, bei dem man einen großen Umlauf macht, und der nur in einem ganz bestimmten Monat des Jahres gemacht werden kann. Stell' dir mal vor, als ich meinen »Haddsch« gemacht habe, waren wir vier Millionen!

Mekka: Millionen über Millionen von Moslems, Frauen und Männer aus der ganzen Welt, aller Farben und aller Rassen. Und alle gleich vor Allah, ob arm oder reich, ob fast nackt oder unter ihren Gewändern schwitzend, gleich, ob ihr Kopf rasiert, ob unbedeckt, mit Käppchen oder mit Turban bedeckt, ob in einfache Stoffe gekleidete Frauen oder bis zu den Augen verschleierte, hier ballen sie sich unter der Glut wie Sandkörner zusammen. Die Ka'aba, der Heilige Stein, steht umgeben von seinem schwarzgoldenen Katafalk mitten auf dem riesigen Platz, der von den Minaretts der Moschee beherrscht wird. Und ringsum, über der Masse, über ihren Köpfen, wehen die grünen Fahnen des Islams. Schwarze Tupfen von Sonnenschirmen schützen Empfindliche und die Tragstühle der Invaliden. Schwerkranke auf ihren Bahren schwanken auf den Schultern ihrer Träger. Manche werden hier sterben, hier zwischen Himmel und Erde.

— In Mekka, sagt Souraya, in Mekka glüht die Luft, aber in ihr vibriert der Glaube. Man muß laufen, sehr viel laufen. Die Hitze bringt einen um. Ich war tot... und trotzdem fühlte ich mich lebendiger denn je. Jede einzelne Geste wurde mir ganz bewußt. Wenn's ging, hab' ich mich ein bißchen gesetzt, mein Fläschchen Kölnisch Wasser herausgenommen, eine Ecke Käse, ein Stück Apfel. Mein Körper war so müde, daß ich meinen Kummer nicht mehr spürte, mein Kopf war so beschäftigt, daß ich nicht mehr an den Krieg dachte. Man schläft fast nicht. Man muß um 2 Uhr früh aufstehen, um sich noch vor dem Gebet zum Sonnenaufgang fertig zu machen. Oh, da gibt es so viel zu tun mit diesen ganzen Riten!

— Eben, was macht ihr Frauen denn an dieser »Ka'aba«?

— Erstmal muß man mit dem rechten Fuß in diese heilige Stätte eintreten. Alle. Frauen und Männer. In der Moschee sind sie getrennt, aber um die »Ka'aba« herum kreisen alle zusammen in Richtung gegen den Uhrzeigersinn. Sieben Runden sind zu machen. Die Frauen brauchen nicht schnell zu gehen. Man kreist und kreist und kreist, dicht aneinandergeklebt und so gedrängt, daß ich nicht mal wagte, meine Sandalen zu binden, aus Angst, zertrampelt zu werden. Neben mir schrie eine Frau ihrem Mann zu: »Ich will raus... ich ersticke... die zertrampeln meine Füße... die sind ja verrückt!« Ihr Mann hat sie gepackt: »Nein, du bist verrückt! Du weißt doch, daß deine Pilgerfahrt nicht gilt, wenn du jetzt anhälst!« Da war auch eine von unseren Märtyrerwitwen aus dem Charterflugzeug, die konnte ihren Umgang nicht fertigmachen. Die Arme! Weil ihre Monatsregel angefangen hatte, durfte sie ihr Abschiedsgebet an der »Ka'aba« nicht mehr sagen.

Souraya schweigt, aber ich merke, daß sie noch bei ihren halluzinativen Reisen weilt. Welch ein Kontrast zu ihrem kleinen Leben, hier in ihren beiden kleinen Zimmern! Und welch ein Kontrast zu ihrer Einsamkeit in Heliopolis!

Souraya wird aber bald wieder aufbrechen. Sie wird Mekka wiedersehen, seine Menschenmassen und seine Glut, seine Schreie und seine Beschwörungen. In Mekka werden ihr noch andere Witwen begegnen, Witwen aus anderen Kriegen. Sie wird auch auf junge Mädchen aus dem irakisch-iranischen Krieg treffen, die sich noch in Mystizismus tauchen wollen, bevor sie »für Gott« einen Mann heiraten, der vielleicht Schwerbehinderter ist und der ihnen von der Märtyrer-Stiftung ihres Landes vorgeschlagen wird.

In Mekka wird Souraya auch Helden begegnen, die auf einem Schlachtfeld nichts verloren haben, die aber dafür auf einem Fußballplatz einen Sieg davongetragen haben. Ob man nun sein Liebstes fürs Vaterland gegeben oder aber einen Ball ins Netz geknallt hat, die Belohnung bleibt die gleiche: das dankbare Vaterland spendiert ein Flugticket nach Mekka.

So wird die Armee Ägyptens Souraya auch weiterhin, Jahr für Jahr, mit ihren Pilgerfahrten zu Sonderpreisen trösten:

— Dahinten, da lern' ich Geduld und Unterwerfen. Meinen Pilgerfahrten verdank' ich es, daß ich mich jetzt nicht mehr so sehr gegen diesen Krieg von Verantwortungslosen empöre, der mir meinen Mann genommen hat.

Die Mutter – die Vestalin.

GITA FADIDA (links), die untröstliche Mutter von Abraham Fadida, einem israelischen Soldaten, der im Krieg von 1973 getötet wurde. Hier mit ihrer Tochter Ninette und einer ihrer Enkelinnen.

Gita

Mein Sohn, sein Andenken, alles ist dahinten auf meinem Tisch.

— Ja, Krieg ist furchtbar, aber was kann ich tun; ob wir Krieg oder Frieden haben, das liegt bei den Arabern und nicht in meinen armen Händen; die Araber, die woll'n uns alles wegnehmen und alle Juden töten, ja das stimmt, die arabischen Mütter leiden auch, sie können aber auch nichts tun... Du willst noch Tee?

Gita, die Mutter von Abraham Fadida, genannt Berto, ist 60 Jahre alt. Aber der Tod ihres Sohnes hat sie um 20 Jahre älter gemacht. Sie ist grau, ganz grau, und sie schleppt ihren grauen Alltag durch die ihr vom Verteidigungsministerium angebotene Wohnung in Salame Guimel, einem volkstümlichen Stadtviertel bei Tel Aviv.

Noch nie hat Gita eine so schöne Wohnung gehabt. Sie mußte erst ihr Opfer bringen, damit der Staat auch das Seine opfert. Die Miete ist vernünftig, und Gita wird bis zu ihrem Tod hier bleiben können. Das hat das Verteidigungsministerium gesagt.

Die Fenster bei Gita gehen auf einen lärmenden Platz, in dessen Mitte eine Palme verkümmert. Der Dolmetscher muß sich ganz dicht zu der alten Frau setzen, um ihre Stimme besser zu hören und um ihr wirres Arabisch und ihr armseliges Hebräisch besser zu verstehen. Ich sitze ihnen gegenüber.

Gita ist in Meknes, in Marokko, geboren. Es gelingt ihr, in ihrem lükkenhaften Gedächtnis zwei oder drei Erinnerungen von früher zu finden, die sie uns zu Tee und Keksen serviert:

— Mein Vater war Schuster... ich hab' ihn nie gekannt... Als ich geboren bin, war meine Mutter auch nicht mehr jung... Nein, die Araber haben uns nicht grad was Schlimmes getan, aber wir hatten schon Angst... Nein, ich kann nicht lesen... Ich hab' schon ganz früh für die Christen geputzt, für die Franzosen. Nein, nein, das nicht, ich hab' nicht bei ihnen gewohnt. Die hatten Jungens, und die Christen, die haben da so ne komische Moral. Die Christin, die hat sich gleich einen anderen ins Bett geholt, wenn ihr Mann mal weg war. Sie hat mir Geschenke gegeben, weil ich nichts sagen sollte, aber diese Geschichten da haben mich sowieso nicht interessiert. Die Christin konnte ins Bett gehen mit wem sie wollte. Auch mit 'nem Araber! Das war mir doch egal!

Sie schaut über den Balkon hinweg.

— Hier in Tel Aviv laufen die Mädchen halb nackt 'rum. Unsere jüdischen Frauen in Marokko, die konnten sich noch benehmen! Und unsere Männer auch. Neulich hab' ich hier am Sabbat einen Kerl auf der Straße rauchen sehen. Ich hab' gefragt: »Das ist'n Araber?« Sie haben gesagt: »Nein, das ist ein Jude!« Das hat mir Angst gemacht. Wenn das mit diesem Ungehorsam so weiter geht, wird Gott bestimmt zornig. Er hat uns doch auf der Heimkehr nach Israel beschützt und uns Jerusalem wiedergegeben, grad weil wir ihm gehorcht haben.

— Wann bist du hierher gekommen?

— 1951. Nissim, mein Mann, hat gesagt: »Gehen wir ins Land von Abraham!« Wir haben in Tanger gewohnt. Mein Mann war Schuster, wie mein Vater. Ich war froh, daß wir wegen Jerusalem weggegangen sind.

Für die Familie Fadida war das eine lange und mühsame »Rückkehr nach Jerusalem«, vor allem wegen der anderthalb Jahre Wartezeit in einem Durchgangslager, das Zionisten in Marseille errichtet hatten.

In Israel sollten die Marokkaner ihre ersten beiden Jahre in Baracken verbringen. Und die darauf folgenden Jahre im Elendsviertel von Salame wurden auch nicht gerade viel besser. Die Sozialfürsorge mußte sich um die Kinder kümmern. Die Armut haftete ihnen an den Fersen:

— Mein Mann hat dann noch Gitarren repariert, aber viel mehr Groschen hat das auch nicht eingebracht. Die Leute haben zwar alle Schuhe, aber nicht Gitarren. Ach je, mein armer Nissim...

Gita wirkt in ihrem grauen, formlosen Pullover jetzt noch grauer:

— ... er ist auch schon tot.

Ninette, Gitas Tochter, macht weiter:

— Unser Vater hatte im Hals ein Loch — Krebs. Richtig gestorben ist er aber durch den Tod von seinem Berto. Dreimal wollte er sich umbringen, dreimal hat's nicht geklappt. Er hat sich unter Autos geworfen, die Polizei hat ihn uns zurückgebracht. Wenn er selbst mal heimkam, dann nur um das Motorrad von seinem Sohn zu küssen; wir mußten es einfach verkaufen.

Bis zum Ende meines Besuches wird nun Ninette das Gedächtnis ihrer Mutter korrigieren, deren Erinnerungen richtigstellen, ihre Blicke interpretieren. Sie wird auch anstelle ihrer Mutter das Wort ergreifen, um ihr zu helfen und um sie vor der Journalistin zu schützen, die ihr so zusetzt.

Ninette ist an die dreißig. Sie ist sehr blaß und hat sehr große, sehr traurige, von dunklen Schatten umgebene Augen. Eine Wollmütze, von der schlichten Art wie die der muslimischen Frauen, versteckt ihr ganzes Haar. Sie sagt, daß sie sich seit dem Tod ihres Bruders nicht mehr schminkt, und daß sie sich von der Religion ernährt. Den Krieg, sagt sie, den könne sie nicht mehr ertragen...

— ... aber, du kannst mir glauben oder auch nicht, trotzdem ist mir der Krieg hier in Israel, dieser große Krieg, bei dem dich eine Kugel tötet, noch lieber. Draußen, da tötet dich der tägliche Kleinkrieg gegen den Antisemitismus so nach und nach. Das ist noch viel schlimmer. Und versuch' mir nur nicht, das Gegenteil zu behaupten! Ich weiß, was die Juden da draußen leiden. Ich kann nämlich lesen, nicht so wie meine Mutter!

Gita wagt beizupflichten:

— Stimmt! Richtig, Ninette... Israel ist schon gut, aber auch traurig... früher, da waren wir ärmer, aber wir lachten viel mehr... frag' mal die, die was haben und die, die nichts haben, die sagen alle das gleiche... Jetzt ist es der Krieg im Libanon: Tag und Nacht... am Radio... am Fernsehen... das macht mich ganz krank... der Tod von meinem Berto kommt mir dann immer wieder... wenn ich an seinen Lebensweg denke: Sozialfürsorge, Armee, Friedhof mit 22 Jahren...

Die alte Frau wischt sich mit dem Handrücken die Augen trocken.

In diesem Augenblick stürmen Ninettes Kinder in die Wohnung: Geschrei, Küßchen, Pipi und Kekse. Dann setzen sie sich zu uns.

— Sag mal, Gita, wie war dein Berto? Und wie ist er gestorben?

— Er war unsere Stütze... ein Felsen... der Vater von seinem Vater. Der Kommandant hat mir einmal gesagt: »Dein Sohn, das ist ein pfiffiger Bursche. Der sollte zum Sicherheitsdienst, wenn die Araber den fangen, wüßte der immer, wie er denen wieder entwischt.«

Ninette unterbricht sie:

— Der Sicherheitsdienst, das ist wie die Polizei, das ist sehr gefährlich. Deshalb hab' ich alles drangesetzt, daß er sich da nicht engagiert. Aber er hat auf mich nicht gehört.

Aber Berto Hadida wird nicht bei einem Auftrag getötet. Als am 6. Oktober 1973 der Krieg ausbricht, engagiert er sich voller Eifer vorzeitig in seinem Bataillon. Am 8. Oktober läßt eine ägyptische Bombe sein Hauptquartier auf dem Sinai in die Luft gehen. Er und alle seine Kameraden kommen dabei um. Es dauert einen Monat, bis Gita erfährt, daß ihr Sohn für vermißt erklärt ist, und dann noch einmal eine Woche, bis man ihr seinen Tod mitteilt.

Das war vor fast zehn Jahren. Seither verläuft sich Gita — so berichtet ihre Tochter — in ihrer Vergangenheit. Sie vergißt, verliert sich zwischen gestern und vorgestern, verwechselt die beiden Begräbniszeremonien, die dem Tod ihres Soldaten folgten. Die erste am provisorischen Grab, in der

Nähe seiner Todesstelle bei Beersheva, in der Negev-Wüste. Die zweite auf dem Friedhof Kiryat Shaul, nachdem man den Leichnam von Tel Aviv überführt hatte.

Diese doppelten Bestattungszeremonien liegen manchmal monatelang auseinander und werden dann für die Familien ein langer Leidensweg.

Gita hört uns schon eine Weile nicht mehr zu. Ich seh', wie sie mit leerem Blick dem Krieg zuschaut, den sich ihre Enkelkinder zwischen den Hauspantoffeln liefern: ein ganzes Bataillon von Spielzeugpanzern aus Plastik. Woran mag sie wohl denken?

— Träumst du oft?

— Wenn es Abend wird, hab' ich Angst vor meiner Nacht. Weil ich in der Nacht meinen Berto sehe, und dann weine ich danach immer...

Sie nimmt meine Hand:

— Du hast meinen Berto gesehen? Alles ist dahinten auf meinem Tisch. Ein Kamerad von ihm hat den Stoff draufgemacht und die Nägel. Komm steh auf! Guck mal!

In der Wohnung ist es unordentlich, aber in der »Erinnerungsecke«, die einen Teil des Nebenzimmers einnimmt, und in der Gita einen Teil ihrer Tage verbringt, da herrscht Ordnung. Ein von roter Samtkordel eingerahmtes Bild Bertos prangt dort auf einem mit Militärstoff überzogenen Brett, dann seine Mütze, seine Epauletten, seine Erkennungsmarken, seine Uhr, seine Trillerpfeife... und auf einem Ständer, erhöht, sogar sein Gewehr.

Einmal mehr sammelt sich die Mutter vor ihrer heiligen Stätte. Und einmal mehr lehnt sich ihre Tochter dagegen auf:

— Hundertmal hab' ich ihr schon gesagt: »Mama, befrei' uns doch von diesem ganzen Plunder! Berto hat schon eine Grabstätte auf dem Friedhof.« Unsere Tante hat ihr vorgeschlagen, das alles der Organisation »Erinnerung an unsere Söhne« von der Armee zu übergeben, aber Mama will nichts davon wissen. Mama klammert sich an ihr Museum.

Gita, die grauhaarige Vestalin, macht sich Tag für Tag an ihrem Tempel zu schaffen, entstaubt das Gewehr und wienert die Reliquien blank.

— Eigentlich versteht sie von diesen Militärgegenständen gar nichts, sagt Ninette. Nur von der Pfeife. Manchmal, wenn sie glaubt, allein zu sein, seh' ich sie vorsichtig die Pfeife nehmen und reinblasen. Ganz leise.

הצבי ישראל על במותיך חלל איך נפלו גבורים
מנשרים קלו מאריות גברו איך נפלו גבורים
ויאבדו כלי מלחמה
לזכר אברהם פרידה הי״ד
שנפל במלחמת יום הכפורים
נטמן ב׳ יפ׳ תשרי תשל״ד
הובא לקבורת ב׳ י״ז אלול תשל״ד
ת נ צ ב ה
יעקב ביטון

Die Mutter eines für Palästina gefallenen Unteroffiziers, die nicht weiß, wo Palästina liegt.

Um Hashem

Die da oben, die an der Regierung, die führen die Männer in den Krieg. Dann sagt Allah zum Trost zu ihnen: »Ihr seid nicht wirklich tot.«

Zwischen den Pharaonengräbern und den rosa Felsen von Luxor, tausend Kilometer vom elektronischen, futuristischen Schlachtfeld des Suezkanals entfernt, suche ich die Mutter eines gefallenen Soldaten. Was mag wohl eine Frau aus dem tiefsten, archaischen Süden empfinden, wenn sie erfährt, daß ihr Sohn als moderner Held ganz im Norden des Landes gestorben ist... so weit weg von ihrem Dorf... am anderen Ende der Welt?

Und wie läßt sich diese Frau finden? Wen frage ich da? An welche Tür klopfen? Die Häuser in diesem Tal stehen verschachtelt und klammern sich an die steinigen und sandigen Felswände. Wo versteckt sie sich, diese unbekannte Frau? In welcher dieser Siedlungen? Hinter welcher ocker-, rosa-, malvenfarbenen oder weißen Mauer? Hinter welcher der mit geometrischen, islamischen oder pharaonischen Motiven, mit Katzen, Löwen oder Ibissen geschmückten Wände?

Die Familien, die hier leben, kennen tausend Geheimnisse, denn sie sitzen auf tausendjähriger Geschichte und leben seit tausend Jahren hier. Manche stammen von den Kriminellen ab, die die einstigen Könige in die Wüste verbannt hatten, so wie die der Zaren nach Sibirien geschickt wurden.

Mein Dolmetscher kennt jemanden in einem der Dörfer des breiten, grünen Streifens, der sich zwischen Nil und Felsen ausdehnt. Wir müssen aber warten, bis der Mann vom Feld zurückkehrt. Endlich kommt er, wundert sich über meine Anfrage, bietet ein Glas Tee an und entschließt sich zu antworten:

— Ja-ja-ja-ja! Wir hab'n da oben die Familie von unserem Helden Hashem Mahmoud Ahmed Hussein, unserem »Chahid«, unserem Kriegs-Märtyrer — Allah sei seiner Seele gnädig. Das ist in Naja'e El-Tarif, der Siedlung da oben. Er war Unteroffizier, und die Juden haben ihn im Ramadan-Krieg getötet. Wenn du willst, bring' ich dich zu ihnen, aber du mußt noch warten. Ich hab' den Vater des Opfers Hashem gerade getroffen. Er holt mit seinem Esel den Klee ein, und das dauert noch eine Weile. Solang er nicht daheim ist, könnt ihr seine Frau nicht sehen, weil sein zweiter Sohn auch nicht da ist, und dann also kein Mann zu Hause ist.

Der Tee kommt wieder... Zeit vergeht... die Sonne brennt schon nicht mehr so stark auf den Felsen...

Endlich steigen wir nach Naja'e El-Tarif hinauf. Wir finden das Haus, das aus Steinen und Lehm gebaut ist. Und wieder müssen wir warten. Ein Onkel, der das Nachbarhaus bewohnt, bietet uns eine kleine Bank an: »Mein Bruder ist noch im Klee, aber er kommt gleich.«

Und wieder kommt Tee... und Zeit vergeht... und der alte Mann kommt endlich zurück. Er ist sehr groß. Sein Kaftan flattert um einen mageren Körper. Mit einer Geste lädt er mich ein, und ich trete ins Haus, vor mir mein Dolmetscher und der Onkel. Ein Onkel, der immer mehr gespannt ist und der überlegt, was Frauen sich denn wohl über den Krieg zu sagen haben. Krieg ist doch eher eine Sache der Männer, oder?

Der Vater des Opfers Hashem Mahmoud Ahmed Hussein stellt mir seine Frauen vor:

— Das ist meine Mutter... das ist Um Hashem, die Mutter meiner Söhne... das ist meine Schwester... und das ist die Verlobte von unserem verstorbenen »Chahid« — Allah sei seiner Seele gnädig —, die jetzt die Frau von seinem Bruder ist, von meinem zweiten Sohn, der ist nicht hier.

Der Brauch hat sich seit tausend Jahren nicht geändert. Eine Braut ist in erster Linie ihrer Schwiegerfamilie versprochen, bevor sie einem der Söhne insbesondere zugeteilt wird. Im Augenblick des Abkommens der beiden Sippen-Chefs kann die Braut erst drei oder vier Jahre alt sein. Wird das Versprechen gebrochen, so kann das zum Zerwürfnis über Generationen oder bis zum Blutbad führen. Und weiter dieser Sippentradition folgend, wird eine Witwe den Bruder ihres verstorbenen Mannes heiraten. Ich habe in ägyptischen Dörfern mehrere Kriegswitwen getroffen, die durch diese Tradition vor dem Elend verschont blieben... und vor einer gefährlichen Freiheit.

Die Großmutter des im Sinai getöteten Helden weiß nicht, wo der Sinai liegt, aber von Zeit zu Zeit hebt sie den Kopf, um zu zeigen, daß sie der Unterhaltung folgt. In Buddha-Haltung auf nackter Erde sitzend, ist das eine Skulptur: schwarze Haut, völlig in Schwarz gehüllt. Für sie ist übrigens alles schwarz: sie ist blind. Die Tante des geopferten Helden wiederum lebt in einer anders dunklen Welt. Teilnahmslos wiegt sie den Kleinsten der Sippe in den Armen. Der Vater meint ruhig dazu: »Ihr Kopf ist nicht mehr so ganz da. Sie lebt in einer Welt, und wir in einer anderen. Allah ist groß.«

Über unseren Köpfen flattern die Tauben raus und rein. Hühner verirren sich zwischen unseren Füßen. Ein massiver, grob gehobelter Stuhl — auf den sich nie jemand setzt — das ist das ganze Mobiliar.

Der Vater bringt ein rundes Tablett, auf dem um eine blaue Teekanne herum kleine Teegläser rauchen. Fast die ganze Zeit unseres Besuches über wird der alte Mann da stehenbleiben und mit ausgestreckten Armen unsere leeren Teegläser erwarten. Er entschuldigt sich: »Verzeih' uns, aber wir sind nicht reich, wir haben keinen Tisch.«

Um Hashem sitzt auf harter Erde mir gegenüber. Die Mutter des Helden hat ihren dünnsten schwarzen Schleier umgelegt. Sie wartet. Wartet, mir ihren Sohn vorstellen zu können. Sie beeindruckt mich tief. Um Hashem, die nie lesen gelernt hat, hat etwas Großes an sich. Welch ein Kontrast zwischen ihren abgearbeiteten Händen aus dem Diesseits und dem mystischen Ausdruck ihres Gesichts! Sie ist ohne Alter... Trotzdem frage ich sie:

— Um Hashem, wie alt bist du?

Mein Begleiter übersetzt die Antwort:

— Die Mutter des »Chahid« glaubt, daß sie vielleicht 50 Jahre alt ist... das hat ihr jemand gesagt... Um Hashem sagt auch noch, daß sie zwei Kinder gehabt hat und fünf Mädchen. Sie sagt, daß ihr Mann ihr Cousin ist, und daß er seit dem Tod seines Sohnes nicht mehr zu weinen aufhört.

— Ja, ein Kind verlieren, sage ich, einen Sohn, so jung noch... der Krieg, das ist wirklich schrecklich...

Um Hashem unterbricht mich:

— Krieg hin, Krieg her... wir sterben alle. Wenn deine Stunde gekommen ist, ist deine Stunde gekommen. Es gibt welche, die fallen vom Dach, und es gibt welche, die sterben durch einen Skorpion... Aber mein Sohn, der ist durch den Krieg gestorben, er ist ein Opfer! Der Sand, der ihn bedeckt, ist schöner als unser Sand.

Sie wird plötzlich nachdenklich:

— Ach, wenn ich nur den Sand berühren könnte, der ihn bedeckt. Ja, Salaam!

Schweigen.

— Deinen Sohn Hashem, wann hast du ihn das letzte Mal gesehen?

— Kurz vor dem Krieg. Er war schon viele Monate bei der Armee. Er hatte auf seiner Uniform ganz neue Abzeichen. Und er hat zu mir gesagt: »Noch zwei Wochen, dann komme ich wieder und helfe euch!« Bestimmt hat Gott mit ihm geredet, weil er mir vor dem Schlafen aus dem Koran vorgelesen hat, da wo steht: »Fürchtet euch nicht, als Märtyrer zu sterben.« Er hat mir die Seite im Buch gezeigt: »Schau' mal, Mama, das ist so schön... schade, daß du nicht lesen kannst.« Ich, ich hab' gesagt: »Im Buch ist das schön... aber du, verlaß du uns nicht! Verlaß uns nicht, in diesem Haus gibt es zu viele Frauen.« Aber ihm, ihm hatte Gott schon alles gesagt, denn er hat dreimal das gleiche wiederholt. Dreimal hat er mir gesagt: »Dein Sohn hat keine Angst vor dem Tod. Dein Sohn hat keine Angst, als Märtyrer zu sterben.«

Während Um Hashem redet, reicht sie mir ein paar Stücke von dem Fladenbrot, einige Eckchen vom weißen Käse. Sie zeigt auf den Krug, der neben ihr auf der Erde seht:

— Aus diesem Krug hat er nach dem Essen immer getrunken, mein Sohn...

Historiker, Chronisten, Strategen, Philisophen, Chirurgen und sogar Priester aller Religionen sprechen von Wundern und vom Horror des Krieges. Denken sie nie, daß für eine Mutter in einem ganz einfachen Krug, den der Soldat täglich zu Hause benutzte, mehr Kraft liegt als in den Berichten von seinem Tod als glorreicher Held?

Um Hashems verlorener Blick drückt sowohl ihren Schmerz als auch ihre Ergebung in das Schicksal aus. Sie zieht eine Seite ihres Schleiers zurecht:

— Ich lebe in Trauer, aber ich bin nicht unglücklich, denn mein Sohn ist als Kriegsmärtyrer gestorben. Wenn ich träume, besucht er mich oft. Er setzt sich ganz dicht zu mir auf den Boden und wickelt eine große Rolle ab, so eine, wie die, die in den Gräbern unsrer Pharaonen gemalt sind. Er zeigt die Zeichen auf dem Papier und ich, ich sage: »Ich kann nicht lesen, du weißt doch! Heb' das für deinen Bruder auf.« Dann liest er mir die Zeichen vor, und jedesmal ist es das Gleiche: »Fürchtet nicht, als Märtyrer zu sterben!« Diese Träume tun mir gut. Ich sehe, daß mein Sohn wirklich ein Gläubiger ist, und ich weiß, daß er im Paradies ist. Weil ein »Chahid«, ein Kriegsmärtyrer, geradewegs ins Paradies kommt. Und seine Mutter und sein Vater und alle, die den »Chahid« lieben, kommen geradeso ins Paradies. Die Mutter des »Chahid« soll nur noch an Gott denken. Für sie ist alles aus. Ihr Sohn ist Gottes Sohn, das ist nicht mehr ihr Sohn.

Um Hashem schwingt ergeben ihre Hände:

— Ich hab' Vertrauen, ich hab' Vertrauen... Die da oben, die an der Regierung, die führen die Männer in den Krieg. Dann sagt Allah zum Trost zu ihnen: »Ihr seid nicht wirklich tot.«

Und trotzdem läßt Um Hashem Tränen fließen... Der Vater seinerseits, der noch immer steht und sein Tablett in der Hand hält, läßt auch seinen Tränen Lauf. Er erstickt fast darunter:

— Ich auch! Ich, sein Vater, ich träume auch von unserem »Chahid«. Letzte Nacht ist er noch gekommen. Und weißt du, was er gemacht hat? Er hat eine Moschee gebaut. Eine, die genauso schön war, wie die auf dem Kalender. Mit ganz viel Gold.

Endlich entschließt er sich, das Tablett auf den einzigen Stuhl zu stellen. Er muß einfach sprechen.

— Unser Sohn ist mit seinem Lastwagen auf eine Mine gekommen. Vier Monate danach hat ein Offizier uns den Koffer gebracht mit der Uniform, der Gebetsschnur und dem Koran. Und jetzt hör' mal gut zu! Hör' mal, was er mir gesagt hat: »O, Abou Hashem, O du, Vater des Chahid Hashem, ich weiß, daß unser Kriegsmärtyrer dein Sohn war, denn du hast ihn durch die Kraft deiner Rippen bekommen. Aber er war auch der Sohn von uns allen. Er war der Sohn des ewigen Ägyptens.« Schön, nicht? Der Offizier hat noch gesagt, daß sie ihn nach... nach... nach, wie hat er gesagt? Also nach... ja, nach El Kantara haben sie ihn getan... das ist beim Sinai.

— Aber... wer hat nun eigentlich euren Sohn getötet?

Im Blick des Vaters lese ich Unglauben vor so viel Unwissenheit.

— Niemand hat ihn getötet. Natürlich! Der Krieg war's.

Die Armee hat Hashems Eltern — wie allen Eltern von Kriegsopfern — vorgeschlagen, sie zum Grab zu führen. Man hat ihnen auch noch die Pilgerreise nach Mekka angeboten. Aber sie haben abgelehnt:

— Das ist zu weit für uns.

Ungeduldig geworden möchte nun der Onkel auch mal an die Reihe kommen:

— Ich weiß alles! Im BUCH steht's. Ich hab' es im Radio gehört. Mohammed hat geschrieben: Die Christen sind unsere Freunde, die Juden unsere Feinde. Den Lastwagen von Hashem, den haben die Juden hochgehn lassen!

Während der allwissende Onkel plaudert, ist Um Hashem aufgestanden, um zwischen zwei Koranseiten eine Photographie herauszuholen. Sie nimmt ihren Platz wieder ein. Sie wartet. Wartet, wie die Frauen immer gewartet haben. Ihr Kleid aus glänzender Baumwolle hängt in antikem Faltenwurf an ihr herab, aber das Bild, das sie mir reicht, führt mich wieder in die modernen Tragödien zurück.

Auf dem Photo steht Hashem ganz aufrecht vor einem Panzer mit mehreren Öffnungen. Um die Ketten herum machen sich vier Soldaten zu schaffen. Stolz stellt seine Mutter fest:

— Hashem hat mir gesagt: »Die fegen den Sand weg, damit das Geschütz nicht kleben bleibt.« Vor diesem Bild, da hat der Hashem auch gefegt. Da, auf diesem, fegt er nicht mehr. Sie haben ihn zum Unteroffizier gemacht. Gelobt sei Allah!

Hashem war Unteroffizier, aber er wußte auch nicht mehr als die Feger über seine Stalinorgel in elektronischer Ausführung. Zwischen den eingeweihten Großen und den Millionen von kleinen Soldaten breitet sich der siderische Raum immer mehr aus...

Ich gebe Um Hashem das Photo von ihrem Sohn zurück:

— Der Friede mit Israel, hat dich das gefreut?

Sie versteht nicht. Ihr hilfloser Blick sieht mich fragend an.

— Aber ja, Um Hashem, du weißt doch, jetzt ist Frieden. Frieden! Begin und Sadat haben ein Papier unterschrieben. Der Krieg ist aus, und der Sinai gehört wieder euch. Und die Ägypter sterben jetzt nicht mehr für Palästina...

Sie versteht noch immer nicht mehr. Ich bemerke in ihrer Stimme sogar einen Vorwurf:

— Palästina? Palästina? Was ist das? Das war nicht der Palästina, das war der Krieg! Und Krieg ist Krieg. Und im Krieg hilft einem Gott. Da ist Allah mit uns.

Von meinen Fragen ganz durcheinander gebracht, zieht sich Um Hashem — die nie weiter als bis zum anderen Ufer des Nils gekommen ist — hinter ihre Schleier zurück und gelangt wieder zu ihren einfachen Wahrheiten: Der Krieg ist nur eine von den Wunden, die Gott einem schickt, eine Not, die vom Himmel kommt, wie die Trockenheit oder die Heuschrecken.

Neben seiner Frau bleibt der Vater schweigend. Der zum Schweigen verdammte Onkel schmollt. Die Frauen setzen ihr Schweigen fort. Der Letztgeborene aus der Sippe kommt vom Arm der Tante, die »in einer anderen Welt lebt« in die Arme der jungen Mutter zurück, die ihrerseits nun mit ihren glänzenden Augen hinter orangefarbenem Schleier anwesend ist.

Um Hashem erklärt mir:

— Das ist unsere Batah, die Frau von Fouad, meinem zweiten Sohn, der nicht da ist. Vorher war das die Verlobte von Hashem, meinem ersten Sohn. Als ich gesehen hab', daß der erste nicht mehr aus dem Krieg kam, hab' ich gesagt: »Arme Batah, du bleibst jetzt ganz allein. Ich werd' dir den zweiten geben.«

Um Hashem lächelt:

— Siehst du, sie ist zufrieden! Hashem oder Fouad, Fouad oder Hashem, das ist gehupft wie gesprungen. Sie sind eins, und Gott auch.

BEFRAGUNG

Tzefira – Israel
Fatma – Ägypten

Die Künstlerin, die sich in der Erinnerung an ihren Sohn findet und wieder verliert.

Die Israelin TZEFIRA YONATHAN, die ihren Sohn Lior im Krieg von 1973 verloren hat.

LIOR YONATHAN

Tzefira Yonathan

Ich hasse den ägyptischen Soldaten nicht, der meinen Sohn getötet hat.

Eine Hand hebt meine Haube hoch:

— Stehen Sie auf!

Die andere Hand packt meinen Ellenbogen:

— Los, stehen Sie auf!

Da steh' ich also, meine Zeitschrift ist mir von den Knien gerutscht und liegt auf dem Kachelboden voller Haare. Bestürzt sehe ich mich um: die Kundinnen des Marokkaners Charlie stehen alle stramm. Und da verstehe ich plötzlich: die Sirenen heulen über Tel Aviv auf, sie heulen über ganz Israel, und ganz Israel hat sich in dieser Minute zum Gedenken an all seine Opfer erhoben, an die Opfer all seiner Schlachten, an die Opfer all seiner Kriege. Es ist elf Uhr morgens, der 17. April 1983, der fünfunddreißigste Gedenktag der Unabhängigkeit.

Im Frisiersalon stehen die Frauen erstarrt wie brave, kleine Soldaten, mitten im Geruch von Haarfärbeprodukten, Dauerwellenlotionen und Haarspray. Ihre Gesichter sind ernst. Unter den nassen Haaren, den Lockenwicklern und den Haaraufhellerpräperaten ist jedes Zeichen von Frivolität verschwunden. Und als die Sirenen schließlich nicht mehr stöhnen, bricht eine eindrucksvolle Stille herein. Dann erhebt sich leise eine Stimme auf französisch:

— Am schlimmsten ist es für die Mütter... ich hatte einen Sohn...

Und wie ein antiker Chor entgegnen die andern:

— Sie hat recht, am schlimmsten ist es für die Mütter...

Die herabtropfende, schwarze Haarfarbe hat die Träne meiner Nachbarin vergrößert; zornig wischt sie sie ab:

— Krieg und Krieg und immer wieder Krieg! Ehrlich, man könnte meinen, daß die in diesem Land nichts anderes im Kopf haben!

Ihre Bemerkung fällt ins Leere, niemand wagt einen Kommentar. Eine blonde Alte wirft einen Blick aus dem Fenster:

— Regen... Wind... und dann auch noch Sonne! Ich glaub', der liebe Herrgott weiß selber nicht mehr, woran er mit Israel ist!

Ich gehe hinaus. Überall der Davidstern: an den Dächern, an den Fenstern, in den Auslagen und an den Autoantennen befestigt. Überall der blaue Davidstern auf weißem Untergrund mit blauem Streifen, überall die

Fahne: in den Herzen, im Geist, in den Erinnerungen. Und in Erinnerung an ihre Erinnerungen scheinen die Israelis bereit zu sein, alles zu ertragen.

Gerade heute, an diesem Tag patriotischen Aufflammens, erwartet mich Tzefira, die Frau von Nathan Yonathan, einem der in Israel am häufigsten gesungenen zeitgenössischen Dichter.* Tzefira hatte zwei Söhne. Ich bin gekommen, um mit ihr über Lior, ihren ersten Sohn, zu reden, der im Oktoberkrieg von 1973 durch die Ägypter getötet wurde. Ich hatte nämlich gehört, daß Tzefira es nach dem Tod von Lior nicht mehr ertrug, »alles im Namen der Erinnerung an die Erinnerungen zu ertragen.«...

Immerhin, ihre Familie hat Unerträgliches ertragen. Ihr Vater, Yossef Selavan, aus Rußland stammend, war Anfang des Jahrhunderts einer der ersten, die nach Palästina kamen. Er war Professor für Literatur und gehörte zu denen, die in Israel die Grundlagen für den Unterricht legten. Yossef Selavan hat mit den Seinen in Palästina oft unter schrecklichen Lebensbedingungen existiert. Tzefiras Mutter ist an Erschöpfung durch Klima, Entbehrungen und Krankheiten gestorben. Wie ihr Mann kam auch sie aus Rußland, aus einer reichen, gehobenen Familie.

Tzefira Selavan-Yonathan ist 1926 in Jerusalem geboren. Sie ist eine Tochter Palästinas, hat aber zwei Jahre in den Vereinigten Staaten verbracht, und unser Gespräch wird auf englisch verlaufen. Heute unterrichtet Tzefira im Kibbuz Sarid Kinder in Musik. Gelegentlich auch Erwachsene, in der Hoffnung, daß Musik sie weicher und untereinander verständnisvoller macht.

— Ich habe mich vor fast vierzig Jahren im Kibbuz nur niedergelassen, um meinem Mann zu folgen. Mein Dichtergemahl ist schnell zur Sonne dieses Ortes geworden, während ich im Schatten blieb. Das ganze Land sang seine vertonten Gedichte, deren Musik ich oft ausgewählt und bearbeitet hatte. Überall sang man ihn, oft auch ohne seinen Namen zu kennen. Später, als er bekannt wurde, ist ihm das in den Kopf gestiegen.

Im Kibbuz bringt Tzefira zuerst ein kleines Mädchen zur Welt, das nach wenigen Monaten stirbt. Nicht einmal zwei Jahre danach wird Lior geboren:

— Er war ein kleiner, empfindlicher Junge, der nachts Angst hatte, ein feinfühliges, verletzbares Wesen, wie ich. Lior liebte alles Schöne: eine

* Wenige Zeit nach meinem ersten Besuch bei Tzefira haben sich Tzefira und ihr Mann scheiden lassen.

Melodie, das Meer, eine Landschaft. Wenn du die wunderschönen Photos sehen würdest, die er gemacht hat! Lior war ein andersartiger Mensch. Ich selber habe mich auch immer andersartig gefühlt. Als ich zwanzig war, war der Kibbuz so eine Art Sparta. Alle sollten gleich sein, und mein Mann hörte gar nicht auf, mich zu belehren: »Streich' dir dein Anderssein aus dem Kopf!« Ich hätte damals den Mut haben sollen, meine Phantasien und Ideen zu packen und zu gehen! Ich habe mein ganzes Leben lang versucht, Dinge zu ändern, und mein ganzes Leben lang bin ich mit dem Kopf gegen die Wand gestoßen. Ich weiß, daß ich oft anderen weh getan habe, aber ich habe mir selber auch oft weh getan. Vielleicht hab' ich's nicht richtig angepackt, vielleicht war ich nicht diplomatisch genug?

Tzefira krault die vorbeistreichende Katze. Sie legt den Kopf zur Seite. Unter ihrem dunkelblonden Haar zeigen sich goldbraune Haut und regelmäßige Züge, aber ich spüre, daß sie ihrer Schönheit keine große Bedeutung mehr beimißt. Tzefira erscheint mir wie eine Prinzessin, die ihren kleinen Prinzen verloren hat. Ihr Blick scheint abwesend und zugleich auch bereit zu sein, wieder aufzuleben, sobald man vom Leben und vom Tod ihres Liors spricht:

— Ja, ich bin eine Frau des Krieges. Und uns, diese Frauen des Krieges, drängt es, davon zu sprechen, und gleichzeitig macht es uns Angst, denn wir fühlen, daß der Wahnsinn auf uns lauert, wenn wir unsere Erinnerungen zu tief ausgraben... Deshalb hat sich auch eine meiner Freundinnen, die ich anrief, geweigert, dich zu treffen. Eine andere zögert noch, mit einer Fremden zu sprechen. Die, die abgelehnt hat, war früher eine große Sängerin. Der Tod ihres Sohnes hat sie zerstört. Sie geht nicht mehr aus ihrer Wohnung, sie zieht sich nicht mehr an, sie lebt in Hauspantoffeln. Die andere, das ist eine schreckliche Geschichte: Der Panzer ihres Sohnes ist in der Wüste verschwunden. Aufgelöst. Man hat nie mehr etwas davon gefunden, nicht das kleinste Stück Mensch, nicht das kleinste Stück Schrott. Dieser Panzerkrieg im Sinai war vor zehn Jahren. Und doch glaubt die arme Frau noch heute jedesmal, wenn es an der Tür klingelt, daß es ihr Sohn ist, der heimkehrt...

Nichts ist schlimmer als die Ungewißheit. Wenn ein Soldat vermißt wird, dann treibt das seine Angehörigen, die ihn liebten und noch lieben, bis in den Wahnsinn, denn sie können nur hoffen... hoffen, daß er eines Tages... vielleicht... Durch die Strenge des jüdischen Gesetzes wird dieser Leidensweg noch schmerzlicher: Ihm zufolge ist ein Vermißter in keinem Fall tot, solange nicht ein konkreter, faßbarer, unwiderlegbarer Beweis gefunden wurde. Eine Frau kann sich nicht wieder verheiraten, Erben können nicht erben. Das besessene Suchen nach dem kleinsten Indiz hat die israelische Armee dazu geführt, in ihrer Art einzigartige Maßnahmen zu ergreifen. So begnügte sich die Armee seit dem Oktoberkrieg von 1973, der so viele Männer im Sinai verschlang, nicht mehr damit, die Fingerabdrücke ihrer Soldaten zu nehmen, sondern nahm auch noch die Fußabdrücke. Da die Rabbiner als einzige ermächtigt sind, Totenscheine auszustellen, sind einige von ihnen, die schon seit Jahren die Schlachtfelder abklappern, zu wahren Experten in Sachen Knochen, Zähnen und Radiographien geworden. Ist es etwa ihnen zu verdanken, daß Israel kein Denkmal für den unbekannten Soldaten hat?

— ... Ich brauchte jedenfalls nicht lange zu warten, fährt Tzefira fort, um über Lior Gewißheit zu haben... Ich habe eine Menge Erinnerungsphotos von ihm, Photos in Zivil und in Uniform. Schau' dir mal den Laden des Armeephotographen an, hier gleich in der Nähe. Er wird nach jedem Krieg gestürmt. Er wird von all den Frauen gestürmt, die eine Vergrößerung des Militärphotos von ihrem Toten wollen...

Tzefira ist eine der Frauen, die verzweifelt nach Seelenfrieden zu suchen scheinen:

— ... Ich versteh' nicht, ich werde nie verstehen. Für mich ist jemand, der ohne die geringste Rührung töten kann, ein Unmensch. Denn das muß schon ein Unmensch sein, wer gleichgültig tötet. Und mehr noch, wer sich damit hervortut. Ich kenn' aber auch welche, die nicht stolz auf ihre Kriege sind...

Und Tzefira erzählt mir eine Geschichte. Die Geschichte von einem Schulfreund ihres Sohnes. Er kam, wie Lior, in die ersten Reihen. Was hat er gesehen? Was hat er erlebt? Was hat er getan? Was war er vielleicht gezwungen zu tun? Nach dem Krieg hat er den Kibbuz verlassen. Er floh Israel. Heute irrt er durch Amerika. Ihn interessiert nichts mehr. Er hat zu nichts mehr Lust, nicht mal mehr zum Lieben. Und er ist dreißig Jahre alt.

Ich kann, wie ich Tzefira so zuhöre, nicht anders als mich fragen: Denkt Tzefira manchmal darüber nach, was aus ihrem überempfindlichen Lior geworden wäre, wenn er den Krieg überlebt hätte?

— Liors menschliches Empfinden war sehr ausgeprägt. Diese Geschichte hat mir einer seiner Leute viel später erzählt. Das war 1972. Lior war schon Panzerbefehlshaber über sechszehn Männer in vier Panzern. An jenem Tag fuhr er durch Hebron oder Bethlehem — ich erinnere mich nicht mehr, aber es war auf alle Fälle in den besetzten Gebieten — als einer seiner Soldaten auf die Menschenmenge zeigte: »Nein! Seht euch die mal an! Diese Schweinehunde sind alle noch da! Man hätte sie 1967 lieber alle umlegen sollen!« Lior, der sich sonst so gut beherrschte, war außer sich, und Streit brach im Jeep aus.

— Lior war immer bereit, für jemanden einzuspringen, versichert Tzefira.

— Er hatte einen sehr religiös eingestellten Freund, den Sefi Schaumann. Obwohl Lior selber keine Religion ausübte, hatte er verstanden, wie wichtig das Gebet im Leben seines Freundes war. Eines Morgens, in aller Frühe, hat er ihn bei seinen Dienstpflichten vertreten, damit Sefi sein erstes Morgengebet nicht verpaßte. Ich seh' mir oft dieses Photo an, auf dem die beiden eingeschlafen sind und Sefi den Kopf an Liors Schulter lehnt. Sefi mochte dieses Photo sehr gern. Nach Liors Tod hat er mehrmals zu mir gesagt: »Dieses Photo ist ein Symbol, dein Sohn war für uns alle die Stütze...« Aber Sefi wird nie mehr von Lior erzählen... nie mehr... er ist ihm gefolgt...

Sefi Schaumann war tatsächlich gerade im Libanonkrieg gefallen... Und jetzt ist Tzefira dran, seine Witwe zu trösten. Vor ein paar Wochen hat Tzefira ihr eine Kassette geschickt, auf der die Stimme ihres Mannes festgehalten ist: das Band, das Sefi nach Liors Tod aufgenommen hatte, und auf dem er seinen Freund so beschreibt, wie er ihn sah und wie er ihn gern hatte. (Mehrere Kameraden von Lior haben das gleiche getan. Auch zehn Jahre danach hat Tzefira noch immer nicht den Mut gehabt, sie anzuhören.)

Das ist der moderne Krieg: Die Männer tauschen Gewehre aus.... die Frauen tauschen Kassetten. So ist es auch vorgekommen, daß eine Mutter oder eine Witwe bewegt der Stimme eines Verstorbenen lauscht, der über einen vor ihm Verstorbenen redet...

— Ich habe auch einen Film, den man von meinem Sohn gemacht hat. Es ist sonderbar: Wenn ich sein Photo ansehe, ein unbewegliches Bild, dann schließt sich mir nicht sein Blick, sondern seine Seele auf, und das tut mir gut. Wenn ich dagegen im Film, wo das Bild sich bewegt, Lior mit seinem typischen Gang auf mich zukommen sehe, tut mir das so weh, daß ich es nicht aushalte.

Während ich die Kassette wechsle, bewundert Tzefira die Tasche meines Kassettenrekorders, eine elegante Hülle aus grauer Wildlederimitation.

— Man könnte das für ein Schminktäschchen halten, welche Diskretion für eine Spionin! Das wär' genau das richtige, um meine Schüler und ihre Musik aufzunehmen... Auch da versuche ich immer etwas zu ändern. Du kennst unsere schönen Lieder aus Israel, mit ihren slawischen Melodien, die dir ans Gemüt gehen? Wenn du die Dornen alle spürtest, die diese Sträuße duftender Noten verbergen! Dornen der Worte, die vom Nationalismus vergiftet sind. Ich versuch', das alles meinen Schülern zu erklären. Einige von ihnen hören zu, aber ich hab' auch meine Unverbesserlichen. Neulich hat mich ein junges Mädchen jemenitischer Herkunft heftig angegriffen, und seitdem schaut sie mich schief an. Diese Kleine da wagte mir zu sagen, daß ich Israel nicht liebe, weil ich mich weigere, die Liebe zum Vaterland zu singen. Ich hab' zurückgegeben: »Du wagst es, gerade mir sowas zu sagen? Mir, die ich in der Heiligen Stadt Jerusalem geboren bin!« Ich hab' versucht, ihr die Augen zu öffnen, und ich habe ihr erklärt, daß sein Vaterland lieben heiße: sein Wohl wollen. Daß Vaterlandsliebe nicht nur schöne Weisen und reimende Worte sind. Mich betrübt das, Mädchen, wie sie, sich in einer solchen Atmosphäre entfalten zu sehen. Sie wachsen darin auf und fühlen sich darin wohl. Wie soll man ihnen da die andere Dichtung nahebringen? Nicht die der Krieger, sondern die der Vertreter von Menschlichkeit. Im Kindergarten schau' ich mir oft meine ganz Kleinen an und frage mich: Was wird aus ihnen wohl mal werden?

Jedesmal, wenn ich Tzefira wiedersehe, erschüttert mich dieser gleichbleibende Schmerz, der in ihr lebt und sie durchzuckt. Beim letzten Mal hat sie mir ein Buch gereicht:

— Hier, nimm, ein Geschenk! Das ist mein Buch, ein innerstes Anliegen... das ganz Israel kauft! Seit 1977 sind wir jetzt in der fünften Auflage.

Dieses Buch ist ein Buch der Liebe. Die Photos darin — Bäume, Blumen, der Himmel, das Meer, die Wüste — sind Aufnahmen, die Lior gemacht hat. Auf dem Umschlag, wie ein Symbol, ein schwarz-violetter Tagesuntergang im Orient. Auf der Innenseite haben Tzefira und ihr Mann neben dem hebräischen Text auf englisch drucken lassen: »Photos von Lior Yonathan.« Als sollte damit erklärt werden, daß dieses im Alter von zwanzig Jahren getötete Kind dennoch die Zeit hatte, jemand zu sein und etwas fertigzubringen. Ein Kind! Das entdecke ich, als ich Photos von Lior betrachte. Ein Kind voller Unschuld und so schön.

Dann hat Tzefira eine dünne Broschüre herausgeholt, in der ihre Freunde einige Auszüge ihrer öffentlichen Erklärungen ins Englische übersetzt haben:

— Nach dem Krieg habe ich zu sagen gewagt, daß ich den ägyptischen Soldaten nicht hasse, der meinen Sohn getötet hat. Und dieser kleine Satz in einem Interview hat mich manche Freundschaft gekostet. Für mich ist nicht einmal einer von hundert fähig, seine eigenen Widersprüche zu erkennen. So haben fast alle von denen, die mit mir über die mich persönlich angehende Seite meines Dramas geweint haben, abgelehnt, die politische Dimension in dem von mir Gemeinten zu sehen. Wenn sie darüber mit mir sprechen, dann fast immer um mir vorzuwerfen, daß ich dahin gekommen war, nicht mehr zu verurteilen...

Tzefira geht in die Küche und kommt mit einem Tablett in der Hand und ihrer Katze zwischen den Füßen zurück. Sie teilt ein dickes Stück Schokoladenkuchen mit mir...

— ... und dann waren da die ganzen Briefe von all diesen Frauen! Eine von ihnen schrieb: »Tzefira, ich habe auch einen Sohn im Krieg verloren. Nachts habe ich deinen Artikel unter meinem Kopfkissen. Ich schlafe fast nicht, und es tröstet mich, dich unter meinem Kopf zu fühlen.«

In Israel war Tzefira ein Symbol geworden.

— Ja, ich war ein sehr hübsches Symbol... und schlanker als heute!

Manche haben sogar daran gedacht, aus Tzefira ein noch engagierteres, noch berühmteres Symbol zu machen. In ihren Augen hätte die schöne und mutige Tzefira wunderbar die Rolle eine Pasionaria verkörpert, die eine Friedensbewegung nach sich zieht.

— Ich hatte nicht die Kraft, mich in das alles zu stürzen, ich war zu gebrochen. Heute bedauere ich es. Und das war nicht meine einzige verpaßte Gelegenheit. Da war noch diese Theatersache...

Kurz vor diesem Krieg, der ihr ihren Lior nehmen sollte, hatte Tzefira den Journalisten Yair Kotler kennengelernt, als er eine Umfrage über Kinder im Kibbuz machte. Nach dem Krieg hat Tzefira ihn angerufen und ihm vorgeschlagen, das Porträt einer Mutter zu machen, die ihren Sohn an der Front verloren hat:

— »Ja, eine gute Idee! Kennst du die Adresse?« fragte Yair mich. »Das bin ich...« Und ich habe ihm meine Geschichte erzählt... Später hat Yair diese in ein Buch mit Zeugnissen über den Oktoberkrieg von 1973 eingeflochten. Danach wurde Tzefiras Drama von dem Theaterautor Oded Kotler, dem Bruder von Yair, bearbeitet und von der großen Nola Shelton inszeniert. Es wurde viele Male wiederholt und sogar auf dem Spielplan des Theaters von Haifa angekündigt... dann ist das Hackbeil gefallen. Zensur: »Die Verzweiflung einer Mutter bringt zum Verzweifeln. Die Verzweiflung brauchen wir nicht. Was wir brauchen, sind heitere Schauspiele. Schauspiele, die uns unsere Traurigkeit vergessen lassen. Die Verzweiflung einer Soldatenmutter auszubreiten, das schwächt die Moral der Nation.«

AUSZÜGE AUS ARTIKELN UND ERKLÄRUNGEN VON TZEFIRA

Ein Jahr danach

(Erschienen am 27. September 1974 in der Wochenbeilage der Tageszeitung *Haaretz*)

»Jetzt reicht's, reden wir nicht mehr davon!« Das hat man uns gleich nach dem Krieg gesagt. Aber ziemlich bald danach haben wir wieder in unseren Zeitungen Artikel über den Krieg gefunden, in denen von allem gesprochen wurde... außer von unseren Toten.

»2.500 Tote, was ist das schon? Alles zusammengenommen ist das nicht so schlimm!« hat eine bedeutende Persönlichkeit bemerkt... wo schon der Tod eines Einzelnen unerträglich ist.

Und wenn ich daran denke, daß noch lange Briefe von Lior bei uns angekommen sind, die er vor seinem Tod geschrieben hatte...

Schon ein Jahr ist das her. Mein Schmerz ist der gleiche. Ich erkenne ihn auf den Gesichtern anderer Mütter, die durch den Tod ihres Kindes auch »Waisinnen« geworden sind...

Ich möchte wenigstens sicher sein können, etwas versucht zu haben, um den nächsten Krieg zu vermeiden, den Krieg, den man uns schon mit ruhiger Gewißheit ankündigt...

Warum brauchen die Kriege eigentlich noch Namen? Als wenn das Datum und die Anzahl nicht schon reichten! 1948, 1956, 1967, 1973... Ich mag diese getauften Kriege nicht. Ist Lior »am 6. Oktober 1973« gefallen oder im »Kippur-Krieg«?

Welches mein schlimmstes Datum ist? Der 6. Oktober, der Todestag? Der 14. Oktober, als wir es erfahren haben? Der 7. November, der Tag der Bestattung?

Was für eine fürchterliche Zermonie, diese Bestattungen! Das war auf einem provisorischen Friedhof in Mishmar Hanegev, im Süden der Negev-Wüste. Da waren tausende von Leuten, vielleicht zehntausend. Auf kleinstem Raum zusammengepfercht. Für die Offiziere hatte man allerdings einen großen Platz hergerichtet. Mit einer Saftflasche in der Hand, machten Soldatinnen ihre Späße... Die Lautsprecher funktionieren nicht. Die Zeremonie fängt mit Verspätung an. Die Spannung wächst. Frauen schlagen sich mit den Fäusten auf die Brust, schreien, kreischen, zerkratzen sich das Gesicht.

Ich denke: Wenn all diese Schreie sich in einen einzigen Schrei gegen den Krieg verwandelten!

Neben mir werden Klagen genauer: »Gott, warum hast Du mir meinen Sohn genommen? Warum gerade ihn? Warum, Herr, sagt man, daß Du gnädig bist?« Eine Frau legt sich mit Gott an, als stünden sie sich gegenüber. Eine andere fällt auf die Knie, fängt an, in der Erde zu scharren.

Schließlich wirft sich der große General in seine große Rede, die mit Pathos und schönen Pausen zwischen den Wörtern gespickt ist...

Manchmal weiß ich nicht mehr, woran ich bin. Ich stottere. Ich kann meine Wörter nicht mehr richtig setzen... Du machst den Leuten Angst, die alles tun, was du von ihnen wünschst — und das noch in verräterischer Eile — und die sich gleichzeitig so benehmen, als ob es dich gar nicht mehr gibt...

Wenn ich heute, im September 1974, ein Jahr danach, glauben könnte, daß der Tod meines Sohnes dazu beigetragen hat, den Frieden vorzubereiten, würde sich mein Zorn vielleicht etwas abschwächen... Dieser Zorn, der mich jedesmal packt, wenn ich an die denke, die meinen Sohn geopfert haben.

Ich gebe mir Mühe, mit Beherrschung weiterzuleben...

Verstehen Sie mich richtig, da ist etwas, was ich unbedingt sagen möchte, auch wenn es stört: trotz allem, was mir zugefügt wurde, werde ich weiterhin die Araber nicht hassen. Ich gebe nicht vor, daß in meinem Herzen keinerlei Rachegefühle sind, aber wenn ich an die denke, die dem Panzer meines Sohnes entgegen kamen, dann klammere ich mich gewaltsam an dem Gedanken fest, daß sie nur Instrumente gewesen sind.

Hassen wäre natürlich viel leichter für mich.

Die sich vom Haß hinreißen lassen, machen sich das Leben weniger schwer....

Das Schweigen der Invaliden

(Erschienen in der Wochenzeitschrift *Haolam Haze*, 1975)

So nach und nach hat man einen nach dem anderen auf den Bürgersteigen gesehen. Und neben ihnen den Blindenhund, die Freundin, die Mutter, die den Rollstuhl schiebt.

Sie haben das Grauen gesehen und sind lebendig da herausgekommen.

So wie sie heimgekehrt sind, mit ihren verstümmelten Körpern und ihrem zersetzten Geist, erregen sie noch Sehnsucht bei denen, deren geliebter Mensch nicht zurückgekommen ist.

Man kann sie zu sich nach Hause einladen. Man kann sich mit ihnen photographieren lassen. Man kann ihnen materielle Hilfe anbieten. Aber der mitleidige Blick, den man auf sie richtet, lädt sich bald mit einer Art von Ungeduld auf: sie stören.

Warum schweigen sie?

Die eigentlichen Schuldigen an dem Elend, die erzählen doch ihre Kriege, sie dichten noch dazu, lügen.

Und die Psychologen, die über die Fundgrube ganz entzückt sind, unterziehen die Überreste der Kämpfe ihren Tests.

Warum nur verharren die Invaliden weiterhin in Schweigen?

Warum schreien sie, die darum wissen, nicht heraus, wenn ihre toten Augen fühlen, daß die neue Katastrophe kommt?

Ihr Sohn wurde getötet
und sechs Tage danach noch ein Sohn.

Fatma

Ich, ich hab' geglaubt, daß wir dahin gekommen waren, um an die Toten zu denken. An die Verletzten. An alle, die außen oder innen den Kopf nicht mehr haben. Überhaupt nichts! Die waren da, um zu feiern. Um ihren Sieg zu feiern.

Fatma schnieft:

— Soll ich, ihre Mutter, soll ich dir mal was sagen? Mustafas Tod ist schuld am Tod Magdis. Meine beiden Söhne, das waren zwei Blüten an einem Stengel. Als Magdi vom Tod seines Bruders hörte, da hat der Haß sein Herz erfüllt und seinen Kopf geleert: er hat sich den Juden unters Feuer geworfen, um seinen Bruder zu rächen.

Die beiden Offiziere Mustafa und Magdi Yussef, 21 und 22 Jahre alt, wurden innerhalb von sechs Tagen getötet, am 12. und am 18. Oktober 1973. Daß ich ihre Geschichte erfahren habe, verdanke ich dem General Hatta, dem Vorsitzenden der Arabischen Union Ehemaliger Kriegsteilnehmer, der für das Wohlergehen der Hinterbliebenen von Kriegsopfern sorgt. Der General hat mich äußerst höflich empfangen, mich mit kleinen Kaffees bombardiert und für mich eine Liste von »sehr positiven« Frauen aufstellen lassen. Ein paar Tage davor hatten mich schon die Archivbeamten der Tageszeitung *Al Ahram* damit hoch erfreut, daß sie Namen von Müttern, Frauen, Töchtern oder Schwestern von Helden nannten, von Frauen, die einmal auf der ersten Seite der Zeitung »positives« Licht auf Ägypten geworfen hatten.

Ich bin also auf offiziellem Weg zu »Fatma-Yussef-Muttersymbol-der-zwei-dem-gleichen-Krieg-geopferten Söhne« gekommen. Fatma, bei der ich unangemeldet auftauchte und die mich trotzdem nicht zum Teufel geschickt hat. Fatma, die mich etwas hilflos, aber herzlich in ihrem Haus empfängt, im »Projekt des 23. Juli«, einem neu aus dem Sand hervorgegangen Stadtviertel von Heliopolis.

In ein schwarzes Baumwollkleid gezwängt und mit einem schwarzen Tuch um die Haare, erzählt Fatma und schält. Sie schält Äpfel und Bananen und Orangen, und sie reicht uns die Früchte, ein Stück für meinen Dolmetscher, ein Stück für mich...

— Zuerst haben wir gewartet. Mein Mann, der war Handwerker bei der Armee, und der war bei Heliopolis stationiert, an der Eisenbahnlinie von Suez. Der hat jeden Tag nach dem Zug der Verletzten ausgespäht: Er konnte einfach nicht glauben, daß sie tot waren. Als ich es vom ersten erfahren habe, das war ganz furchtbar... aber als sie's mir noch vom zweiten gesagt haben... da bin ich im Kopf durchgedreht, mein Mann hat den Arzt gerufen, alle drei Stunden eine Spritze. Dieser Arzt, das ist ein Kopte*, da kannst du sehen, daß die Christen und die Moslems Brüder sind! Nein, die haben mich nicht zur »idealen Mutter« gemacht, weil ich bei der Regierung keinen Antrag gestellt habe, und da hat auch keiner daran gedacht, das für mich zu tun. Allerdings, ich hätt's ja wirklich verdient: Zwei Söhne für unsere Erde, zwei Kinder im gleichen Atemzug genommen! Gott sei gedankt, ich hab' noch zwei Jungen und zwei Mädchen... Eines Tages ist ein Brief gekommen, da hieß es: »Die ägyptische Regierung will einer Straße den Namen von Euren bei-den Opfern geben. Habt Ihr eine Idee?« Da hab' ich zu meinem Mann gesagt: »Warum nicht unsere Straße, die, die vor unserm Haus vorbeigeht?...«

Fatmas Haus ist halb aus Stein, halb aus Beton, und es ist von einem unordentlichen Garten umgeben. Ein hoher, von Weinranken umwundener Bogen ragt über dem Eingang. Wie ein Triumphbogen... Der Triumph, der Sieg Ägyptens, das kann Fatma nicht heilen.

— ... Die Namen von meinen Söhnen sind an der Straßenecke auf der Mauer geschrieben, aber wenn ich zum Markt gehe, dreh' ich oft den Kopf weg, damit ich sie nicht sehe. Eine Straße... eine kleine Rente... viel tun sie da oben ja nicht für die Familien von Kriegsopfern! Einmal, da hab' ich eine Einladung bekommen; die hatten auf die Karte geschrieben: »Für die vom Oktoberkrieg 1973«. Sie haben mich in einem Bus nach Ismâilija getan. Ich hab' geglaubt, daß die da von Mustafa und Magdi reden würden. Ich hab' geglaubt, daß wir dahin gekommen waren, um an die Toten zu denken. An die Verletzten. An alle, die außen oder innen den Kopf nicht mehr haben. Überhaupt nicht! Die waren da, um zu feiern. Um ihren Sieg zu feiern. Und wir, die Mütter, wir standen da ganz allein neben ihrer Freude.

Genau die gleichen Sätze bei Fatma Yussef, der einfachen Frau aus Ägypten und bei Tzefira Yonathan, der gebildeten, grübelnden Frau aus Israel! Die gleichen Worte und die gleichen Gefühle! Fatma, über die Siegesfeier in Ismâilija: »Was für eine fürchterliche Feier! Da waren tausende von Leuten. Mit einer Pepsiflasche in der Hand, war'n da Soldaten und lachten.« Tzefira beim Begräbnis ihres Sohnes Lior im Süden der Negev-Wüste: »Was für eine fürchterliche Zermonie...! Da waren tausende

* Angehöriger der ägyptisch-christlichen Kirche in Ägypten.

von Leuten... Mit einer Saftflasche in der Hand, machten Soldatinnen ihre Späße...«

Beim Fest — wie Fatma — , bei der Trauer — wie Tzefira — werden die Mütter, die ihre Söhne verloren haben, eingesetzt für die Zeremonien der Armee, und sie fühlen sich oberflächlich abgetan. Mustafa, Magdi, Lior, die Söhne von Fatma und Tzefira, haben sich gegenseitig getötet. Die Mütter, die durch ihre Herkunft und ihr Leben so weit voneinander entfernt sind, haben sich nie getroffen und werden sich bestimmt auch nie treffen. Und doch haben beide gespürt — Fatma durch Intuition und Tzefira durch Überlegung — daß hinter dem Mythos von der »Mutter des Helden« die wirkliche Mutter immer betrogen wird.

1975, zwei Jahre nach dem Krieg, hat die Direktion des Armeekorps, zu dem Mustafa und Magdi gehörten, dem Vater der beiden Kriegsopfer vorgeschlagen, ihm die Reise nach Mekka zu schenken. Den Arm auf den Tisch gestützt, neben seiner Frau sitzend, rafft der Vater seinen grauen, wollenen Hausmantel über dem gestreiften Pyjama zusammen:

— Mich hat das damals schockiert. Ich hab' gedacht: Und sie, was ist mir ihr? Die Mutter meiner Söhne hat es doch viel nötiger, ihre Seele im Land des Propheten zu beruhigen! Für eine Frau, da ist ihr Kind ihr Leben, ihre Frucht, die wächst, die der Baum wird, der sie schützt, dieser Baum, der ihr bis an ihr Lebensende Schatten gibt.

Fatma und ihr Mann sind also zusammen nach Mekka gefahen. Fatma erzählt:

— Die Pilgerfahrt, das ist Ermüdung für den Körper und Ruhe für die Seele. Dahinten, da leiden alle, da fühlst du dich nicht allein mit deinem Stein auf dem Herzen, du siehst die Gräber der ersten Märtyrer und du siehst, daß andere Mütter vor dir ihre Söhne für Gott hingegeben haben...

Sie schweigt. Und dann läßt sie ganz plötzlich ihr Gesicht in den Händen verschwinden... Tränen... Tränen und vielleicht doch auch Zweifel! Wenn Gott das alles nun etwa doch gar nicht gut heißt! Und wenn Gott nun von mir gar nicht so große Opfer verlangt! Ihr Mann stößt sie an:

— Nun, nun, das ist jetzt alles vorbei! Die Juden haben mit Ägypten Frieden gemacht!

Und zu mir gewandt fügt er hinzu:

— Gott sei gedankt dafür, der Friede läßt den Rachegedanken schwächer werden.

Fatma hat ihr Taschentuch weggesteckt und stützt beide Ellenbogen auf den Tisch. Sie hat wieder ihr Messer genommen. Sie schält, schneidet, zerschneidet ihre Früchte, sticht die Messerklinge tief in das Fruchtfleisch hinein:

— Das ist schwer, zu schwer: Du setzt sie in die Welt, du wärmst sie, und man bringt sie dir einfach so um! Meine Söhne hätten gut und gern eine Ehrenmedaille verdient, aber nichts haben sie bekommen! Das ist ungerecht. Vor allem Mustafa, der hätte den »Sinai-Stern« verdient. Er hat sich um den Nachschub gekümmert und wurde getötet, weil er wie der Blitz in die ersten Reihen rannte, um Munition zu bringen. Als sie bei mir waren und mir seinen Tod erzählt haben, da haben sie gesagt: »... und da ist dein Opfer gefallen... und da hat der Hauptmann ihn in seine Arme genommen und hat ihn zur Sonne gedreht und hat gesagt: »O Held von Ägypten und Märtyrer des Islam, ich gebe dich an Gott zurück!«

Schon auf der Schwelle ihres Hauses, gerade als ich sie verlassen will, zieht Fatma mich am Ärmel. Ihr Blick und ihre Stimme schnüren mir das Herz ab:

— Sag' mir, du, die viel weiß... sag', glaubst du, daß das stimmt? Glaubst du, daß der Hauptmann das wirklich mit meinem Mustafa gemacht hat? Du glaubst doch nicht, daß sie das einfach nur so sagen, nur so, um Freude zu machen?

EIN FRIEDENSHAUCH

Ruth Lys – Israel
Sakina Sadat – Ägypten

Die Frau, die sich von ihrer Inspiration leiten läßt und dem Feind die Hand reicht.

Israelische Frauen demonstrieren gegen den Krieg (1982).

Ruth Lys

Ich will nicht mehr nur die Erinnerung an meinen Sohn wachhalten. Ich will jetzt — in der Gegenwart — handeln. Ich will etwas für den Frieden tun.

Diesmal sind sie nicht zu Worte gekommen. Nicht die Berufspazifisten oder die vom Roten Kreuz, nicht die Spezialisten der Vereinten Nationen, die Rabbiner, die islamischen Ulemas, nicht die Päpste, Pastoren oder die Heilsarmee und auch nicht die belehrenden Journalisten oder die in Hirngespinsten verlorenen Philosophen.

Hier kommt eine Frau zu Wort. Eine Frau wie jede andere: Ruth Lys, Ilanot Str. 21 A, Haifa, Israel. Jahre bevor Sadat seine Friedensreise nach Jerusalem antrat, hatte sie an ihre Feindin geschrieben, an die Frau des ägyptischen Präsidenten. Und Jehan Sadat hatte ihr geantwortet. Ruth und Jehan haben sich nie getroffen, und sie werden sich auch nie treffen.*

Das kleine, niedrige, von Blumen umgebene Haus Ruths liegt hinter Sträuchern versteckt am Kreideberg des Westkarmel. Ruth empfängt mich mit offenen Armen in ihrem Boheme-Leben: zwischen Grünpflanzen und Nippesfiguren, Skulpturen, Wandteppichen und gestickten Deckchen. Ruth ist nicht mehr die Jüngste, Figur und Gesichtszüge sind aber jung geblieben, trotzdem wollte sie sich nicht photographieren lassen. Sie hat ein regelmäßiges Gesicht, kurzes, braunes Haar, braune Augen, eine unauffällige Eleganz. Ruth läßt mir kaum Zeit zum Luftholen. In perfektem Französisch führt sie mir geschäftig all ihre Sachen vor, als wollte sie mir ihr Leben durch sie hindurch erklären. Und was für ein Leben!

— Ich bin mit dem Krieg zur Welt gekommen. In diesem Deutschland meiner Kindheit habe ich den Krieg mit Dichtung und Grammatik zusammen erlernt. Ich erinnere mich noch daran, wie uns ein Turnlehrer in meiner gutbürgerlichen Hamburger Schule uns befahl: »Kinn hoch, Kinder, so als ob ihr gerade einem Franzosen eine Ohrfeige verpaßt habt!« Ich war damals 11 Jahre alt. Nach dem glohrreichen Sieg von Tannenberg von 1914 mußten wir alle im Chor ein Gedicht zu Ehren des Marschalls von Hindenburg, unseres Siegers, aufsagen:

* Ruth Lys ist inzwischen gestorben.

»Der Sumpf ist Trumpf
Er schluckt die Russen
Und Trumpf und Sumpf.«

Auf diese Weise mußten wir dem Marschall dafür danken, daß er so viele Russen in unseren deutschen Sümpfen ertrinken ließ. Das war noch im Kindergarten. Etwas später hatte dann eine unserer Lehrerinnen verlangt, daß jeder Schüler ein Gedicht auswendig lerne. Meines hatte mein Vater für mich ausgesucht. Es war die Geschichte eines kleinen Mädchens, und die Verse lauteten:

»Mama, was ist das, Krieg?
Krieg ist, mein Kind,
wenn die Mütter weinen.«

Das ließ die Lehrerin versteinern wie die Frau von Lot. Sie hat mich dann gefragt, wer mir das beigebracht hatte. Als ich ihr sagte, daß es mein Vater war, hat sie mich mit ihrem Blick fast durchbohrt.

In Ruths Album steht Reisner, ihr Vater, ganz aufrecht in einer Reihe von Rüschen und falschen Stehkragen:

— Er war Großbürger, aber auch ein Grandseigneur. Sowohl Geschäftsmann als auch Humanist. Er sprach zehn Sprachen und hatte Handelsbeziehungen in der ganzen Welt. Sein Leben lang hat er sich für das Gute eingesetzt. Er wagte es sogar, in unserem preußischen und virilen Deutschland von Feminismus zu sprechen. Von meinem Vater hab' ich die Leidenschaft für den Frieden mitbekommen. Der Kriegshorror hatte meinen Vater so stark beeindruckt, daß er eine internationale Friedensassoziation gründete. Er hatte auch die deutschen Behörden aufgefordert, aus den Schulbüchern jede Allusion von Haß oder Rache zu beseitigen.

Ruth nimmt einen Apfel vom Tisch und zerbricht ihn in zwei Teile:

— So, das war die Welt, wie sie uns in der Schule beigebracht wurde. Auf der einen Seite die Deutschen und auf der anderen Seite alle anderen. Auf der einen Seite die Freunde, auf der anderen die Feinde. Bei uns zu Hause setzte mein Vater den Apfel wieder zusammen: »Es gibt nur eine Welt«, sagte er, »mit mehr oder weniger guten und mehr oder weniger schlechten Menschen. Wer als dein Feind gelten mag, kann morgen dein Freund werden.« Draußen sagte er dasselbe, nur mit anderen Worten. Als die russische Revolution von 1917 den Zaren abschaffte, fühlte sich mein Vater von der neuen Philosophie stark angezogen. Er, der Großbürger und

Reiche, war sogar in den »Beirat der Arbeiter und Soldaten« gewählt worden. Eine ganz außerordentliche Sache in unserer so auf Hierarchie und Trennung bedachten Gesellschaft. Stellen Sie sich mal vor, Laurence, mein Vater ist dann noch so weit gegangen, daß er meinen Bruder auf eine ganz normale Volksschule schickte und mir das Abzeichen der Republik an die Schürze steckte. Meine Lehrer in der Schule, die so ganz von Ordnung und Tradition des Reiches durchdrungen waren, entsetzten sich...

Mit 22 Jahren wird Ruth erstmals dieses strenge, freudlose Deutschland verlassen:

— ... Wir kommen nach Frankreich. Ich drücke meine Nase ans Zugfenster. Ich seh' Felder, Felder und wieder Felder... und dann seh' ich Dörfer und Dörfer und wieder Dörfer... Das ist ja genau wie Deutschland... wie Deutschland... wie Deutschland... Und die französischen Spatzen, die fliegen ja auch wie die in Deutschland!

Und während Ruth nun aus der Erkenntnis einer gewissen Weltverwandtschaft die Absurdität des Krieges ableitet, türmen die Armeen Europas ihre Arsenale auf. In Deutschland haben die Juden jetzt Angst. Für Reisner, Ruths Vater, der für seine internationalistische und pazifistische Einstellung bekannt ist, ist die Lage noch gefährlicher. 1934 verläßt er Hamburg und schifft sich mit seiner Familie nach Palästina ein.

— Mein Vater hat sich hier nie eingewöhnen können. Er wurde betrogen. Er, der gradlinige Preuße, hat sich einfach nicht an die Unzuverlässigkeit der Mittelmeerbewohner gewöhnen können. Genausowenig wie an die Härte der Israelis. Seine zweite Ehe war ein totaler Fehlschlag. 1954 hat er Selbstmord begangen...

Plötzlich hält Ruth inne. Ich sehe, wie ihr Blick an der Tür stehenbleibt, in der eine entstellte Gestalt erschienen ist, die auf mich zukommt, sich verneigt, mich höflich begrüßt, einen Umschlag vom Tisch nimmt, um dann wieder zu verschwinden.

Ruth versucht, mir in die Augen zu sehen.

— Das ist mein Mann, Günther Lys. Der Lupus hat seine Nase verzehrt: ein Geschenk der Nazi. Er gehört zu den Menschen, bei denen man sich fragt, wie sie bis zum Schluß, bis zur Befreiung der Konzentrationslager, durchhalten konnten. Günther war ein schöner, blonder Mann. Er hat von Anfang an das Hitlerregime bekämpft. In seinem ersten Lager waren nur Deutsche. Etwas später, als er gerade entlassen war, hat er wieder sein Leben aufs Spiel gesetzt. Er, der Nicht-Jude, wollte Juden retten und hat dann ihr Schicksal mit ihnen teilen müssen. Nach dem Krieg hat

Günther Deutschland abgelehnt. Als wir uns wiedertrafen, hat er sich entschlossen, mit mir nach Israel — damals das Land der Hoffnung — zu gehen. Seine Gesundheit ist ein für allemal zugrunde gerichtet. 37 Jahre sind seit 1945 vergangen, aber er ißt noch immer wie ein Spatz und findet nur hie und da ein paar Stunden Schlaf. Günther ist vom gleichen Schlag wie mein Vater. Er verdankt seinem Hunger nach Gerechtigkeit alles, was er erlitten hat. Israel ist sich dessen gar nicht genug bewußt!

Ruth hat die Augen geschlossen, ihre Gedanken ersticken sie. Ich beginne auch zu ersticken. Ich geh' auf den Balkon hinaus, um wenigstens die Illusion einer Erfrischung zu suchen. Steinkaskaden führen bis zur Straße hinunter. Dahinter das Meer. Dieses Meer, das sich im Norden bis nach Beirut zieht. Beirut, die Stadt die heute von israelischen Flugzeugen bombardiert wird. Wir sind im Juli 1982.

Plötzlich fühle ich Ruths Hand auf meiner Schulter:

— Als Sie mit Ihren Fragen kamen, glaubte ich, mein eigenes Herz schlagen zu hören. Warum Krieg? Warum Krieg, wenn ich jeden Morgen von diesem Balkon aus solche Schönheit wahrnehmen kann? Wie gern hätte ich's gesehen, daß diese Schönheit sich im Leben meines Sohnes fortsetzt. Diese Schönheit, die mit Weltbeginn anfing und mit der Welt wieder vergeht. Aber wann?

Langes Schweigen. Ruth führt mich zu ihrem Schreibtisch, der unter Büchern, Dokumenten, Zeitungen und Photos fast zusammenbricht.

— Hier, an diesem Schreibtisch habe ich meinen Brief an Frau Sadat geschrieben... Und dieses Kind da in Uniform, das ist mein Sohn Gad Abraham, wir nannten ihn Gadi. Er war 20 Jahr alt, als die Ägypter ihn am 6. Juni 1967 vor Gaza getötet haben. Das war am zweiten Kriegstag. Wegen ihm sind Sie hier, Laurence, denn sein Tod hat mich veranlaßt, an Frau Sadat zu schreiben.

Ruth knipst eine Birne hinter einer kleinen, bunten, flammenförmigen Scheibe an:

— Das hab' ich selber gemacht. Zum Andenken an Gadi. Und die kleinen Tonscherben und Steine da vorne, die hat er als Kind aus der Wüste und vom Meer mitgebracht. Schon als kleiner Junge hat er sich für Natur und für Archäologie begeistert.

Im Nebenzimmer hört man Günthers Schritte.

— ... Gadi ist nicht Günthers Sohn. Mein anderer Sohn auch nicht. Chwolles, ihr Vater, war einer meiner Kameraden in der zionistischen Bewegung von Hamburg. Wir haben in Israel geheiratet. Ich wußte schon am Tag unserer Hochzeit, daß ich einer Katastrophe entgegenging, aber ich hätte alles getan, um der zweiten Frau meines Vaters zu entkommen, einer entsetzlichen Frau... Aber schauen Sie lieber mein Andenkenbuch an. Nehmen Sie es mit! Ich gebe Ihnen Gadis Leben. Ich hab' es auf deutsch, englisch und hebräisch erzählt. Ich habe Photos dazugeklebt und Gedichte verfaßt. Gadis Leben... es hätt' mich beinah mein eignes gekostet. Ich war schon 36 Jahre alt. Und dann hab' ich wie ein Tier gearbeitet, um ihm sein Leben schön zu machen. Sein Vater hatte uns nach der Scheidung ohne jeden Pfennig gelassen. Ich habe durch Unterricht in Sprachen und Kunstgeschichte unseren Lebensunterhalt verdient. Ich hab' Gadi sogar einmal nach Europa führen können, um die Museen zu besuchen: Diese Reise war die große Freude seines kurzen Lebens.

Ich spüre bei Ruth Vertrauen und Agressivität, Gelassenheit und zugleich etwas Fieberhaftes, Ungeduld und Zögern. Ich spüre, daß sie noch nicht bereit ist, mir vom Tod ihres Sohnes zu erzählen.

— Lassen Sie mich von meinem anderen Sohn erzählen. Er ist drei Jahre jünger als Gadi. Lange Zeit durfte ich vor ihm nicht einmal den Namen seines Bruders aussprechen. Als es passiert ist, wollte er alle Ägypter umbringen. Er hat damals Schreie ausgestoßen, die ich bis zu meinem letzten Atemzug noch hören werde...

Sie schiebt Gadis kleinen Plüschbären in die Sofaecke.

— ... Wenn er uns besuchen kommt, will er sich nicht auf dieses Sofa mit all den Erinnerungen ringsum setzen. Obwohl inzwischen 15 Jahre vergangen sind. Er ist ganz anders als sein Bruder. Gadi war von gleicher Art wie seine Großeltern. Abraham Chwolles, sein Großvater väterlicherseits, hatte mit Chaim Weizmann studiert und zusammengearbeitet. Bei Abraham Chwolles in Hamburg traf sich die ganze zionistische Jugend der Stadt. Von meiner Seite her war sein Urgroßvater kein anderer als der berühmte Rabbiner Hirsch Kalisher, der schon im vorigen Jahrhundert die Rückkehr nach Zion predigte. Die Einrichtung des ersten jüdischen, landwirtschaftlichen Ausbildungszentrums in Palästina ist übrigens seiner Unterstützung zu verdanken.

Plötzlich erschrickt Ruth:

— Wo ist Günther geblieben? Ach ja, stimmt ja, er wollte den Garten photographieren. Ich denk', immer, daß ihm irgendwas passiert. Er ist so empfindlich! Unvorstellbar, daß dieser Mann mir meine Kraft zurückgegeben hat! Als wir uns in Deutschland kennenlernten, war ich erst 13 und er gerade 16 Jahre alt. Und trotzdem haben wir von der ersten Stunde an gewußt, daß wir füreinander bestimmt waren. Der Krieg hat uns dann getrennt. Der Krieg, immer wieder der Krieg! Erst 1966 konnten wir endlich heiraten, nach Tausenden von Briefen. Durch ihn habe ich mich entfalten können, er hat mein Talent ans Licht gebracht. Er besitzt eine unendlich reiche Kultur.

Günther kommt aus dem Garten zurück, geht durch das Wohnzimmer und schließt dabei das Etui seines Photoapparates. Unauffällig setzt er sich schließlich zu uns, und ich kann endlich seine Augen sehen: blaue Augen, blaue Kinderaugen, klare, helle Augen. Seit einiger Zeit aber scheint seine Weisheit ihn nicht mehr zu beschützen.

— Ich hab wieder Radio gehört... ihre Panzer... ihre Tanks... das ist nicht mehr Israel...

Wir sprechen lange über Politik und Geschichtsphilosopie. Dann geht Günther wieder weg. Er geht langsam.

Vorsichtig hole ich das Aufnahmegerät näher ran:

— Nun Ruth... der Tod Ihres Sohnes?

— Wie soll ich Ihnen das alles erzählen?... Manchmal sah es so aus, als ob sein intellektuelles Erbe auf ihm lastete: erst im Kibbuz Mirza, wo er studiert hatte, dann bei der Armee, wo er fürchtete, den an ihn gestellten Forderungen nicht zu entsprechen. War das vielleicht der Grund, daß er schließlich alles dransetzte, um für die Offiziersschule ausgewählt zu werden? Der Krieg brach am 5. Juni aus... am 6. Juni wurde er getötet. Sie waren fünf Offiziere in einem Lastwagen... sie sind auf eine ägyptische Sperre im Sinai gestoßen. Chwolles, sein Vater, hat mich eine Woche später angerufen. Er hat gesagt: »Gadi ist gefallen.« Drei Wörter, mehr nicht.

Ruths Stimme ist fast nicht mehr zu hören:

— Kurz bevor das alles losging, waren die UNO-Soldaten aus dem Sinai zurückgezogen worden. Für mich war das das Zeichen für Krieg. Weinend — was sonst gar nicht meiner Natur entspricht — hab' ich zu Günther gesagt: »Gadi steht in der ersten Reihe, Gadi wird sterben...« Als ich es erfuhr, war ich... wie soll ich sagen... war ich verstümmelt. Leute, die schreien, hab ich nie verstanden. Ich bin nicht zur Beerdigung gegangen. Ihre Zermonien lehne ich ab.

Sie hebt den Kopf:

— Der Tod meines Sohnes hat dann alles ausgelöst. Früher ging ich ganz in meinen persönlichen Problemen auf. Es gibt Dinge, die in uns keimen und durch ein Ereignis dann herauskommen. Ich fing an, über das philosophische Ausmaß des Krieges und seine Universalität nachzudenken. Ich war ganz besessen von dem Gedanken: Du mußt etwas tun, damit der Krieg aufhört. Du mußt! Aber was? Ich hatte einmal gelesen, daß man Rosa Luxemburg gefragt hatte, wie es ihr gelungen wäre, ganz allein in ihrem Gefängnis ein so beachtliches Buch zu schreiben. Sie hat darauf geantwortet: »Ich hab' dieses Buch nicht allein geschrieben, es war so, als wenn es mir jemand diktiert hätte.« Ich glaube, daß ich beim Schreiben meines Briefes genauso angeleitet wurde. Das war nach diesem fürchterlichen Kippur-Krieg, das war sechs Jahre nach Gadis Tod, als mir die Erleuchtung kam: Ich werde an eine Frau des Feindes schreiben. Aber an welche? Ich kannte nur einen Namen von einer arabischen Frau, der man Gehör schenkt, und das war der Name von Frau Sadat. Ich erinnere mich daran, als wär's gestern gewesen. Das war am 6. Mai 1974, sehr früh morgens, die Sonne ging gerade auf. Da hab' ich meine Schreibmaschine genommen...

Zwischen Israel und Ägypten liegt nur ein wenig Sand, aber Ruths Brief mußte weite Umwege machen, um schließlich im Präsidentenpalast von Kairo anzukommen. Er mußte über Paris gehen, von wo aus ihn Freunde Ruths nach Ägypten weiterleiteten.

Anschließend versucht Ruth, die jüdischen und die arabischen Frauen in Israel einander näher zu bringen. Sie ruft »The Bridge« (die Brücke) ins Leben, die israelische Bewegung für Frieden zwischen jüdischen und arabischen Frauen. Manchmal nimmt die Ägypterin Sana Hassan an den Versammlungen teil. Sana ist die Frau des Sprechers des ägyptischen Außenministerium, und sie versuchte lange vor Anwar el-Sadat mit den einfachen Mitteln einer Frau in Israel für den Frieden einzutreten.

Manche Männer zuckten vor dieser pazifistischen, femininen Brücke verächtlich mit den Schultern. Der israelische General Chaim Herzog* hätte sich sogar ironisch dazu geäußert.

— Er sagte: »Diese Ruth Lys ist ja nur die Priesterin einer Organisation für feine Damen.« Ich war außer mir. Ich war zutiefst verärgert und habe ihm geschrieben: »Ich bin eine Bourgoise — gut — aber ich bin ebenso eine Bürgerin dieses Landes, dem ich meinen Sohn gegeben habe. Wenn Sie so sprechen können, lieber Herr Herzog, dann hat wohl der Todesengel noch nie an Ihre Tür geklopft.« Er hat sich dann entschuldigt und mir einen persönlichen Brief geschickt: »Ich verstehe Sie, Frau Lys, ich habe selber zwei Söhne, die Soldaten sind...« Als ich ihm dann mein kleines Buch über Gadi schickte, hat er mir ein zweites Mal geschrieben, um mir zu danken.

Um Ruth herum wird eine gewisse Skepsis nicht mehr verheimlicht: Die Antwort von Frau Sadat läßt ganz schön auf sich warten...

* Später Ministerpräsident von Israel.

— Ich hatte aber die Hoffnung nie verloren. Als der Brief dann endlich kam, war das für mich eine riesige Freude und für die anderen eine riesige Überraschung.

Bevor die Botschaft von Frau Jehan Sadat in Haifa eintraf, hatte sie auch erst den Umweg über Europa machen müssen.

Ich hab' gleich Chaim Herzog angerufen. Und dann die NEW OUTLOOK*, die schon meinen Brief an Frau Sadat veröffentlicht hatte. Dort haben sie sich beeilt, unsere beiden Briefe nebeneinander abzudrucken. Simha Flapan, der Chefredakteur, hat die gesamte Presse wie auch die israelischen und ausländischen Rundfunksender mobil gemacht. Meine Interviews wurden in der ganzen Welt ausgestrahlt.

Ruth deutet mit einer Geste auf die um sie angehäuften Papiere:

— Ich habe von überallher Briefe bekommen. Aus Paris, Bangkok, von überall. Frauen haben mir erschütternde Sachen geschrieben. Ein Satz kam immer wieder: »Dein Brief, Ruth, und der von Jehan, das sind Lichter in der Nacht.« Darunter waren Frauen, die der Krieg schon zu Witwen oder »Waisinnen« gemacht hatte... vor allem zu »Waisinnen«, die ihren Sohn verloren hatten... Ich sag' »Waisinnen«, weil mir auffällt, daß es in Ihrer Sprache kein Wort gibt für Mütter oder Väter, die ihr Kind verloren haben. Dann kamen noch Briefe von Frauen, die der Krieg nicht persönlich getroffen hatte, die aber von der Idee des Krieges als solche besessen sind. Seit dieser Zeit kann ich mich nicht mehr damit begnügen, die Erinnerung an Gadi wachzuhalten, ein neues Gedicht zu schreiben, einen neuen Stein zu seinem Monument zu legen. Ich will jetzt — in der Gegenwart — handeln. Ich will etwas für den Frieden tun. Manche sagen, ich sei eine Träumerin. Auch Günther. Aber ich mach' weiter. Neulich habe ich hier in Israel an einer internationalen Konferenz teilgenommen. Und wissen Sie, was ich da gesagt habe? Ich habe ihnen gesagt: »Sie lachen, weil wir nur eine Handvoll gegenüber diesen Monstern von modernen Ausrüstungen sind. Aber genau in dieser Gegend, wo Sie sich heute befinden, hatten einst Moses, Jesus und Mohammed auch nur eine Handvoll Schüler.«

Trotz Müdigkeit und Julihitze, die auf uns lasten, versucht Ruth, sich zu erinnern und zu analysieren.

— Eigentlich hatte die Antwort von Frau Sadat mich ein wenig enttäuscht...

* Eine in englischer Sprache erscheinende israelische Zeitschrift, die eine liberale Einstellung gegenüber den israelisch-arabischen Problemen vertritt.

Ruths Enttäuschung ist verständlich. Sie erwartete einen Brief von Frau zu Frau und hat einen Präsidentenfrauenbrief erhalten, mit allem, was sich daraus an Einschränkungen von selbst versteht. Und trotzdem, welch eine Geste über die Mauer des Hasses hinweg nach 26 Jahren Krieg!

—... Zu manchen Sätzen des Briefes wurde sie zweifellos von ihrem Mann angeregt. Aber da ist einer, der für mich alles erhellt: »Ich wünschte, das Wort »Krieg« aus dem Wörterbuch der menschlichen Beziehungen gelöscht zu sehen!«

Ruth setzt ihren Traum fort und lädt Jehan ein, mit einer Delegation von ägyptischen Frauen nach Israel zu kommen. Sie fügt noch hinzu, daß die Frauen Israels bereit wären, nach Zypern, Griechenland oder sonstwohin zu kommen, falls sich dieses Treffen weder in Israel noch in Ägypten machen ließe. Aber Frau Sadat läßt diesen Vorschlag unbeantwortet.

— Meinen Sie, Ruth, daß der Präsident durch Ihren Dialog mit seiner Frau beeinflußt wurde? Denn seine Friedensreise nach Israel fand ja erst drei Jahre später statt.

— Sadat hat das ausdrücklich gesagt: »Meine beste Allierte ist die israelische Frau. Es gibt insbesondere zwei Frauen in Israel, die sich an uns richteten, als noch niemand an Unterredungen im Hinblick auf Frieden dachte...«

Die andere Frau, auf die der Präsident anspielt, wohnt in Akko. Ihr Bruder war im Oktoberkrieg von 1973 vermißt, sie hatte an Jehan Sadat geschrieben und sie darum gebeten, ihr zu helfen, den Leichnam zu finden.

Wie unsere Pazifisten in Europa wird sich auch Ruth schnell darüber klar, daß manche ihre Bewegung für eigene Zwecke zu nutzen suchen:

— Ich hab' da ganz schöne Ernüchterungen erlebt! Zum Beispiel 1974, als unsere Frauenbewegung für den Frieden noch in ihren Anfängen steckte. Eine Araberin aus Israel, eine Christin, hat mir damals einen Stich ins Herz versetzt. Frau Violette Khury, eine Stadträtin aus Kfar Yassif, bestand darauf, daß wir in ihrem Ort eine große Kundgebung veranstalteten. Dazu hatte sie den 8. März, den Internationalen Frauentag, gewählt. Frau Khury ist eine Person von großer Vitalität, mit großen Ambitionen, großen Brüsten, großen Ohrringen... und großer Redegewandtheit! Ihr Arabisch ist hervorragend, und mit diesem lyrischen Arabisch ist sie vor den Journalisten aufgetreten, um letzten Endes an die Politik zu appellieren, an die Politik und nochmals an die Politik! Rachegefühle und Anklagen... Ich war völlig niedergeschlagen. Ich konnte fast nichts mehr vorbringen. Ich sprach das erste Mal öffentlich auf hebräisch, in einer Sprache, die ich nicht perfekt beherrsche. Zum Glück hatte ich meine Rede vorsichtshalber auswendig gelernt, was mich dann rettete. Meine schüchterne Unsicherheit stand ihrer Selbstgefälligkeit gegenüber. Und trotzdem haben viele geweint, als sie mir zuhörten. Wahrscheinlich, weil sie die Echtheit meiner Gefühle spürten.

Und in der Tat haben sich am nächsten Tag die Journalisten nicht bei Frau Khury, sondern bei Ruth in Haifa eingestellt. Sie haben sich lange mit ihr unterhalten. Ruth ist dabei zu einer ihrer Obsessionen zurückgekehrt, zu dieser Erinnerung an ihre Kindheit:

— Versuchen Sie sich das einmal vorzustellen. Es war noch in Hamburg, ich trug Zöpfe und eine Schürze. Und jeden Morgen kamen mir über dem Schulportal folgende Worte entgegen:

»Es ist schön, und es ist eine Ehre,
Für sein Vaterland zu sterben.«

Ich sag' aber:

»Es ist schön, und es ist eine Ehre,
Für sein Vaterland zu leben.«

Ruth Lys hat zwei Friedenspreise erhalten, den einen vom Komitee »Interfaith«, den anderen von der Zeitschrift NEW OUTLOOK.

BRIEFWECHSEL ZWISCHEN RUTH LYS UND FRAU JEHAN SADAT

Sehr geehrte Frau Sadat,

es mag sonderbar erscheinen, daß sich eine Frau aus Israel an Sie richtet und dann noch eine Frau, deren ältester Sohn von einer ägyptischen Kugel getötet wurde.

Der Grund, weshalb ich mich an Sie wende, ist einfach: Nur Ihre Stimme wird in jenen Lagern gehört, wo Männer im Kriegszustand leben. Eine Stimme, die zu einem so schönen wie sensiblen Gesicht gehört.

Frau Sadat, wir sind beide Mütter, und es ist unsere Aufgabe, das menschliche Leben zu schützen.

Unsere Welt von heute wird hauptsächlich von Männern regiert, die einen beachtlichen Teil ihrer Intelligenz darauf verwenden, immer perfektere Waffen zu erfinden, um damit ihre Mitmenschen zu töten.

Sehr verehrte Frau Sadat, ich reiche Ihnen über die Felder der kriegsführenden Mächte hinweg meine Hand und bitte Sie, alle Frauen zu vereinen, die, wie Sie und ich, alle feindlichen Unternehmen beenden möchten und als Gruppe bereit sind, mit den Frauen Israels zusammenzuarbeiten. Wir Frauen haben — *wenn wir uns zusammentun* — viel Macht. Zögern Sie nicht! Jeder einzelne Tag zählt, denn jeder Tag hinterläßt neue, unnötige Opfer.

Unsere Völker stammen aus den ältesten Kulturen der Menscheit, und bis heute kommen Menschen von der ganzen Erde, um aus diesen unerschöpflichen Quellen zu trinken.

In Anbetracht des Gesagten scheint es mir dringlicher denn je zuvor, alle nur möglichen Anstrengungen zu unternehmen, um Frieden in unsere Gebiete zu bringen, damit unsere Völker — wie Ihr Gemahl bei zahlreichen Anlässen vorschlug — in einem Bund leben können, in dem anstelle von Artillerie-Feuer kulturelle Werte ausgetauscht werden.

Mit den besten Wünschen

Ruth Lys

Liebe Frau Lys,

ich habe Ihren Brief mit großem Interesse gelesen. Ich habe ihn als Mutter gelesen, die ganz und gar versteht, was es bedeutet, einen Sohn im Krieg verloren zu haben. Ich betrachte jeden Märtyrer Ägyptens als meinen Sohn.

Ich wünschte, das Wort »Krieg« aus dem Wörterbuch der menschlichen Beziehungen gelöscht zu sehen.

Ich bin fest überzeugt, daß die Frau — als Mutter, Ehefrau, Tochter oder Schwester — eine aktive Rolle beim Schutz der Menschheit vor Schrecken, Gefahren und Zerstörung des Krieges hat. Unser mütterlicher Instinkt veranlaßt uns, über dem Glück unserer Familie zu wachen und unsere Kinder in einer heiteren Atmosphäre aufwachsen zu lassen, deren Grundlage Liebe, Sympathie und Frieden sind. Die junge Generation hat ein Recht darauf, von einer schönen Zukunft zu träumen, in der sie ihre schöpferische Kraft für ein besseres Leben einsetzen kann.

Seien Sie versichert, daß Ägypten am Aufbau und Wiederaufbau arbeitet und nicht an der Zerstörung.

Wir wollen, daß der Fortschritt dem ägyptischen Bürger dazu dient, ihn in der Bildung und Gesundheitsfürsorge zu unterstützen.

Ich hoffe, daß die Regierenden Israels ihre Anstrengungen dem Frieden widmen, denn Macht wird die menschlichen Probleme nicht lösen können.

Dies ist meine feste Überzeugung, und dies ist der Aufruf meines Mannes.

Wir sollten immer bedenken, daß Liebe und Freundschaft so viel besser sind als Feindschaft.

Ich unterstütze den Aufruf zu Freundschaft und Brüderlichkeit, und ich möchte hoffen, daß alle Frauen ihre meiste Zeit dafür opfern, sich ernsthaft und konstruktiv für Frieden und Liebe unter den Menschen einzusetzen.

Mit meinen besten Wünschen

Mrs. Jehan Sadat.

Die Schwester
des ermordeten Präsidenten.

Sakina Sadat

Denk' dir mal aus, wenn diese Frauen sich alle zusammentun, um ihre Männer zum Frieden zu zwingen!

Am 6. Oktober 1981 saßen wir mittags alle hier in unserem Familienfriedhof. Und der Fernsehapparat stand da gegen den Pfosten gelehnt, der die Laube stützt. Auf dem Bildschirm mein ältester Bruder Anwar, der in Kairo der Parade zum Sieg Ägyptens über Israel vom Oktober 1973 beiwohnte. Den Kopf zum Himmel erhoben, bewunderte er seine Kampfflugzeuge. Er sah glücklich aus. Plötzlich ein Feuergefecht... Streifen... ein schwarzes Loch... das Bild verschwindet...

Sakina Sadat, die Schwester des ermordeten Präsidenten, hat mich nach Mit Abu al Kom, dem Dorf ihrer Familie, geführt, das zwei Autostunden von Kairo entfernt im Nildelta liegt. Die Luft ist mild an diesem Januartag 1983. Die Kleefelder sind sehr sattgrün und der Himmel ganz blau. Und blaßblau ist das Gewand des alten Wärters, der uns das schwere Friedhofstor öffnet; zwischen diesen Mauern ruhen Grab an Grab die Eltern Sakinas und ihr jüngerer Bruder Atef, der von den Israelis getötet wurde. Am Steuer seines Kampfflugzeuges wurde Atef Sadat am 6. Oktober 1973 in den allerersten Stunden des Krieges abgeschossen, in dem Augenblick, als die Ägypter siegreich den Suezkanal überquerten. Er war 24 Jahre alt.

— Unsere Familie hatte seither die Gewohnheit, sich jedes Jahr am 6. Oktober von morgens an unter dieser Laube, beim Grab Atefs zu versammeln. Anwar kam nachmittags mit dem Hubschrauber zu uns, nachdem er in Kairo bei der Siegerparade präsidiert hatte und noch an Nassers Mausoleum vorbeigefahren war. Dann kam hier für uns der Augenblick, daß wir alle zusammen beteten, um unserem geliebten Atef den Weg zum Himmel zu öffnen.

Die große, schwarze Silhouette Sakinas nähert sich den Gräbern ihrer Eltern und ihres jüngeren Bruders. Sie öffnet die Hände zum Himmel und betet mit erhobenem Kopf. Um sie herum lassen die Zwergpalmen die Blätter fallen. Wie Finger. Staub drückt die Fächer herab wie alles andere ringsherum in dieser verlassenen Szene. Die Zeit ist hier vorübergegangen, wie sie in Kairo am Mausoleum des ermordeten Präsidenten vorübergegangen ist. Dahinten vertrocknen die Blumen in den abgestellten Töpfen beim Ehrenteppich, einem Teppich, der so selten betreten wird, daß die Wachen darüber ihr Strammstehen vergessen haben.

— Wenn du gesehen hättest, wie hier an diesem Tag alles in Blüte stand! Unsere Gärtner hatten einen roten Sandteppich gestreut, und große blaue Trauben hingen von der Weinlaube herab. Das Wetter war wunderbar. Wir waren mindestens fünfzig, unsere Augen hingen am Fernseher. Da waren Angehörige unserer Familie, etwa fünfzehn Personen. Und dann noch Wachen, Hausangestellte und Leute aus dem Dorf. Der Gouverneur der Provinz stand am Friedhofstor. Ich seh' ihn noch vor mir, wie ich noch alles, alle Bilder vor mir sehe, alle kleinsten Details dieses Tages...

Sakinas Augen trüben sich, Tränen verwässern die Wimperntusche.

— Aber komm. Gehen wir hier weg! Du mußt auch das Haus von Anwar sehen. Ich möchte, daß du dir vorstellen kannst, was ich alles gelebt habe, ich, Sakina Sadat, die Schwester des Mannes, der einmal das Symbol des Friedens war. Ja... das war einmal... früher... vor kaum mehr als einem Jahr.

Eine Mauer von Bruch- und Ziegelsteinen schützt das Haus und den Garten von Anwar el-Sadat. Mit Bajonetten bewaffnete Soldaten bewachen das Portal. Sakina nähert sich einem Schilderhäuschen. Sie muß debattieren, drohen, wüten, damit uns endlich erlaubt wird, bei ihrem Bruder einzutreten. Nach einem Telefonat in Kairo wird uns ein Militär zugeordnet: für einen ganz kurzen Besuch nur.

Dar el-Salam, das Haus des Friedens, wie es der Präsident genannt hat, ist kein Palast, sondern ein einfacher Zufluchtsort, wo der Duft von Orangenbäumen in der Luft liegt. Im Empfangssalon sind an den Wänden rundherum Sofa und Sessel gestellt, deren Bezüge blau-weiß und blaßgelb sind. Hinten im Raum erhebt sich ein sehr hoher, imposanter Stuhl: von dort oben herab las der Scheich des Dorfes den Koran. Die Photographien an den Wänden erzählen die ganze Karriere eines Anwars, der mal mystisch oder in Szene gesetzt, mal in Zivil oder in Uniform, mal als Bauer oder als Pilger abgebildet ist. Sakina versucht bei diesen Bildern ihre Emotion zu verbergen, aber sie holt doch recht häufig ihr Taschentuch hervor.

— Ich mag dieses Museum nicht. Und ich versenke mich auch nur wieder in diesen Alptraum, weil ich selbst Journalistin bin und will, daß du die Wahrheit kennst.

Sakina nimmt mich lieber zu ihren Cousins am anderen Ende des Dorfes mit, um mit mir zu reden. Mohammed Fathi el-Zeini, der Cousin, wohnt in einem der durch Sonnenenergie beheizten Steinhäuser, von denen einmal die Zeitungen in der ganzen Welt Fotos brachten. Der Präsident soll sie den Bewohnern von Mit Abu el Kom vom Geld seines Friedensnobelpreises und den Autorenrechten seiner Memoiren geschenkt haben.

Die Cousine verjagt die Hühner, die unter den Stühlen gackern, und wirft einen Blick auf das Porträt von Sadat, der in Galauniform unter einem Koranvers hängt:

— Du, Sakina, hast du gemerkt, wie die uns jetzt anschauen nach all den Lügen, die sie am Radio verbreiten, diesen Korruptionsgeschichten, diesen Prozessen gegen deine Brüder? Hier bei uns läßt man's sogar die Kinder in der Sadat-Schule spüren, in der Schule, die Anwar uns geschenkt hat. Man läßt sie angeblich durch die Prüfungen fallen!

In dem zungenfertigen Arabisch von Sakina fühle ich Schmerz und Überdruß zugleich. Sie greift wieder zu einer Zigarette. Plötzlich geht sie von Arabisch in Englisch über:

— Also, da siehst du, Laurence, woran wir hier sind! Wir, die Verwandten von dem, den die Welt in den Himmel gehoben hat! Und jetzt, jetzt bereit' mal dein Gerät vor. Wenn's sein muß... Den Friedhof hab' ich dir schon erzählt, das Grab von unserem geliebten Atef, das Fernsehen, die Parade auf dem Bildschirm, die Schüsse, die Bilder, die stottern...

Beim Sprechen spielt Sakina an einem ihrer vielen Gehänge herum, einem goldenen Auge mit einem Augapfel aus Edelstein, dem Auge des Exorzismus', dem Auge gegen das böse Auge.

— Ich bin nicht abergläubisch, aber ich habe einen sechsten Sinn. Als ich die Schüsse gehört habe, wußte ich, daß man ihn getötet hatte. Ich hab' laut zu schreien angefangen. Die anderen haben mich gerüttelt: »Du übertreibst, Sakina, du verlierst den Verstand! Er hat seine Leibwächter! Er ist im Herzen seiner Armee!« Aber die konnten noch lange so reden, mein ganzer Körper sagte mir das Gegenteil. Ich bin dann wie eine Verrückte losgerannt... In Anwars Haus waren auch überall Männer, die warteten. Sie hatten auch die Parade im Fernsehen verfolgt. Sie wollten das Unglück auch nicht wahrhaben. Ich hab' einen Offizier angeschrien, mir ein Eilgespräch nach Kairo zu vermitteln. Im gleichen Moment sah ich den Gouverneur der Provinz angerannt kommen: »Warten Sie, warten Sie, Frau Sakina! Sie haben eben gemeldet, daß der Präsident, Mubarak und Abu Ghazala die Tribüne schon verlassen hatten.«* Ich habe ihm geantwortet, daß ich das erst glauben würde, wenn ich die Stimme meines Bruders hörte. Ich versuchte, mich mit aller Kraft an der Logik dieser all-

* Mubarak war damals Vizepräsident und Abu Ghazala war Verteidigungsminister.

wissenden Männer zu halten, ich versuchte verzweifelt, mich an eine Hoffnung zu klammern, aber ganz in meinem Innern wußte ich genau, daß ich die Stimme von meinem geliebten Sadat nie mehr hören würde...

Sakina sucht in ihrer Tasche nach einer neuen Schachtel Zigaretten.

— ... Alles ging sehr schnell. Nachdem der Offizier Kairo erreicht hatte, sagte er nur: »Madame, Sie müssen sofort losfahren!«

Sakina und ihr Chauffeur haben sich dann in aller Eile auf den Weg gemacht, einen Weg voller Schlaglöcher, der das Dorf mit der großen Straße verbindet.

— Nachdem wir die Nationalstraße erreicht hatten, sind wir in wahnsinnigem Tempo bis Kanater el-Khayria gefahren, das liegt auf dem Weg von unserem Dorf einige Kilometer von Kairo entfernt. Anwar hatte dort einen Wohnsitz. Und dort hätte ich meinen Bruder treffen müssen, wenn ihm wirklich nichts zugestoßen wäre... wenn er wirklich die Tribüne verlassen hätte und seine Pläne geändert hätte... wenn er wirklich in letzter Minute beschlossen hätte, nicht zu unserem Treffen zu kommen... wenn... in meinem Innersten glaubte ich aber nicht daran. Seit acht Jahren, seit dem Tod Atefs, hatte Anwar bei den Gebeten des 6. Oktober am Grab seines Bruders nicht ein einziges Mal gefehlt. Zwischen beiden waren dreißig Jahre Altersunterschied, und für Anwar war er wie ein geliebter Sohn.

Vor der Tür der Residenz von Kanater el-Khayria sieht Sakina einen Offizier auf sie zueilen. Er kündigt ihr an, daß der Präsident eine leichte Armverletzung hat und sich im Militärkrankenhaus von Maadi bei Kairo befindet.

— Die Fahrt bis ins Krankenhaus hat eine Stunde gedauert. Ich fühlte, ich wußte die ganze Fahrt über, daß mein Bruder nicht nur eine kleine Verwundung am Arm hatte. Im Krankenhaus traf ich Mamduh Salem, den ehemaligen Premierminister, weinend an. Drei weitere Minister standen um ihn. Mamduh nahm mich gleich beiseite, aber ich hab' ihn gar nicht erst reden lassen: »Nachher, nachher! Jetzt will ich nur meinen Bruder sprechen! Wo ist er?« Mamduh hat mich am Arm gefaßt: »Nein! Nein, jetzt nicht... der Präsident ist auf dem Operationstisch.« Zornig hab ich ihn angeschrien: »Hör doch auf zu lügen, Mamduh, ich seh' doch, daß du weinst...«

Mamduh Salem kann jetzt nicht mehr ausweichen. Seine Worte wird Sakina nie vergessen:

— Er hat zu mir gesagt: »Hör mal, Sakina, ich weiß, daß du vernünftig bist, daß du Würde hast. Ich weiß, daß du stark bist. Ich weiß, daß du keine von diesen Puppen bist, sondern eine Frau, die arbeitet und die keine Angst vor Realitäten hat. Und die Realität ist heute, daß unser Präsident, dein Bruder, nun bei Gott ist.«

Sakinas Stimme wird noch leiser:

— Als ich ihn gesehen habe... man hätte meinen können, daß er schläft...

Von Tusche geschwärzte Tränen mischen sich mit der Schminke ihres Mundes:

— Ich habe an einem 6. Oktober zwei Brüder für Ägypten verloren: einen für den Krieg, einen für den Frieden... Sie waren das Licht meiner Augen. Atef war zehn Jahre jünger als ich, Anwar zwanzig Jahre älter. Mein Vater war zweimal verheiratet, und seine beiden Frauen haben ihm dreizehn Kinder geschenkt. Anwar war der Sohn der ersten, die aus dem Sudan stammte, und er hatte dunkle Haut, wie sie. Atef und ich, wir waren von der zweiten Frau. Hier im Dorf war mein Vater der erste, der eine Ausbildung erhielt. Er war Beamter. Er wurde nach Kairo geschickt und dann mit der Armee in den Sudan. Wir, seine Familie, wir lebten in Kairo. Ein ruhiges Leben, ein ganz normales Leben. Wer hätte damals vermutet, daß wir einmal im Licht der Geschichte stünden! Ein traditionsgetreues Leben. Anwar hätte es nie gewagt, in Anwesenheit seines Vaters zu rauchen. Wenn er saß, sprang er jedesmal auf, sobald sein Vater eintrat.

— Und du, Sakina?

— Mich haben sie mit fünfzehn in Kairo verheiratet, als wenn sie in ihrem Dorf geblieben wären! Mit einem zweiundzwanzig Jahre älteren Mann. Obwohl mein Vater ein fortschrittlicher Mann war. Anwar, der immer wie ein zweiter Vater auf mich aufgepaßt hat, glaubte seinerseits, daß Frauen die gleiche Erziehung und die gleichen Rechte wie die Männer haben sollten. Er war glücklich, daß seine Frau Jehan sein außergewöhnliches Schicksal teilte. Gerade das haben seine Gegner auch gegen ihn ausgewertet. Und nicht nur, daß er zuviel unternommen hatte, um den Amerikanern zu gefallen. Und nicht nur seine Friedensreise zum Feind...

— Kommen wir noch einmal auf deine Heirat zurück, Sakina...

— Mein Mann ist nicht Politiker, sondern Künstler. Er ist Komponist. Er ist gerade aus Israel zurückgekommen, von seinem ersten Besuch dort. Und weißt du, was er mir gesagt hat? Mir, die ich trotz vieler Einladungen noch keine Lust habe, dorthin zu gehen? Er hat mir gesagt, daß die politische Lage ihm ziemlich egal sei. Er hat mir nur von ihren Konzertsälen und deren Akkustik geredet, von ihrer Technik und der Perfektion ihrer Instrumente. Er sagt, daß Israel ein kleines Europa sei.

Sie lacht:

— Mein armer Mann hatte sich bei unserer Hochzeit nie vorgestellt, daß er eines Tages in den Kulissen eines großes Staatsorchesters stehen würde. Durch einen Schwager!

Plötzlich heftet Sakinas Blick sich an mich, aber ich spüre, daß sie nicht mich sieht.

— Ich öffne die Augen meines Gedächtnisses und sehe einen großen Mann. Ich habe meinen Bruder immer so gesehen, sogar, als ich ein kleines Mädchen war, sogar, als er im Gefängnis saß und die Zeitungen über ihn Schlechtes schrieben, weil er in einen politischen Mord verwickelt war. Seit seinem Tod bin ich in meinem eigenen Leben wie abwesend. Ich habe meinen Bruder verloren, und die Welt hat ein Symbol verloren. Wenn ein Mann wie er auf so widerliche Art niedergeschlagen wird, dann stürzt alles zusammen. Dann glaubst du an nichts mehr. Mein Bruder hat Ägypten seine Würde zurückgegeben, aber er hat dem Land noch weit mehr als den Sieg gebracht. Er hat den Menschen hier den Frieden gebracht. Den Frieden!

Noch einmal greift Sakina zu ihren Zigaretten:

— Anwars Reise nach Jerusalem war ganz unvorstellbar, undenkbar, unfaßbar. Er hatte sogar zu seiner Frau kein Wort gesagt. Als ich, seine Schwester, die Nachricht hörte, dachte ich: Mein Gott, wie schrecklich, so mit bloßen Händen bei den Juden! Er ist verrückt! Seinen Friedensbesuch hat er an unserem großen muslimischen Fest, am Beiramfest, gemacht. Die ganze Familie war zu diesem Fest versammelt, aber wir hingen alle am Radio oder am Fernsehen, vergaßen Beiram, vergaßen zu reden und zu essen. Erst als wir hörten, daß Anwar Israel wieder verlassen hatte und daß er gerade heil in Kairo gelandet war, erst da sind wir nach und nach wieder ins wirkliche Leben zurückgekommen, haben uns angesehen, haben nachgeschaut, wo die Kinder wohl inzwischen geblieben sein konnten. Und haben endlich unser Beiram-Lamm geschlachtet!

Anwar el-Sadat hat den ganzen Weg vom Kairoer Flugplatz bis zu seinem Haus von Guizeh im offenen Wagen zurückgelegt. Fünf Millionen haben ihm applaudiert. Ihre Hände sagten ihm: »Wir auch, wir wollen auch Frieden.« Vier Jahre später sind die gleichen Hände beim Begräbnis des ermordeten Präsidenten unbewegt oder fast. Und dann genügen noch ein paar Monate, damit sie sein Andenken zerreißen.

— Kaum vom Feind heimgekehrt, hat mein Bruder seine Waschungen vorgenommen und seine Gebete gesprochen. Er hat wie immer mit uns gegessen, wie an jedem Beiramfest. Er sah so friedlich aus, als sei er von einem Spaziergang bei den Pyramiden zurückgekehrt. Er war von Natur aus ruhig. Er wurde nur ärgerlich, wenn er merkte, daß eine Situation ihm entglitt. An diesem Jerusalem-Tag sah er glücklich aus. Und ich, ich hatte bei dem Gedanken an das, was er gerade gemacht hatte, ein ganz außergewöhnliches Gefühl. Ich war überglücklich.

Im Dorf hatte eine ganz strikt bedeckte Sakina mit mir gesprochen, die ein langes, schwarzes Wollkleid trug und eine strenge, ebenfalls schwarze Mütze. In Kairo dagegen empfängt mich eine professionelle Sakina in ihrem Büro der Pressegruppe Dar el-Hilal: kurzes, schwarzes Kostüm, sehr schicke, schwarze Strümpfe, hohe Absätze. Ihr vom Färben ausgetrocknetes blondes Haar trägt sie offen.

Der Aschenbecher auf ihrem Schreibtisch quillt beinah über. Hinter ihr das Porträt ihres Bruders in großer Gala. Von der gegenüberliegenden Wand sehen Seite an Seite, Foto neben Foto die beiden verstorbenen Rais sie an: Nasser, der von den Ägyptern vergöttert wurde und den Krieg verloren hat. Sadat, der sein Volk nicht erobern konnte, der aber den Sinai zurückerobert hat. Und den Frieden.

— In den Sinai bin ich wohl gegangen. Nach der Tragödie hat der große Chef gemeint, gut daran zu tun, mich dahinten hinzuschicken. Er meinte, daß eine Reportage bei den Arabern mich auf andere Ideen bringen könnte. Aber das alles hat mir nur noch mehr das Messer ins Herz gestochen. Welche Ideen sollte ich seiner Meinung nach wohl haben, als ich durch dieses große, endlich wiedergefundene Gebiet fuhr? An wen hätte ich wohl sonst denken sollen, als an meinen Bruder, der es zurückgeholt hatte? Mein Bruder verfolgte mich, verfolgte mich überallhin, drängte sich in meine Reportage. Diese große Wüste ist für mich ein Tal der Tränen gewesen.

— Was hält dich heute davon ab, auf die andere Seite vom Sinai, nach Israel, zu gehen?

— Ich geh' vielleicht eines Tages rüber; aber dann werde ich mich damit begnügen, Israel mit den Augen eines Reporters zu sehen, mehr nicht.

— Ich hab' Mühe, dir das zu glauben! Du könntest also wirklich Israel sehen, wie du irgendein anderes Land siehst?

— Warum nicht? Wenn die Israelis vernünftig sind. Wenn sie wirklich den Frieden wollen, warum sollte ich sie da weiterhin hassen? Sie haben gelitten, und sie leiden wie wir.

— Und ihre Frauen leiden auch!

— Wem sagst du das? Schau mal, wir hier in Ägypten! Man hat ausgerechnet, daß wir in unseren 25 Jahren Krieg gegen Israel hunderttausend Männer verloren haben... Das heißt, daß tausende und abertausende von Familien ihre geliebten Söhne beweinen. Geliebt und um so mehr geliebt, als sie noch jung, noch so jung waren! Ich glaube, daß die Frauen noch mehr unter dem Krieg leiden. Und ich spreche nicht einmal von den Frauen, die der Krieg vertreibt, verwundet, tötet. Ich spreche nur von den Frauen der Soldaten. Ihr Leiden, das ist nicht nur Schmerz, das ist auch die materielle Not. Die Frau hängt finanziell vom Mann ab. Und wenn sie allein zurückbleibt...

Das Telefon klingelt, klingelt wieder und wieder, aber Sakina antwortet nicht. Sie redet und redet:

— Die mich am meisten anwidern sind die, die den Krieg immerzu im Mund 'rumführen und die Hände in den Taschen behalten. Ah, diese Männer mit ihren großen Reden, ihren Komitees, ihren Kommissionen und Unterkommissionen. Sie reden, aber sie handeln nie. Sadat, der hat gehandelt. Er hat gewagt zu handeln. Wenn nur die Großen — so wie mein Bruder mit Israel — sich entschlössen, die Karten offen auf den Tisch zu legen, anstatt sich unter dem Tisch zu bekämpfen... und die Kleinen für ihre Zwecke einzusetzen!

— Du sprichst von Männern, aber denkst du denn, daß Frauen sich besser bewährten, wenn sie an der Macht wären?

— Denk' dir mal aus, wenn die Frauen der Minister für Krieg, Verteidigung, für die Luftwaffe, die Marine, die Rüstung, das Auswärtige Amt und und und... wenn diese Frauen sich alle zusammentun, um ihre Männer zum Frieden zu zwingen!

Einen Moment schließt Sakina ihre goldbraunen Augen, die so sehr den Augen Anwars gleichen:

— Wenn du meine Meinung hören willst: Die Frauen haben Angst. Sie haben für ihre Kinder Angst. Ich habe vor ein paar Monaten in der Bundesrepublik Deutschland den Minister für Soziale Angelegenheiten getroffen. Eine Frau. Was sie mir gesagt hat, berührte mich sehr: Bei ihnen scheint die Geburtenziffer von Jahr zu Jahr zu sinken. Die Frauen wollen keine Kinder mehr! Das hat mich beinahe schockiert. Für eine Frau aus dem Orient ist das unfaßbar. Natürlich habe ich gleich an die viel zu kleinen Wohnungen gedacht, an die Eltern, die beide arbeiten, an all diese praktischen Sachen. Aber ich habe schnell gemerkt, daß da etwas anderes war, was viel tiefer, viel ernster war. Was die Frauen dahinten empfinden — mit all den Geschossen über ihren Köpfen und um sie herum — das ist viel mehr: Sie empfinden Todesangst...

DIE AUS DER MITTE

Frauen vom Sinai

Überreste von Panzern und Wagen in der Sinai-Wüste.

Frauen vom Sinai

Auch die in Israel wollen Frieden. Die haben wie wir Mütter, Kinder. Und sie leiden, wie wir.

Aus der schrecklichen Oktoberschlacht von 1973 bleiben am Horizont vom Sinai einige verfallene israelische Wachtürme, die das Nichts bewachen. Und näher an der Straße sehe ich durch das Fenster des Busses, der mich von El-Kantâra am Kanal nach El-Arish, dem kleinen arabischen Städtchen zwischen Meer und Wüste, bringt, Überreste von Panzern, die vollends verrosten.

Ist dieser halb vom Sand verschüttete Schrott israelisch oder ägyptisch? Eigentlich auch gar nicht so wichtig! Heute überlebt einzig die Erinnerung an die Männer, die in diesen Wracks verbrannt sind. Die anderen, die da herausgekommen sind, beneiden manchmal die Dringebliebenen, und ihre Frauen beneiden vielleicht in Gedanken heimlich diejenigen, die sich in der Ruhe der Friedhöfe sammeln.

Der Fahrer bremst: eine Nomadenfamilie überquert die Straße. Ihre Frauen hinter aus Silberstücken genähten Masken, ihre Esel, ihre Kamele. Dann entfernt sich die aus der Ewigkeit gekommene Karawane langsam durch die Wüste, durch die Überreste des elektronischen Krieges hindurch...

Es ist Winter. Der Wind fegt die Wolkenketten weg. Endlich taucht das Straßenschild auf, das El-Arish auf arabisch und auf englisch ankündigt. El-Arish... El-Arish... dieser Name El-Arish! Ich mußte ihn erst ganz groß am Himmel sehen, mußte den Geruch vom Meer und den Wind aus der Wüste atmen, die Palmen am Strand sehen und die Häuser im Wiederaufbau...

El-Arish... Das war also hier! Hier war das also! Die Szene steht mir wieder vor Augen, so grauenhaft, wie sie mir von einem israelischen Reservisten in einem Bistro von Tel-Aviv erzählt worden war:

— Ich seh' sie noch... ich hab' nie mehr aufgehört, sie zu sehen. Das war 1967, im Junikrieg, vor El-Arish. Ich komm' um einen Erdwall 'rum und da seh' ich sie. Zwei verbrannte ägyptische Soldaten, wie verbrannte Brote. Napalm! Beim ersten war der Bauch geplatzt, und die Eingeweide quollen heraus. Beim anderen stand das Glied hoch. Als der größte Macho von uns allen das gesehen hat, mußte sogar er sich übergeben. Bring' das in deinem Buch über die Frauen und den Krieg! Sag' auch was von uns, von den Männern, die den Krieg nicht mögen und solche Schweinereien durchmachen müssen.

Hier war das also! Hier ist das also gewesen! Und hier, wo wieder Frieden eingekehrt ist, hier erwartet mich Ahmed Maher el-Tabarani, der Korrespondent in El-Arish von *Al-Ahram*, der großen Kairoer Tageszeitung.

Während mein lieber Kollege noch Höflichkeitsfloskeln vermehrt, überfalle ich ihn gleich mit meiner abendländischen Ungeduld:

— Ich bin bis hierher gekommen, weil ich Frauen von hier treffen möchte. Ich will darüber schreiben, wie die Frauen im Sinai die Kriege erlebten und wie sie die Besetzung durch die Israelis ertragen haben.

— Die Frauen? Warum Frauen?

Mein lieber Kollege ist verblüfft. Aber er ist höflich:

— Gut... Ich kenne vielleicht eine oder zwei, die was zu erzählen hätten. Ich werd' Sie mit ihren Männern bekannt machen!

Der erste von den auserlesenen Männern ist Mustafa el-Far, Herr und Meister über sechzehn Räume, die — wie früher — um einen ungepflasterten, mit Oliven- und Feigenbäumen bepflanzten Hof gebaut sind. Und Herr über eine zahlreiche Kinderschar und über Ismailia Mohammed el-Khalili, seine Frau, eine schwere Frau in grauem Kleid und grünem Schleier.

Ismailia ist eine Tochter des Landes. Als sie vor fünfundvierzig Jahren auf die Welt kam — das war zur Zeit der Engländer — da war El-Arish nur erst ein kleines Nest aus getrocknetem Schlamm zwischen Mittelmeer und Sinai.

Ismailia plaziert ihre Masse neben den Herd, ein großes flaches Kohlenbecken, wie es die Nomaden und Karawanenleute haben.

— Der Sinai, das ist das Paradies der Schmuggler. Mein Vater war Grenzwächter. Auch mein Onkel, der Vater von meinem Mann. Das war ein As! Der konnte mit einem einzigen Blick auf eine Sandspur wissen, ob er's mit einem einäugigen Kamel oder einer schwangeren Frau zu tun hatte.

Mustafa el-Far unterbricht seine Frau:

— Er konnte auch noch andere Geheimnisse erraten, wenn er einen Männerschritt und einen Frauenschritt im Sand sich nähern sah... Aber diese Art von Geheimnissen hat er für sich behalten.

Die Araber vom Sinai haben tatsächlich ein äußerst empfindliches Ehrgefühl, und die Kugel sitzt bei ihnen sehr locker.

— Ich war vierzehn, als sie mich verheiratet haben, fährt Ismailia fort. Ich war so streng verschleiert, daß mein Verlobter zwei Tage vor meiner

Hochzeit auf meine Schwester zeigte und fragte: »Meine Frau, ist das nun diese da oder die andere?« Wir waren gerade verheiratet, als der Krieg von 1956 ausbrach. Wir haben hier bei uns alle Kriege mitgemacht: den von 1948, von 1956, von 1967, von 1973.

Besetzt von den einen, dann befreit von den anderen, wieder besetzt und noch einmal befreit, wissen die Einwohner von El-Arish nicht genau, zu wem sie denn nun eigentlich gehören sollen.

— Schon 1956, als die Israelis uns besetzten, ist mein Mann mit denen vom Widerstand in den Bergen untergetaucht. Nomaden brachten mir Nachrichten, die sie in ihren Schuhen versteckt hatten. Die Israelis haben ihn überall gesucht. Damals lernte ich den Schrecken kennen, wenn Schläge an der Tür einen mitten in der Nacht aufschrecken lassen.

1967 ist Ismailia mit Nachbarinnen und Kindern drei Tage lang unter der Erde geblieben, im hintersten Winkel eines drei Meter tiefen Schutzloches, das im Hof des Hauses gegraben war.

— Und die Männer?

— Das ist doch wohl nicht dein Ernst, oder? Männer und Frauen zusammen einsperren, Männer und Frauen auf so wenig Platz eng aneinander zu drücken, das gehört sich nicht!

Tief in ihrem Loch hörte Ismailia die Bomben, die Kanonen, die Gewehre:

— Ich war mehr tot als lebendig. Ich hatte Angst, daß die Kinder uns durch Weinen verraten würden. Als es dann aufgehört hatte und wir rausgegangen sind, haben die Israelis angefangen, die Leute zu zählen. Sie schrien in die Lautsprecher: »Alle Männer auf die vier Plätze der Stadt! Alle Militärs links!« Sie haben die Ausweise kontrolliert und die Soldaten in Zivil geschnappt. Diesmal hat die Besatzung lange gedauert: fünfzehn Jahre! Und dann haben sie wieder an meine Tür geschlagen! An einem Abend bin ich's selber, die an die Tür geht. Ich habe mein Baby im Arm. »Wo ist dein Mann?« Ich antworte nicht. Und da legen sie los. Ein deftiger Kerl rüttelt mich: »Wir sind die Sieger, schreib' dir das mal gut hinter die Ohren! Du redest, oder aber... paß mal auf!« Ein anderer schlägt zu, meine Nase blutet. Und weißt du, was dieser Soldat gemacht hat? Weißt du, was der gewagt hat zu sagen, dieser Jude? Er hat gesagt: »Verflucht sei deine Religion, ich spuck' was drauf!« Und er hat gespuckt.

Von dieser Nacht an wird Mustafa el-Far für mehr als ein Jahr im Sand und in den Bergen verschwinden. Ismailia findet ihrerseits Zuflucht in Kairo, dank der Hilfe des Internationalen Komitees vom Roten Kreuz, der einzigen Verbindung zwischen Ägypten und dem besetzten Sinai. Die Israelis hetzen ihren Mann weiterhin, bis es schließlich eines Tages einem aus der El-Far-Sippe gelingt, sie reinzulegen. Er ahmt die Stimme seines Cousins im Geheimsender des Widerstandes nach (einem Geheimsender, der dem Sicherheitsdienst Israels gut bekannt ist!): »Hallo, hier spricht Mustafa el-Far von El-Arish. Ich bin zu meiner Familie in Kairo gestoßen. Ich bin gesund.«

— Was war das schwer, so ganz allein in Kairo... fährt Ismailia fort.

Aber nun kann sich ihr Held von Mann einfach nicht mehr zurückhalten. Er, der sich bis jetzt damit begnügt hatte, unser Gespräch in perfektes Englisch — eine Erbschaft vom englischen Besatzer — zu übersetzen, er muß endlich sein Salz zur Suppe geben:

— Meine Frau hat Ihnen eines nicht gesagt, nämlich, daß viele Männer von unserem Stamm in der Résistance gestorben sind. Mein Cousin, der einen Juden umgelegt hatte, wurde von einem Beduinen denunziert. Natürlich nicht von einem Beduinen von uns hier! Von solchem Typ von da drüben, aus der israelischen Wüste. Die Juden haben sich gerächt und ihm seinen Sohn getötet...

Mein Notizbuch auf den Knien, schreibe und schreibe ich. An sich interessiert mich ja, was Ismailia denkt und fühlt:

— Dein Mann hat mir vorhin gesagt, daß er mißtrauisch ist. Er meint, daß die Zionisten expansionistisch eingestellt sind, daß die Israelis von Frieden reden, ihn aber nicht wollen. Denkst du das auch?

Und so sehr die Stimme der Frauen hier geknebelt wird... Ismailia zögert keine Sekunde:

— Er täuscht sich. Ich glaube, auch die in Israel wollen Frieden. Denen reicht's genau wie uns. Die haben wie wir Mütter, Kinder. Und sie leiden, wie wir.

Die gleiche Menschlichkeit werde ich bei Ismailias Freundin, bei Fatma Darwish Hamdan, der Frau von Said Lufti Osman, wiederfinden. Dieser Sippenchef und Anwalt, dieser Herr von El-Arish, ist auch der Cousin des ägyptischen Unternehmer-Milliardärs Osman Ahmed Osman, dessen Sohn eine der Töchter Sadats geheiratet hat. Der Cousin aus der Wüste und der Cousin aus Kairo verstehen sich nicht besonders gut. Aber Said Lufti, der hintereinander die Gefängnisse Ägyptens und Israels kennengelernt hat, der Hebräisch spricht und der den Frieden liebt, mochte auch Sadat, »denn wir müssen realistisch sein, wir müssen mit Israel auskommen, auch wenn die Juden mit dem Hubschrauber leben und wir auf dem Kamelrükken.«

Der Stamm Osman — mindestens dreihundert Personen, hat der Anwalt präzisiert — nimmt das älteste Viertel von El-Arish ein, ein Labyrinth von fensterlosen Häusern, die von Höfen und Hinterhöfen umgeben und durch kleine Türen untereinander verbunden sind. Hinter einer dieser Türen ein Trümmerhaufen: »Der Krieg... das Werk der Israelis!« Die Familie von Said Lufti lebt in dem heilgebliebenen Teil, einem schönen Anwesen mit hervortretendem Balkenwerk und hohen, blauen Decken.

Um mich besser zu empfangen, hat der Sippenchef seinen ganzen Notabilitäten-Klüngel um sich versammelt. Erst nach dem Essen — an dem Fatma nur von weitem auf einem Stuhl an der Wand teilnimmt — erst da wird der Herr des Hauses seiner Frau endlich das Wort erteilen. Und nur für ein paar Minuten.

Fatma ist — wie Isamailia — eine Frau von Gewicht, die auch eine Religion hat:

— In diesen schrecklichen Jahren bin ich mit meinen Kindern allein geblieben. Da hat mich der Glauben aufrechterhalten. Gott sei gelobt, heute kann ich das ägyptische Fernsehen hier haben. Die Israelis haben Filme, die meine Moral schockieren. Aber Kairo schickt uns schöne Beduinengeschichten mit Episoden aus dem Leben des Propheten.

Während Fatma mir von ihrer Vorliebe für Gott und seinen Propheten erzählt, unterhalten sich im Zimmer nebenan ihre Enkelkinder nach ihrem Geschmack: auf dem Bauch vor einem kleinen Zweitfernsehgerät liegend, bilden sie sich an einer amerikanischen Show in englischer Sprache mit hebräischen Untertiteln, die Tel-Aviv ausstrahlt.

Fatma fährt ungestört fort:

— Gott hat El-Arish geholfen, als wir uns ganz allein zurechtfinden mußten, als wir von Ägypten ganz isoliert waren und als Nasser Tag für Tag im Radio versprach, daß er uns befreien kommt... Gaza, Rafah und El-Kantara haben sich 1967 sofort den Israelis ergeben, aber wir, wir in El-Arish, wir haben länger als drei Tage durchgehalten. Ich hab' sogar Mädchen mit Gewehren gesehen. Und dann, in diesen fünfzehn endlosen Jahren, da waren so viele von unseren Männern weg, im Gefängnis, im Untergrund, auf der Flucht, im Exil, daß sich die Alten bei uns verloren und verlassen fühlten. Die Armen, jeden Tag wurden vier bis fünf von ihnen begraben...

Der Anwalt, der übersetzt, was seine Frau sagt, schneidet ihr das Wort ab:

— Ich selber, ich war im Gefängnis, nicht wahr, dann im Exil, sogar...

Da ich Gast des Herrn von El-Arish bin, begnüge ich mich damit, ihn so höflich wie möglich zu unterbrechen... und Fatma macht weiter:

— Ja, ich bin für den Frieden. Ja, ich will den Frieden. Ich glaube, daß alle Ehefrauen, deren Männer unsere Geschichte schreiben, mehr Einfluß zum Frieden hin auf ihre Männer ausüben müßten.

Vielleicht spielt Fatma ja im Privatleben die graue Eminenz bei ihrem einflußreichen Mann. Heute allerdings hat sie — in Gegenwart all dieser Männer — bestimmt schon zuviel gesagt... Sie steht auf und geht, wuchtig und schwer in ihrem grauen Kleid und den schwarzen Schleiern.

Die Rückkehr des Sippenchefs in den Schoß seiner Gruppe hat den Clan der Männer wieder geschlossen. Ihr Palaver hebt wieder an.

DER LEIDENSWEG

Hamida – Ägypten
Tova Adiv – Israel

Für sie ist der Frieden nicht das Ende des Krieges.

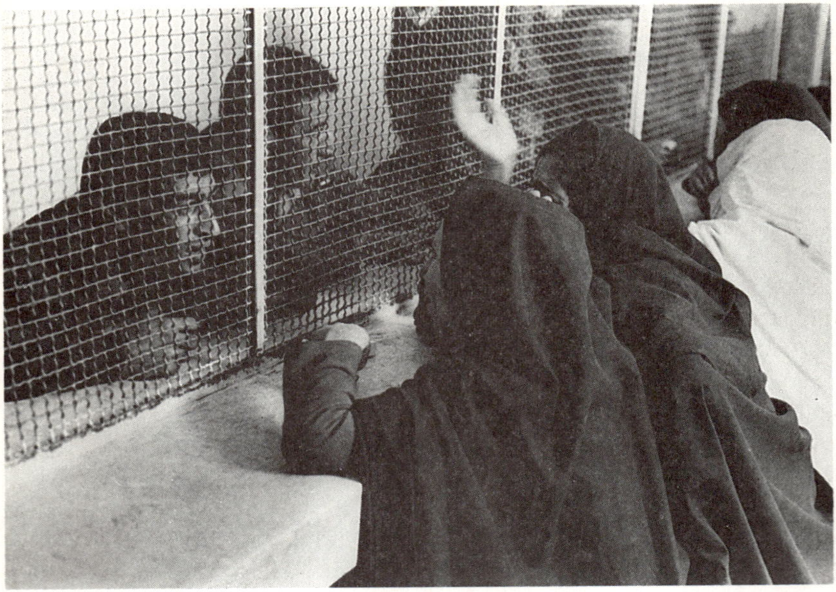

Frauen im Gespräch mit ihren Männern, die politische Häftlinge in Gaza sind.
(Foto: Sygma, Paris)

Hamida

Ich hab' genug davon, schon so viele Jahre ins Gefängnis zu rennen. Ich hab' so genug von diesen Besuchen. Ich will keine Besuche mehr. Ich will meinen Mann wiederhaben.

— Als El-Arish befreit wurde, schlugen alle Herzen höher. Meines hat geweint.

Der Mann von Hamida Mohammed el-Gutheil ist trotz der Friedensunterzeichnung von 1979 Gefangener in Israel geblieben, ein »Strafgefangener«* ... Er hat zwölf Jahre bekommen, weil er laut Anklage eine Tankstelle in die Luft gehen ließ und ein Fahrzeug mit israelischen Soldaten, die zur Okkupantenarmee gehörten, angegriffen hat.

Hamida ist in ihre Verzweiflung eingemauert wie ihr Mann in seine Zelle von Gaza. Ich habe viele Krankenhäuser besucht, viele trauernde Frauen und viele Tragödien gesehen, aber überall habe ich wenigstens den Ansatz von einem Lächeln bemerkt. Bei ihr aber nichts. Gar nichts. Hamidas Gesicht bleibt tot.

Hamida ist eine Gestorbene, die sich vernachlässigt. Als ich sie auf dem Flachdach ihres Hauses photographiere, wirft sie ein Tuch über ihr Haar. Nicht aus Koketterie, sondern aus Gewohnheit. Gleichgültig sieht sie in meine Kamera vor einem El-Arish-Hintergrund im Wiederaufbau im Jahre 1982. Ihre Stimme ist matt, manchmal fast nicht mehr zu hören. Der Dolmetscher muß sich ganz dicht neben sie setzen.

— Die Israelis haben fast mein ganzes Haus in der Kirchstraße in die Luft gesprengt. Bis zur Befreiung mußten wir uns alle in den beiden noch heilgebliebenen Zimmern zusammenschieben: meine beiden Jungs, meine vier Mädchen und ich. Diese Zimmer waren nicht kaputt, aber Löcher hatten sie doch. Die vom Roten Kreuz haben uns Decken gegeben und was zum Essen. Und wenn es regnete, ich hab' das gesehen, dann hatten sie Mitleid mit uns. Auch die Soldaten vom Feind. Die haben gesagt: »Was ist denn hier passiert? Und dein Mann, was hast du mit dem denn gemacht?«

Ihren Mann haben die Israelis mitten in der Nacht abgeholt, um ein Uhr früh. Sie haben ihn ohne irgendeine Erklärung mitgenommen. Vier

---

* Für Israel gibt es keine »politischen« Gefangenen, höchstens »Sicherheitsgefangene«.

Monate lang hat Hamida nichts erfahren, sich aber alles mögliche ausgemalt:

— Ich hab' nur gewußt, daß mein Mann für den Feind arbeiten sollte, und er hat das nicht gewollt. Er war auf dem Bau. Er hat dann keine Arbeit mehr gekriegt... Das heißt... Sie verstehn schon... ich hab' nichts davon gewußt...

Hamida bewegt kaum ihre Lippen. Ich spüre bei ihr eine verborgene Agressivität dieser Ausländerin gegenüber, die »sowieso nichts daran ändern kann, so wenig wie das Rote Kreuz oder die Regierung in Kairo oder sonst irgendjemand. Mein Mann wird seine zwölf Jahre absitzen. Für alle ist der Krieg fertig, nur für mich nicht.«

— Bei der Befreiung haben sie mich hier in dieser Wohnung untergebracht. Wenigstens das. Da an den Wänden sieht man auch noch was von den Kugeln, aber daran gewöhnt man sich, wie an alles.

Warum diese Bitterkeit? Gestern, im besetzten El-Arish, sah Hamida sich als die Frau von einem Helden des Widerstandes. Und heute, aus der Sicht des befreiten El-Arish, sieht sie sich als nichts mehr.

Einmal im Monat bringt der Minibus vom Roten Kreuz Hamida und ein paar andere nach Gaza, etwas weniger als hundert Kilometer nördlich von El-Arish gelegen, damit sie ihre Gefangenen besuchen.

— Jede Familie hat das Recht auf zwei Erwachsene und zwei Kinder. Die tun uns in ein Zimmer, wo viele Stühle sind und Soldaten, die uns ankucken. Wir sehen unsere Männer durch Gitter. Ich hab' meinen letzten Dienstag gesehn. Ich denk' manchmal, daß er besser weggekommen wär', wenn er einen jüdischen Anwalt gehabt hätte, aber ich konnt' nur einen Palästinenser kriegen. Jetzt ist's sowieso zu spät. Wenn ich nur das Wort »Besuch« höre, das macht mich schon ganz krank. Ich hab' so genug von diesen Besuchen. Ich will keine Besuche mehr. Ich will meinen Mann wiederhaben.

Warum so viel Müdigkeit und kaum mehr ein Funke von Hoffnung? Hamida fürchtet, daß der Sicherheitsdienst Israels ihren Mann in die PLO* einreiht. Ihr Mann ist — wie sie — Ägypter aus dem Sinai, er ist kein Palästinenser, aber im Gefängnis von Gaza teilt er Leben und politische Ideen mit den palästinensischen Häftlingen. Verweigert Israel ihm trotz des Friedensvertrages mit Ägypten die Freilassung, weil er Tag und Nacht Umgang mit diesen Terroristen — oder vermutlichen Terroristen — hat?

Gaza. Eine Welt für sich. Eine Welt der Okkupation. Eine Welt, die

---

* Palästine Liberation Organisation, Palästinensische Befreiungsorganisation

durch Flüchtlinge übervölkert ist, und in der ununterbrochen israelische Jeeps mit langen Antennen patrouillieren. Eine Welt, in der jeder Soldat mit seinem Gewehr noch zu Bett geht. Eine Welt, in der Angst und Mißtrauen in der Luft liegen. Und diese Welt erblickt Hamida vom Fenster ihres Rot-Kreuz-Minibusses, wenn sie einmal jeden Monat mit ihrem frischgewaschenen Schleier auf dem Kopf und ihrem Plastiksack auf den Knien hierher kommt.

— Ich bin wie eine Statue. Ich schau' geradeaus vor mich hin. Ich denk' nur an den Augenblick, wo ich meinen Mann sehe.

Um Hamida besser zu verstehen, wollte ich mehr über das Gefängnis von Gaza wissen. Dazu werde ich von Fayez Abu Rahma, dem Präsidenten des Anwältevereins von Gaza, empfangen. Ein mutiger Mann, der seit Jahren die palästinensischen Häftlinge — die sogenannten »Sicherheitshäftlinge« — verteidigt. Spott sprudelt nur so über seine dicken Lippen. Welche Lächerlichkeiten sind nicht an ihm schon vorübergegangen! Sein singendes Englisch dringt unter dem erst leicht ergrauten Schnurrbart hervor.

— Ich kenn' eine Frau, die jeden Monat von El-Arish nach Gaza fährt, um ihren Mann in Ihrem Gefängnis zu besuchen. Er hat zwölf Jahre bekommen. Sie ist verzweifelt...

— Sie möchten alles über »mein« Gefängnis, wie Sie so schön sagen, wissen? Also gut. Das ist ein sehr gefragtes Touristenzentrum. Die drei Zentimeter dicken Matratzen sind dort monatelang im voraus reserviert. Zur Zeit haben wir 800 Kunden für 400 Matratzen. aber vielleicht haben die Israelis — als geborene Organisatoren — bereits einen Fünfjahresplan ganz hinten in der Schublade versteckt, der neue Gefängnisbauten vorsieht. Denn Verhaftungen gibt es ja jeden Tag. Und mit der Inflation in Israel steigt hier alles an, sogar die Strafen. Begnadigungen liegen hier nicht gerade in der Luft. Um heute ganz legal in die Illegalität zu rutschen, reicht's schon, mit dem Sohn eines Cousins vom Onkel seines Großvaters gesehen zu werden, der vielleicht einmal Kontakte zur PLO gehabt hat. Alles ist prima organisiert. Wenn meine Angeklagten vor dem Gerichtshof erscheinen, hat sie die Polizei bereits ausgequetscht, und der Staatsanwalt bekommt ein Geständnis in die Hand, das fix und fertig und bestens ausgeklügelt ist. Die Angeklagten unterschreiben ihre auf hebräisch aufgenommenen Geständnisse und bestätigen noch unten auf dem Blatt die arabische Übersetzung, die man ihnen mündlich gegeben hat.

Abu Rahma hat seine Illusionen längst verloren, aber nicht seinen Humor:

— Mein Name bedeutet »der siegreiche Vater der Milde«. Allerdings sind in den Angelegenheiten, die mich beschäftigen, sehr wenig Milde und noch weniger Sieg. Von Hunderten von »Sicherheitsfällen«, die ich seit Juni 1967, seit der Invasion Israels in Gaza, verteidigt habe, gab es ganze sechs Freilassungen.

— Wie verlaufen die Verhöre?

— Im allgemeinen korrekt... aber mit unzähligen Ausnahmen! Vor einiger Zeit habe ich zum Beispiel den Bürgermeister aus dem Dorf Jebalia, meinen Klienten, im Gefängnis besucht. Durch eine halbgeöffnete Tür sah ich mutmaßliche Schuldige mitten im Raum stehen, den Kopf vermummt. Ich erfuhr, daß sie schon sechsunddreißig Stunden da standen. Wenn sie sich gegen eine Mauer lehnten, wurden sie geschlagen.

Der Anwalt streift mich mit einem schmerzlichen Blick:

— Um Ihnen nichts zu verheimlichen, meine Klienten beklagen sich alle, daß sie mißhandelt oder sogar gefoltert wurden. Nehmen wir meinen eigenen Sohn! Er wurde 1977 bei einer Manifestation festgenommen. Das ist ein sehr empfindliches Kind, denn er hatte mit elf Jahren einen schrecklichen Autounfall. Ich bin gleich zu denen gerannt, die ihn verhörten und hab' sie angefleht... aber das hat gar nichts geholfen: sie haben ihn mit aller Gewalt in den Rücken geschlagen. Wir wollen gerecht sein, wir leiden alle unter den politischen Spannungen in diesem Gebiet. Sogar die israelischen Militärstaatsanwälte und sogar die israelischen Richter, die einberufene Richter sind und für die das alles nicht eben lustig ist. Besetzer von Beruf aus ist für keinen berauschend, außer für den, der sich an der Macht berauscht. Manche Richter sind verständnisvoll. Vielleicht hatte der Mann ihres Schützlings nicht das Glück, auf so einen zu stoßen...

Nur ungern habe ich von dem »siegreichen Vater der Milde« Abschied genommen, aber es war besser, dieses bedrückende Gaza noch vor Sonnenuntergang zu verlassen. Während Hamida den Rückweg nach Süden antrat, bin ich in entgegengesetzter Richtung nach Tel Aviv gefahren. Am Meer entlang sind wir an Sandlandschaften und Obsthainen vorbeigekommen. Wie in der *Odyssee* färbten sich das Meer und seine Ufer in alle hellroten bis violetten Töne.

Ich denke oft an Hamida und an ihren verstockten Gesichtsausdruck. Sie wird sich in ihrer Verzweiflung herzlich wenig um homerische oder palästinensische Sonnenuntergänge scheren! Und ebensowenig um Israel, Ägypten, Syrien, Gaza, den Libanon, Jordanien und Zisjordanien, um ihre Führer und deren ganze Sippschaft. Hamida will nur eines: daß man ihr ihren Mann wiedergibt.

Die Mutter, die ihren Sohn bedingungslos liebt. Ihren Sohn, den bekanntesten jüdischen politischen Gefangenen Israels.

Tova Adiv

Der Kriegsschock ist es. Sie haben nicht einen Moment daran gedacht, daß es der Kriegsschock ist, der meinen Sohn umgewandelt hat.

Tova fängt an zu erzählen:

— Mein Sohn Udi hat siebzehn Jahre gekriegt. Er ist für die Koexistenz mit den Arabern eingetreten. Was er da gemacht hat, war unverzeihlich...

Es ist Mittagszeit. Ich muß ziemlich die Ohren spitzen, um Tova und ihr etwas rauh klingendes Englisch zu hören. Ihre Stimme wird im Speisesaal des Kibbuz Gan Shmuel vom Lärm übertönt, dem Lärm von Töpfen und Kellen, Messern und Gabeln, den Massen an Geschirr, die zu den Maschinen gerollt werden und dem Stimmengewirr.

— Komm lieber zu mir nach Hause! Hier kann man sich ja nicht mehr verstehen. Und ich mag auch nicht hier vor allen so reden.

Tova ist eine der Pionierinnen von Gan Shmuel, dem ehemaligen Kibbuz marxistisch ausgerichteter Zionisten, der heute einer der reichsten ist. Sie lebt mit ihrem Mann und ihrer jüngsten, behinderten Tochter in einer Dreizimmerwohnung. Ihr langgestrecktes, niedriges Haus liegt zwischen zwei anderen Gebäuden und ist von Bäumen und haushohen Blumen umgeben. Drinnen herrscht ziemliche Unordnung, eine liebenswerte Unordnung: ein paar Möbel, an der Wand eine von Chagall inspirierte »Violine auf dem Dach« und Bücher über Bücher.

Tova ist Erzieherin und Bäuerin. Sie ist heute, im Jahre 1982, sechsundfünfzig. Ihr Leben — ein Leben auf dem Feld, im Stall, in der Küche und in der Schule — hat Spuren hinterlassen. Aber trotz der Müdigkeit ihres von einem harten Leben schwerfällig gewordenen Körpers ist sie schön in ihrem einfachen Blümchenkleid. Schön ist ihr slawisches Gesicht mit den hohen Wangenknochen, den hellen Augen und der gebräunten Haut.

— Du mußt ein bißchen die Einstellung unserer Familie kennen, um zu verstehen, wie mein Sohn dahin kommen konnte. Beide Seiten gehen auf Geschichten von außergewöhnlichen Leuten zurück. Da ist alles vertreten: Ordensangehörige und Kommunisten, Anarchisten und Zionisten; Juden aus dem Baltikum, aus Österreich, aus Rußland. Sie haben aber alle eines gemeinsam: Sie sind mit Leib und Seele dem Idealismus verschrieben. Udis Schicksal reiht sich in die Linie jener europäischen Juden ein, für die Poesie gleichbedeutend mit Politik ist.

Tova Adiv, geb. Safran, ist am 25. Mai 1926 in Jerusalem zur Welt gekommen. Als sie acht Monate alt ist, siedeln sich ihre Eltern in Baracken am

See Genezareth in Galiläa an. Das ist eine der schönsten Gegenden des Landes und von ganz fremdartigem Reiz, aber die Hitze ist hier entsetzlich.

— Die einzige Kinderschwester, die man in diesem verlorenen Winkel für mich finden konnte, war eine Beduinin. Ich hab' sie unheimlich geliebt. Und denk' dir mal, sie hieß »Tamam«, was auf arabisch »gut« heißt, genau wie mein Name »Tova« auf hebräisch »gut« heißt. Als ich klein war, verstand ich arabisch. Aber ich hab' alles vergessen. Unser isoliert gelegenes Haus war in der Nähe eines kleinen arabischen Dorfes. Diese gemeinsam mit Arabern verbrachte Kindheit hat mich geprägt und hat auch über mich auf meine Kinder gewirkt: Für uns waren die Araber immer Menschen, und nicht solche Karikaturen, wie sie uns heute gezeigt werden. Wir haben eine ganz andere Einstellung als die später gekommenen Immigranten, die sie ja nie von ganz nah kennengelernt haben...

Tova steht auf und stellt mir einen Teller mit Keksen auf die Knie. Tova, das ist vor allem die Mutter, sogar für die Fremde, die nur einen Nachmittag bleibt. Sie wird die ganze Zeit über für mein Wohlergehen sorgen.

— ... Schau mal, beispielsweise meine älteste Tochter. Neulich hab' ich sie nach Jerusalem ins Krankenhaus begleitet. Für einige Untersuchungen. Ihre Bettnachbarin war eine junge Araberin aus Gaza, die genau wie sie keine Kinder bekommen kann. Für eine Araberin ist das noch schlimmer. Wir waren unter Frauen. Wir waren ganz nah beisammen, konnten uns aber nicht verständigen. Also haben wir uns zugelächelt. Meine Tochter und ich hatten da plötzlich ganz intensiv den gleichen Gedanken: Wenn wir uns ausziehen, wenn wir schutzlos im Bett liegen, sind wir alle gleich. Ob wir nun arabisch, hebräisch, englisch oder chinesisch sprechen. Wir sind ganz und gar gleich. Uns wird gesagt, daß wir Feinde sind, aber wir gleichen uns doch. Unsere Ähnlichkeiten sind tausendmal wichtiger als unsere Unterschiede.

Tova hat ihrem Sohn Udi, wie allen ihren Kindern, die Abscheu vor Rassismus eingeimpft:

— Meine Mutter kam aus Lettland. Dort hat man die Juden an Ort und Stelle vernichtet. Für die Bevölkerung war das die Gelegenheit; die Mörder waren nicht alles Deutsche. Ich habe den Rassismus zur Genüge kennengelernt, wenn ich auch selber nicht darunter gelitten habe.

Sie spielt an der Sofadecke herum:

— Ach ja, diese Decke erinnert mich an eine Geschichte... eine Geschichte, die es dir leichter machen wird, die idealistische Einstellung zu verstehen, in der ich aufgewachsen bin, und die auch Udi geprägt hat. Wir standen damals mitten im Kampf um die Errichtung unseres Staates Israel, wir wohnten in Baracken, unsere Kommandos wurden niedergeschossen...

und diesen Moment hat meine Schwiegermutter gewählt, um mit dem Finger auf meine alte Decke zu zeigen: »Ein Bett ohne Überdekke, das ist nicht gerade vornehm!« Ich war außer mir: »Ich soll an sowas denken, während unsere Männer mit ihrem Blut unsere Geschichte schreiben?« Diese große Frau antwortete mir aber: »Arme Tova, wenn du das Ende der Geschichte Israels abwartest, wirst du nie eine Überdecke haben!« Ohne große Worte zu machen, hatte sie den Kern des Dilemmas für viele Israelis meiner Generation und meines Milieus getroffen: Wie läßt sich unser Ideal mit dem täglichen Leben, mit der Realität in Einklang bringen? Wenn ich an meine Jugend denke... Ich hatte mich doch gerade einer zionistisch-marxistischen Bewegung angeschlossen, weil sie die Araber als Freunde sah und davon sprach, aus Palästina ein binationales Land zu machen. Ich habe meine Idee nicht geändert. Die anderen um mich herum haben sich geändert.

In dieser Bewegung hat Tova ihren Mann kennengelernt. Sie war sechzehn, er siebzehn. Er kam aus Gan Shmuel, und beide haben sich dann in diesem Kibbuz niedergelassen, den sie nie mehr verlassen haben. Sie leben auch heute noch dort, trotz der »Affäre Udi Adiv«, trotz aller Anspielungen, trotz der verstohlenen Seitenblicke...

Udi Adiv ist der bekannteste jüdische politische Gefangene Israels. Für Tova ist ihr Sohn ein Opfer. Für andere ist er ein Verräter, ein Spion.

— Als er am 21. Januar 1946 zur Welt kam, war ich noch jung. Wenn sich inzwischen nichts ändert, werde ich bei seiner Entlassung 63 Jahre alt sein. Er hat siebzehn Jahre bekommen, und zehn Jahre lang halten sie ihn nun schon fest. Dieses Jahr haben die zuständigen Stellen seine Begnadigung wieder abgelehnt, aber ich gebe die Hoffnung trotzdem nie auf... Sieh mal, sein Foto! Es ist wirklich gut, daß du an mich gedacht hast, wo du gerade ein Buch über die Frauen im Krieg schreibst.

Frauen im Krieg: das sind allerdings nicht nur die, die auf den Friedhöfen umherschleichen oder Krankenstühle vor sich herschieben. Das sind auch nicht nur Blindenführerinnen, Wiegende für Kriegstraumatisierte, Sammlerinnen von Almosen oder Verehrerinnen von Kriegshelden. Frauen im Krieg, das sind auch solche wie Tova, die Bittstellerinnen bei Behörden, bei Richtern, Anwälten, Journalisten oder bei Gefängniswärtern sind.

— Udi war bei einem Fallschirmjägerbataillon, einem Elitebataillon. Im Juni 1967 war er bei der Eroberung des arabischen Teils von Jerusalem dabei. Als unsere Leute die Mauer einnahmen, haben sich die Jordanier verteidigt. Es wurde von Mann zu Mann gekämpft. Ein schlimmes Blutbad. Mehrere Kameraden meines Sohnes wurden getötet. Als Militär-Krankenpfleger stand Udi zum ersten Mal dem Tod direkt gegenüber und nicht mehr nur dem aus den Lehrbüchern. Als er heimkehrte, merkte ich, daß er entsetzt, erschüttert, verändert war. Er sprach nicht vom Krieg an sich, sondern redete über Politik, über Politik und noch mal über Politik. Diskussionen ohne Ende. Nächtelang. Seine Kompromißlosigkeit war für seinen Vater und für mich unbegreiflich. Dieser neue Udi gab uns Rätsel auf.

— Was überraschte euch so sehr?

— Wir waren noch tief in dem System gefangen. Wie sollten wir im Siegestaumel Udi verstehen, als er sagte: »Seht ihr denn nicht, daß man für den Ehrgeiz der Generäle die Jungen abschlachten läßt?«

Da war die Mauer von Jerusalem gewesen... und dann noch dieser Monat im Reservedienst, den Udi als Soldat und Besetzer ein paar Wochen später ableistete...

Er war ins Jordantal beordert worden. In diesem gerade erst eroberten Gebiet hatten die Israelis die Dörfer dem Erdboden gleichgemacht. Bevor sie dort aufräumten, hatten sie die Bewohner weggejagt. Die Araber waren mit ihren Kinderscharen, ihren Utensilien und Bündeln in Richtung Jordan geflohen, hatten den Fluß so gut es ging überquert, um in Jordanien Zuflucht zu suchen.

Aber einige konnten der Versuchung nicht widerstehen, heimlich nach Hause zurückzukehren.

— Udi brachte es nicht fertig, auf diese armen Teufel zu schießen, die da im Wasser herumwateten, um wieder in ihre Häuser zu kommen. Diese dreckige Arbeit widerte ihn an. Und von diesem Augenblick an hat er dann endgültig den expansionistischen Zionismus verworfen. Er hat öffentlich zu sagen gewagt: »Seien wir mal ehrlich! Diesmal waren wir's doch, die angegriffen haben!« Er war damals der einzige, der so redete, und er ist es auch noch lange geblieben. Mein Sohn fühlte sich alleingelassen, und mir tat das furchtbar weh. Er suchte um sich herum ununterbrochen nach Leuten, die so wie er dachten, aber er fand kaum jemanden. Angeprangert wurden die Ausschreitungen des Zionismus entweder von den salonfeinen Linken oder von Mitgliedern der Kommunistischen Partei. Aber Udi kritisierte gleichermaßen die Klugschwätzer Israels wie die Adepten von Moskaus Totalitarismus. Er träumte vom Dialog mit den Arabern. Er hätte alles dafür gegeben, den marxistischen Palästinenser Hawatmeh und dessen Leute zu treffen. Udi hatte irgendwo gelesen, daß Hawatmeh bereit zu sein schien, eine Brücke zwischen den Palästinensern und den Israelis zu schlagen.

Udi Adiv verläßt schließlich Gan Shmuel. Er ist von diesem Kibbuz enttäuscht, in dem man Prinzipien predigt, die man selber nicht anwendet. Er fühlt sich den Arabern gegenüber schuldig, weshalb er deren Anliegen exaltiert und mystifiziert: Alle Araber sind Märtyrer und Heilige! In Haifa schließt er sich einer der linken Splittergruppen an.

Heute, im Juli 1982, bombardieren die Israelis nördlich vom Kibbuz die Stadt Beirut... aber Tova hört die Nachrichten nicht, die durch das Fenster aus dem Radio des Nachbarhauses herübergeschickt werden. Tova hört nichts. Tova folgt nur ihrer Idee:

— Da ist noch etwas — oder besser gesagt noch jemand — der Udi in diese absolute Haltung drängte: Wir hatten damals in Gan Shmuel einen französischen Juden aufgenommen. Es wird besser sein, wenn ich dir seinen Namen nicht nenne, er ist sehr aktiv im pro-palästinensischen Milieu tätig. Der Antizionismus hat's in Paris leichter! Was für ein Redner das war! Ich hab' mich selber von ihm hypnotisieren lassen, statt Udi vor ihm zu warnen. Das war an einem Freitag. Ich machte mein Zimmer sauber, wie jede Woche vor dem Sabbat. Und da kommt er mit Udi herein. Zwei Stunden lang hab' ich ihm zugehört. Im Stehen, den Besen in der Hand! Als Udi später eingesehen hat, daß dieser Pariser nur ein schöner Phrasendrescher war, da war das Übel bereits geschehen. Bestimmt spielte dieser Franzose ganz einfach nur so mit seinen Ideen herum; tragisch war daran, daß Udi das alles für bare Münze nahm. Mein Sohn stand diesem weitgereisten Jungen als naiver junger Mann gegenüber, der nie über sein Dorf hinausgekommen war.

Unnachsichtig geht Tova mit sich selbst ins Gericht:

— Ich frag mich oft, ob ich nicht schuldig bin. Ich bin Marxistin und man sagt doch: »Noblesse oblige«. Meinen Kindern habe ich beigebracht: »Wer an Prinzipien glaubt, muß auch bereit sein, dafür sein Leben zu geben.« Ich redete mit ihnen immerzu über Brüderlichkeit unter den Menschen. Meine schönen Prinzipien, die zahlt Udi jetzt sehr teuer. In Israel, und besonders im Kibbuz, werden wir nicht genügend dazu erzogen, mit der Komplexität der Welt fertig zu werden. Wir leben ganz abgekapselt mitten im Nahen Osten, ohne die Mentalität von all diesen Arabern um uns herum zu kennen, mit ihren Redeschwallen, ihren Laviermanövern, ihrer List. Hier lernen wir direkt zu sein, aus einem Block, fast ohne Nuancen. Man bringt uns bei, aufs Wesentliche zu gehen und die Dinge bei ihrem Namen zu nennen. Mein armer Udi stieß auf eine Intrigenwelt orientalischer Art, auf die er nicht vorbereitet war.

— Als dein Sohn kleiner war, ist er da oft mit Arabern zusammengekommen?

— Gerade davon hat mein Mann vor kurzem geredet! Er sagte: »Eigentlich muß Udi, der mit neun Jahren einmal im Autobus für einen Araber aufgestanden ist, dafür jetzt siebzehn Jahre lang in einer Gefängniszelle Israels liegen!« Er spielte da auf einen Schulausflug an. Udi saß mit seinem Begleiter und den Kameraden in einem überfüllten Bus, als ein alter arabischer Arbeiter zustieg. Er sah müde aus. Udi stand als einziger auf, um ihm seinen Platz zu überlassen.

Die Zeit vergeht. Tova ist aufgestanden, um den Salat anzurichten. Dabei redet sie weiter. Sie legt auch für mich ein Besteck zu den anderen auf den Tisch, dann zeigt sie mir Stapel von Büchern:

— ... Hier neben dem Bücherregal habe ich gesessen... als sie gekommen sind. Das war an einem Dezemberabend. Genau am 5. Dezember 1972. Ich hatte gerade meinen Kuchen für den Sabbat in den Ofen geschoben. Neben mir half mein anderer Sohn seiner kleinen, behinderten Schwester bei ihren Übungen. Es klopfte. Ein Polizeibeamter vom benachbarten Revier. Ohne irgendeine Erklärung hat er gesagt: »Ihr Sohn ist verhaftet worden. Er ist im Gefängnis von Akko.«

Udi studierte damals in Haifa, einer Stadt, in der viele Araber geblieben waren. Tova wußte, daß ihr junger Aktivist mit einigen von ihnen Kontakt hatte. Sich allerdings vorzustellen, daß...

— Nachdem der Polizist weg war, machte ich mir weiter keine großen Sorgen. Ich habe meinem Sohn immer vertraut. Ich hielt ihn auch immer für unfähig, Schlechtes zu tun. Also ließ ich meinen Mann zur Nachtschicht gehen und legte mich schlafen. Ich wußte natürlich, daß ein Jude, der oft mit Arabern gesehen wird, damit rechnen mußte, verhört zu werden. Aber ich wußte nicht, daß die bei uns hier unerbittlich sind mit denen, die einen echten politischen Dialog mit den Arabern suchen. Ich hatte nicht verstanden, daß unsere Oberhäupter sehr weit vorausplanten, und das schon lange vor der Schaffung unseres Staates. Ich hatte nicht erkannt, daß ihre Pläne in bezug auf die Palästinenser bereits lange feststanden.

So waren in dieser Nacht weder Tova noch ihr Mann wirklich beunruhigt; immerhin hatten sie telefonisch mit einem befreundeten Anwalt Kontakt aufgenommen. Um fünf Uhr morgens fährt Udis Vater dann gleich nach Fabrikschluß nach Akko. Der Rechtsanwalt begleitet ihn. Tova ist inzwischen gerade damit beschäftigt, für ihr behindertes Töchterchen Butterbrote zu streichen, als es wieder bei ihr klopft. Diesmal ist es ein Journalist.

— Er hat mich gefragt, was ich von Udis Verhalten denke. Ich fiel aus allen Wolken: »Was soll ich Ihnen denn da wohl sagen? Mein Sohn ist ein Junge, der denkt, daß es nicht reicht, gut zu reden, sondern daß man auch gut handeln muß.« Ich hatte kein Radio gehört und auch keine Zeitungen gelesen, also hat mir der Journalist erzählt, was er wußte. Als ich dann die 7 Uhr-Nachrichten auffing, sagten sie: »Udi Adiv ist ein Spion, ein Verräter, ein Terroristenanführer, und sein Freund Dan Vered auch.« Sie sprachen nur von ihnen, nur von den Juden, weil sich die Araber für die da ja sowieso gegen Israel verschworen haben. Ich war am Boden zerstört. Udi, der Anführer einer Terroristenbande! Das gibt's doch nicht! Das kann doch nicht wahr sein! Udi ist doch durch und durch ein Mensch, der denkt!

Am Gefängnis von Akko stehen der Vater und der Anwalt vor verschlossenen Türen. Unmöglich, den Angeklagten zu sehen. An der Pforte des Gefängnisses erfahren sie nicht mehr als das, was in den Zeitungen steht. Zwei Tageszeitungen haben sich ganz besonders ins Zeug gelegt.

— Ah, ruft Tova aus, wenn Udi dumm, irgendwie plemplem, übergeschnappt oder krank wäre, dann hätten sie die Angelegenheit als Vorfall ohne Folgen melden können! Aber sie standen da vor einem hochintelligenten, gesunden Studenten, der zur Fallschirmjäger-Elite gehörte. Und das hat sie um ihren Verstand gebracht.

Seit diesem fatalen 5. Dezember 1972 fallen alle über Udi Adiv her. Aber warum dauert diese Gehässigkeit so lange an? Dazu hat mir einer von seinen ehemaligen Zellenkameraden im Hinterstübchen eines Tel Aviver Lokals seine Meinung anvertraut:

— Die Regierung Israels konnte gar nicht anders. Die Großeltern unseres Freundes Udi gehörten zu den ersten Ankömmlingen in Palästina. In Israel wurden diese europäischen Pioniere und ihre Nachkommen zu Symbolen. Udi, das war das perfekte Symbol. Und da verrät diese Perfektion das eigene Land! Und noch schlimmer, wirklich der Gipfel allen Horrors, dieses Wunder verrät sein Land nicht für Geld, sondern für Prinzipien!

Der junge Mann näherte sich mit dem Mund der Handtasche, in der ich mein Kassettengerät versteckt hatte:

— Als zum Beispiel die Nachricht in meinem Tel Aviver Stadtviertel bekannt wurde, ging ich einmal bei uns über den Hof. Meine Nachbarin, eine Iranerin, hatte Wäsche. Sie hielt mich auf: »Sag mal, was denkst du denn darüber? Wenn sich sogar solche wie dieser Adiv mit den Arabern einlassen, möcht' ich mal wissen, was denn die anderen da noch so im Hintergrund tun! Ich würd' ja gern wissen, was die noch alles vor uns verstecken!« Natürlich muß man sagen, daß der Udi Adiv-Skandal für einige in der Tat wie gerufen kam. Vor etwa drei Monaten hatten vermummte Palästinenser bei den Olympischen Spielen von München auf unsere Athleten geschossen. Erinnern Sie sich, das war im September 1972. Dann hatten unsere Sicherheitsdienste auch noch einen ihrer besten Agenten im

Ausland verloren. Verständlich, daß das Image unserer Sicherheitskräfte angeschlagen war. Was für ein Glück für unsere James Bonds! Die Affäre Adiv kam gerade gut, um sie wieder ins richtige Licht zu rücken.

Tova wacht über mein Aufnahmegerät, als fürchtete sie, mir könne ein wichtiges Wort verloren gehen.

— Vergiß auch nicht, daß sich das alles unter Golda Meir abgespielt hat, die doch erklärte: »Die Palästinenser — die gibt's gar nicht.« Mein Sohn hat siebzehn Jahre eingesteckt, weil er die Koexistenz mit denen vertrat, »die es gar nicht gibt«. Sein größtes Verbrechen ist, daß er zu behaupten wagte: »Diese Leute gibt es, das sind Menschen wie wir.« Für die Menschen von hier ist das eine ganz einfache Gleichung: Die Araber sind Kriminelle und Feinde der Juden. Udi Adiv ist der Freund dieser Kriminellen, also ist er der Feind der Juden.

Wenn in Israel der einfache Mann von der Straße hörte, daß einer seiner Mitbürger Kontakte zu arabischen, politischen Kreisen gehabt hatte, war er entsetzt. Für ihn hatte Udi Adiv seine Seele dem Teufel verkauft.

Tova sucht in ihren Schubfächern:

— Ich hab' ganz vergessen... die Akte ist ja nicht da. Udis Freundin Lea hat sie mitgenommen, um sie zu photokopieren. Für unsere Kampagne. Wir versuchen alles: Amnesty International, die UNO, das Rote Kreuz, berühmte Leute. Wenn du Hebräisch lesen könntest! Hier bei uns haben sie nichts verstanden. Die Journalisten genauso wenig wie die Richter. Oder wollten sie vielleicht gar nicht verstehen? Verstehen, daß der Krieg, der Kriegsschock... Ja, der Kriegsschock ist es. Der ist es, der meinen Sohn umgewandelt hat. Da gibt's welche, die der Schock in die Anstalt befördert... aber da gibt es auch ein paar, so wie Udi, die von diesem Schock elektrisiert werden und sich daranmachen, zu analysieren. Die dann anprangern, und die versuchen, etwas zu tun. Nochmal: Es ist der Kriegsschock. Die vom Gericht da und alle die, die von Verrat sprechen, was wissen die schon von meinem Kind? Ich bin seine Mutter. Ich hab' ihn gesehen, als er zurückgekommen ist. Ich habe gelitten, weil er litt.

Tova ist aber nicht die Frau, die sich selbst beweint. Für ihren Sohn setzt sie ihr Plädoyer fort:

— Jemand, der Udi im Gefängnis gesehen hat, hat einmal geschrieben, daß Udis Dogmatismus so perfekt sei, daß nicht einmal ein I-Tüpfelchen darin fehle. Vielleicht stimmt das. Sein Dogmatismus, das ist sein Rückgrat, das ihm hilft, alles auszuhalten. Udi hat schließlich seinen israelischen Freunden auch nie verheimlicht, daß er den Dialog mit der PLO suchte.

Udi hatte von ihm in Israel bekannten Arabern einen Namen und eine Adresse in Athen bekommen, um Vertreter der Befreiungsorganisation von Palästina treffen zu können. Er kommt so über Griechenland nach Syrien. Ihm war versprochen worden, daß er in Damas endlich mit denen sprechen könne, die er suchte. Und hier verstrickt sich Udi — der nicht Arabisch versteht — im Labyrinth von 1001 Irrwegen. Was hat man ihm in Syrien gezeigt? Echte Palästinenser oder verkappte Geheimagenten in PLO-Verkleidung?

Das erste, was Udi mir erzählt hat, als ich ihn nach seiner Verhaftung endlich sehen konnte, war, daß man ihn an der Nase 'rumgeführt hatte: »Mama, kannst du dir das vorstellen? Die haben mir gerade gesagt, daß Damas eine abgekarterte Sache war!« Udi hat das alles nicht verstanden und ich auch nicht. Ich versteh' übrigens heute noch nicht, wozu die Syrier ihn hätten brauchen können. Udi war doch viel zu ehrlich und politisch viel zu stark geprägt, um Spion — für wen auch immer — zu werden! Er mochte die Regierung von Damas genauso wenig wie die von Jerusalem.

— Und die politischen Geheimdienste von Israel?

— Die wußten alles. Von Anfang an. Udi ist von allen Seiten her manipuliert worden. Sie hätten ihn verhaften können, aber die da oben haben ihn lieber laufen lassen. Sie hätten mich aufmerksam machen können, aber sie fanden es besser, daß er erst einmal ganz im Schlamm versinkt. Denkst du etwa, daß die mich gewarnt hätten: »Paß auf, Tova, dein Sohn macht Dummheiten!« Nie im Leben. Sie brauchten einen, der das Volk vor Schauder zum Zittern bringt: »So, ihr haltet die für Idealisten? Na gut, dann schaut sie euch mal an, diese Linken!«

Über Gan Shmuel ist die klare Julinacht schon eine Zeitlang hereingebrochen, als Tovas Mann sich fürs Abendessen zu uns gesellt. Ein gezeichneter Mann, ruhig, schweigsam. Er steht — genau wie seine Frau — absolut hinter seinem Sohn. Leider spricht er nicht englisch, und so ist es wieder Tova, die beim Auffüllen der Teller zu jener Dezembernacht von 1972 zurückkehrt, in der das Leben ihres Sohnes eine dramatische Wende nahm:

— In dieser Nacht war es feucht und kalt. Das Gefängnis von Akko mit seinen gewaltigen, naßkalten Mauern ist alt. Udi wurde in eine eiskalte Zelle geworfen, in Einzelhaft mit strengster Isolierung: keine Bücher, keine Zeitung, kein Papier, keinen Bleistift. Nichts. Udi blieb so fünf Tage absolut allein, und in diesen fünf Tagen wurde ihm sogar ein Anwalt verweigert. Auch auf diesem Gebiet war Udi naiv und unwissend. Im warmen Nest des Kibbuz hatte er das wahre Leben nicht kennengelernt. Stell dir mal vor, er wußte nicht einmal, daß man das Recht hat zu verlangen, nur vor seinem Anwalt zu sprechen.

— Wo ist er verhaftet worden?

— Bei sich zu Hause. Er wohnte seit zwei Monaten mit seiner Freundin Lea in einer Einzimmerwohnung in Haifa. Sie kamen beide aus dem Kino und wollten zu Bett gehen, als heftige Schläge an die Tür pochten: Männer vom Sicherheitsdienst. Die haben alles durchsucht und die beiden dann getrennt abgeführt.

Weder Udi noch Lea ahnten, daß die seit ihrem Einzug installierten Mikros ihre Gespräche, Plaudereien bis hin zu jedem der kleinsten zärtlichen Worte und Geräusche aufgenommen hatten. Lea versteht gar nicht, worum es geht. Udi hatte ihr von seinen arabischen Reisen nichts erzählt.

— Arme Lea. Wie sie ihr zugesetzt haben! »Was hat er in Damas gemacht? Und seine Komplizen? Sag uns die Namen! Wir wollen Namen, Namen, Namen! Erst nach vierundzwanzig Stunden wurde sie wieder freigelassen.

Kurz darauf ist Lea zu Tova gekommen. Ganz diskret, mitternachts. Und die beiden Frauen, die sich zuvor nur einmal gesehen hatten, und die in dieser politischen Verwicklung überrollt und verurteilt werden, kommen sich jetzt näher.

— Ach, das Sprechzimmer! Diese ganzen Besuche, die wir beide gemacht haben! Lea kam, in Tränen aufgelöst, jedes Mal noch schwerer mitgenommen heraus. Der Besitzer der kleinen Wohnung in Haifa hatte sie vor die Tür gesetzt. Ihr Kibbuz lehnte sie ab. Ihre Eltern hielten ihr unentwegt ihre Liebe zu Udi vor. Ihre kleine Schwester wurde in der Schule von den Kameraden gemieden, weil sie gesagt hatte, daß sie Leas Freund sympathisch fände.

Lea blieb treu... Aber zwei Monate vor dem Prozeß tauchte eine ehemalige Freundin von Udi wieder in seinem Leben auf. Ganz langsam, Tag für Tag, Woche um Woche, Monat um Monat, nimmt sie in den Gedanken des Gefangenen Leas Platz ein und verdrängt diese aus dem Sprechzimmer. Schließlich wird sie Udi sogar heiraten.

— Wo haben sie geheiratet? Im Gefängnis?

— Ja, denk mal. Hier, diese Photos, das war 1975 im Gefängnis von Ramleh. Schau mal, wie elegant die beiden sind! Schau mal Udi, wie schön in seinem weißen Hemd! Eine richtige Freude, ihn für ein paar Stunden mal ohne diese scheußliche, braune Uniform zu sehen! Die Hochzeit fand im Club des Gefängnispersonals statt, und die Direktion hatte den Rabbiner ausgesucht. Udi durfte zwanzig Gäste einladen. Bei dieser sonderbaren Feier hatte ich ganz gemischte Gefühle: auf der einen Seite das Glück meines

Sohnes... auf der anderen die lange, ihm bevorstehende Frustration...

Udi hat seit seiner Verhaftung das Gefängnis tatsächlich noch nie verlassen. Nie. Auch nach seiner Hochzeit konnte er seine Frau nicht frei in die Arme nehmen, und sei es nur für einen Moment.

— Mein Mann und ich, vertraut Tova mir an, wir hatten sowieso beide von Anfang an das Gefühl, daß Udi durch diese Heirat nicht die innere Ruhe fände. Diese junge Frau ist brilliant. Sie ist Anhängerin des Trotzkismus. Aber sie ist das, was ich eine »Salonrevolutionärin« nennen würde. Udi dagegen lebt, was er denkt und zahlt mit seiner eigenen Person dafür. Er war deshalb auch schmerzlich berührt, als er bemerkte, wie gleichgültig sie den anderen Gefangenen gegenüber war. Nach zwei Jahren hielt er es für ehrlicher, sich scheiden zu lassen.

In dieser Nacht in Gan Shmuel kommt Wind auf. Unsere Mahlzeit ist beendet. Tovas Mann schaltet das Fernsehen ein.

Auf dem Bildschirm Szenen aus dem Libanon...

— Der Libanon... siehst du, das geht immer weiter. Manche sterben, andere verlieren dabei den Verstand und wieder andere desertieren. Und dann gibt's noch solche, die verzweifelt nach Lösungen suchen. Wie Udi. Aber die Zeiten haben sich geändert. Sie kassieren dafür nicht mehr siebzehn Jahre ein!

— Apropos siebzehn Jahre, wie hat sich der Prozeß abgespielt?

— Da waren überall Leute vom Sicherheitsdienst. Gewalt und Aggressivität gegenüber den Familien der Angeklagten schwebten in der Luft. Die Angehörigen waren nur sehr spärlich zugelassen worden. Für Udi waren es nur wir beide, mein Mann und ich. Lea war es nicht gelungen, bis zum Gerichtssaal vorzudringen.

Der Prozeß Udi Adiv und seiner Mitangeklagten fand am 26. März 1973 im Gericht von Haifa statt. Unter denen, die »Adivs Bande« genannt wurden, waren Juden und Araber.

— Was für ein Haß! Schon lange vor Beginn des Prozesses war die öffentliche Meinung aufgestachelt worden. Die Journalisten hatten Udi schon verurteilt, bevor er überhaupt vor Gericht gestanden hat. Die Staatsmacht hatte ihn über die Massenmedien noch vor den Richtern verurteilt.

Und was wurde gesagt?

— Die Journalisten sagten, daß eine Gruppe von Spionen entlarvt worden sei: »Individuen, die nur daran denken, diejenigen zu unterstützen, die unsere Frauen und Kinder töten.« In einer Rubrik für Leserbriefe hatte uns jemand verteidigt und gesagt, daß er die Eltern von Udi Adiv kenne und daß sie ordentliche Leute wären. Du wirst nicht glauben, was ein Redakteur geantwortet hat: »Sehr geehrter Herr, schreibt er, Ihnen sei mitgeteilt, daß in Österreich die Nachbarn von dem Juden-Henker-Eichmann auch behaupteten: 'Wir kennen doch die Eltern Eichmanns, das sind sehr ordentliche Leute!'«

Tova gestattet sich ein Lächeln:

— Das war ein so starkes Stück, das war so lächerlich, daß dieser Fanatiker sein Ziel verfehlte. Und ich erzähl dir das mit einem Lachen! Aber im ersten Moment war das fürchterlich. Weißt du, wir haben trotz allem nie das Vertrauen in unseren Sohn verloren. Nie. Udi weiß, daß er immer mit uns rechnen kann. Er weiß, daß wir immer zu ihm stehen. Was auch kommt, und was er auch macht. Um ehrlich zu sein, wir verstehen von diesem Prozeß nicht viel. Wie hätten wir uns auch vorstellen sollen, was die da alles zurechtschmiedeten? Udi wurde auf allen Seiten von Fallen umstellt. Und als allererstes von seiner eigenen Großzügigkeit...

Tova meint, daß ihr Sohn sich anschwärzen ließ, um seinen Freund Dan Vered zu entlasten, einen anderen Juden in diesem Prozeß, der allerdings ziemlich viel älter als Udi ist. Dan litt sehr schwer, er hatte sich gerade erst geheiratet. Er hatte kurz zuvor auch noch seine Mutter verloren. Sein Vater verleugnete ihn, sogar noch den Journalisten gegenüber. Tova hat aber die Entschlüsse ihres Sohnes akzeptiert. Und sie hat sie respektiert, obwohl ihr Herz darunter litt, ihn sich täglich tiefer verstricken zu sehen.

— Sie haben nicht nur die Politik ins Spiel gebracht, sondern auch die Gefühle der Angeklagten. Einen arabischen Angeklagten, den Buchhändler Daoud Turki aus Haifa, haben sie in seiner Zelle aufgesucht und ihn bedroht: »Wir wissen, daß deine Tochter in Istanbul studiert. Wenn du nicht gestehst, lassen wir sie von den Türken als Terroristin verhaften!« Der arme Mann hat wer weiß was ausgesagt, man kann ihn verstehen: seine Tochter bei den Türken!... Und das ist noch nicht alles. Da war noch die Geschichte von dem jungen Araber. Sie haben angefangen, ihn zu foltern. Dann haben sie ihn Udi gezeigt: »Los Adiv, gib zu... sonst geht's hier weiter...« Udi war in der Falle. Im Prozeß hatte er keine andere Wahl mehr als zuzugeben, daß er tatsächlich die eigentliche Essenz des Staates Israel vernichten wollte: den Zionismus.

— Und der Prozeß an sich?

— Sagen wir lieber Parodie. Sie haben diese Komödie für's Fernsehen gefilmt. Eine schöne Inszenierung für das gute Volk. Und wir armen Irren, wir haben noch geglaubt, unserem Sohn helfen zu können, indem wir Tussia Cohen, einen der größten Anwälte des Landes, sehr teuer dafür bezahlten. Für nichts. Es gibt Anwälte, die jeden Businessman, und vielleicht sogar einen Mörder, aus der Affäre ziehen könnten, denen es aber nie gelingen würde, die Psychologie eines Idealisten, eines Ideologen zu verstehen. Und dann war ja auch alles von vornherein eine abgemachte Sache!

Udi Adiv hat in seinem Prozeß die dreifache Beschuldigung erhalten: wegen Verrat, wegen Verschwörung und wegen Überlieferung von Informationen an den Feind. Alles schön zusammengerechnet gibt das siebzehn Jahre. Sein Freund Dan Vered hat zehn Jahre bekommen.

— Wenn ich mir vorstelle, daß heute, zehn Jahre danach, manche meinen Sohn noch immer den »syrischen Spion« nennen! Daß Leute von uns hier glauben, mein Sohn denke nur daran, ihre Kinder zu töten, das macht mich ganz krank. Wenn sie ihn, ihren Mörder, nur in der Zeit, als er im Gefängnis von Ramleh war, hätten sehen können! Dort respektierten ihn alle: die Strafgefangenen wie die politischen Gefangenen. Die Araber und die Juden, die Israelis und die Palästinenser, die Christen und die Drusen. Alle schätzten ihn. Sogar die größten Fanatiker der PLO, obwohl sie wissen, daß Udi ihre Terrorakte verurteilt. Sogar die Muslimischen Brüder, obwohl die fanatischsten unter ihnen Udi hassen, weil er Jude ist.

Im Gefängnis von Ramleh, in dem Udi so viele Jahre verbracht hat, leben die Hartgesottenen, die Unverbesserlichen, die gefürchteten Strafgefangenen hinter verschlossenen Türen. Die politischen Häftlinge werden mit den übrigen Strafgefangenen in überbelegten Zellen zusammengebracht. Da wird ununterbrochen geschrien, gejohlt, geflucht. Tag und Nacht schlagen da die Eisentüren zu ... peng! Und wieder peng! Aber Udi scheint durch nichts beeinträchtigt zu sein, weder durch den Lärm, noch durch die Gerüche, noch durch Kälte oder Hitze. Seine Zellenkameraden haben ihm sogar eine kleine Schreibecke mit einem Tisch eingerichtet.

— Und denk' dir mal, wenn er studierte, waren sogar die Strafgefangenen still und ließen ihn in Ruhe! Udi hat von einem anderen Häftling Arabisch gelernt. Er selber bringt Arabern Hebräisch bei. Er verbessert sein Englisch und hat mit Französisch angefangen. Mein Sohn schreibt auch seine Biographie. Einmal hat er Spaß gemacht: »Erinnerst du dich, Mama, als sie mich in Einzelhaft gesperrt hatten? Ich müßt' ihnen noch dafür danken. Ich konnte da Sigmund Freud von A bis Z durcharbeiten. Zu Hause hätte ich nie die Zeit gefunden!«

Der ehemalige Zellengenosse von Udi Adiv hatte mir im Hinterstübchen des Tel Aviver Lokals lange über die Beziehungen der Gefangenen untereinander im Gefängnis von Ramleh berichtet:

— Diese Beziehungen sind kompliziert, weil es fast so viele Sonderstatuten wie Individuen gibt. Unter unseren wenigen jüdischen »politischen«

Häftlingen ist auch alles vertreten. Da war zum Beispiel diese Sache mit der Bluttransfusion im Oktoberkrieg von 1973. Ich habe jüdische politische Gefangene gesehen, die ihr Blut für Tsahal gaben, für die Soldaten aus der von ihnen so scharf kritisierten Armee. Vor der Solidarität dieser idealistischen Idioten standen die Strafgefangenen platt da. Ich hör' sie noch: »Arme Schweine, erst schreit ihr gegen das System, und dann laßt ihr euch von denen euer Blut aussaugen? Wir haben ihre dämlichen Ärzte mitsamt ihren Spritzen zum Teufel gejagt!«

Während der ehemalige Gefangene so mit mir redete, versuchte ich, ihn mir in Ramleh vorzustellen. Aber es gelang mir nicht: Vier Jahre Gefängniszelle und Leid scheinen an ihm spurlos vorübergegangen zu sein. Sogar sein Blick ähnelt dem vieler anderer. Ich hätte ihn gern gefragt: »Wie kommst du, nach all dem, was war, mit deiner Frau aus?« Aber diese Frage stelle ich nicht mehr; ich wage sie nicht mehr zu stellen. Ich habe zu oft gesehen, wie Ehen von der Trennung durch Gefängnis, Krieg und Leid langsam zerrüttet wurden. Ich habe gemerkt, daß die Heimkehrenden nie mehr ganz heimkehren, und daß sich das Unaussprechliche nie teilen läßt. Also habe ich einfach nur gefragt:

— Konnten Sie in den vier Jahren Gefängnis manchmal raus? Konnten Sie mit Ihrer Frau ab und zu allein sein?

— Nein, nie. Ich bin nie rausgekommen. Im Prinzip darf ein Gefangener, der ein Drittel seiner Strafe verbüßt hat und nicht rückfällig geworden ist, für ein paar Stunden, manchmal sogar für ein bis zwei Tage das Gefängnis verlassen. Er geht dann entweder allein, oder in Begleitung einer Wache in Zivil. So steht es in der Vorschrift, aber praktisch läßt man die politischen Gefangenen nie raus. Die politischen Gefangenen werden gehaßt und die jüdischen am allermeisten. Wie ich. Wie Udi. Udi ist auch noch nie rausgekommen. Und bei ihm sind das schon zehn Jahre. Für Lea ist das nicht grad lustig...

Sie hat nämlich ihren Platz in Udis Leben wieder eingenommen, die Lea aus dem Einzimmerappartement in Haifa, die Lea, die mit ihm am 5. Dezember 1972 festgenommen wurde, die Lea, die es vor der im Gefängnis geheirateten reichen Revolutionärin gab. Und von dieser Lea haben Tova und ich nun gesprochen.

— Ja, Lea war wieder da! Wir hatten sie eigentlich nie ganz aus den Augen verloren. Als sie merkte, daß eine andere sie bei Udi verdrängt hatte, war sie nach Paris gegangen. Ohne einen Pfennig. Ohne ein Wort Französisch. Würdest du so ein Mädchen nicht auch bewundern? Lea hat in Frankreich ganz allein angefangen. Sie hat sich mit Hebräischstunden durchgeschlagen. Nach einem Jahr wurde sie an der Sorbonne zugelassen, und drei Jahre darauf hat sie die mit einer Lizenz für Neue Geschichte in der Tasche wieder verlassen. Was unsere Lea im Kopf hatte, läßt sich leicht erraten. Diese ganze Affäre hatte sie in die Welt der hohen Politik vorgestoßen, von der sie nichts verstand. Und diese Welt wollte sie um jeden Preis verstehen, um Udi besser zu verstehen.

Lea hat sich also mit Politik befaßt. Politik wird zur treibenden Kraft ihres Lebens. Und von Poltik wird in den Briefen geredet, die sie von Paris aus an Udi schickt. An Udi, der auch im Gefängnis seinen revolutionären Traum weiterträumt, von einem gemischten sozialistischen Palästina, in dem Juden, Moslims und Christen nebeneinander leben. Lea schreibt so ihrem Freund über Monate, über Jahre hinweg, und hinter Analysen und Theorien glimmt die Treue ihrer Liebe weiter. Der Krieg bringt auch solche Leas hervor, deren Geist im Frieden vielleicht Brachland geblieben wäre und deren Herz zurückhaltender geschlagen hätte.

— Unsere Lea interessiert sich sehr für die Geschichte der Neuzeit, vor allem aber für die Geschichte, die sich bei uns, in Israel, abspielt. Sie kümmert sich beispielsweise sehr um arabische politische Häftlinge mit israelischer Nationalität, denn sie stehen besonders allein da. Jeder, der einen politischen Häftling besucht, wird automatisch registriert, was den Angehörigen Angst macht. Udi im Gefängnis, Lea und ihre Freunde draußen: Sie setzen alles daran, den politischen Gefangenen zu helfen. Sie passen auf, daß sie die ihnen zugesandten Bücher und Zeitungen und das bißchen für sie gesammelte Geld auch tatsächlich erhalten. Mit seiner Fürsorge den arabischen politischen Häftlingen gegenüber hat Udi sich selber geschadet: ein Jude, der Arabern hilft... welch ein Verrat!

Lea wird der Sicherheitsdienst nur bespitzeln, während Udi Adiv weiterhin wie ein Verräter oder ein Terrorist überwacht wird.

— Und das, obgleich sie ja an sich wissen, daß mein Sohn nicht mehr an die Gewalt als revolutionäres Mittel glaubt! Er hat das gesagt. Er hat das geschrieben. Sie aber, sie wollen das gar nicht zur Kenntnis nehmen, und sie kommen immer wieder auf diese Rede von Yassir Arafat zurück, in der der Vorsitzende der PLO Udis Namen zitiert hatte. Die paar Worte hatten einen Skandal ausgelöst. Und das geht weiter: Wie oft hat nicht schon die PLO die Freilassung Udis gefordert, als wenn er einer der ihren wäre, wenn vom Austausch arabischer und jüdischer Häftlinge die Rede war. Mein Sohn tut nichts dazu, das ganze Gerede schlägt sich nur gegen ihn nieder. Unser Sicherheitsdienst läßt da nicht locker. Neulich hat eine Freundin von mir einen der Direktoren von Udis Gefängnis auf der Straße getroffen. Sie hat ihm gesagt, daß sie nicht versteht, warum man den Gefangenen Adiv, der sich immer gut geführt hat, nicht freilasse, wo man doch viele Häftlinge nach Ablauf von Zweidrittel ihrer Strafe gehen lasse. Seine Antwort: »Hören Sie mal, gute Frau, dieser Adiv da ist gefährlich! Adiv versucht, allen meinen politischen Gefangenen seine Ideen aufzuzwingen. Adiv ist Arafats Antenne in Israel. Jeder weiß, daß die Fatah* hier keinen Schritt tut, ohne ihn vorher zu konsultieren.«

Tova schiebt eine Strähne ihres grauen Haares zurück:

— Denk mal, Udi, ein Boß, ein Bandenchef! Udi, der dämonische Geist der Fatah! Ich würd' ja lachen, wenn ich noch lachen könnte!

— Aber sag mir, Tova... wie haben sich Udi und Lea wiedergefunden?

— Ein Jahr nach Udis Scheidung haben sie sich wiedergetroffen. Sie sind wieder intime Freunde geworden... na ja... wenn man da überhaupt von intim reden kann bei zwei Besuchszeiten von je einer halben Stunde im Monat... und hinter einem Gitter, durch das man gerade die Fingerspitzen des anderen berühren kann... und das unter den Blicken eines Wächters, der einen nicht aus den Augen läßt und jedes Wort mitkriegt. Seit ein paar Monaten sehe ich meinen Sohn selten. Ich trete Lea meine Besuchszeit ab. Ja, ich könnte sie natürlich begleiten, aber ich möchte die beiden lieber allein lassen. Ich liebe alle beide, deshalb halte ich das aus.

Die beiden jungen Leute haben die nötigen Schritte unternommen, um zu heiraten, denn Lea ist schon über dreißig, und sie möchte gern noch ein Kind. Udi und Lea wollen eine richtige Hochzeit. Eine Hochzeit, wo man allein ist, wo man sich lieben kann, wo man miteinander schläft. Einige Stunden außerhalb des Gefängnisses, nur einige Stunden! Dieses Recht und dieses Glück wurde ihnen verweigert. Die das zu entscheiden haben, beharren darauf: »Adiv, das ist der Staatsfeind. Gebt ihm eine Frau und ein Heim, und ihr bringt alle Familien Israels in Gefahr!«

Und nun? Wie lange soll Lea wohl noch warten? Wie viele einsame Nächte? Wie viele Jahre noch ertragen?

Überall auf der Welt kommen jeden Frühling, jeden Sommer jeden Winter Frauen wie Lea, die der Krieg zerstört hat, in die Sprechzimmer der Gefängnisse, um ihre Frustrationen zu verschlimmern. Sie träumen von Liebkosungen und bekommen nur einen Blick durch ein Gitter. Sie träumen davon, selber Leben zu schenken und gehen mit leerem Schoß weg.

Tova reicht mir einen Stoß Briefe.

---

* Die Fatah: Hauptbewegung innerhalb der PLO

— Wirf noch einen Blick drauf, bevor du gehst. Briefe, die helfen wollen. Hier ist der von dem bekannten Professor Vidal-Naquet* aus Paris, der uns erlaubt, seinen Namen überall und jederzeit zu zitieren. Viele in Israel sagen mir: »Arme Tova, wenn Ausländer sich in deine Geschichte einmischen, wird das wieder auf deinen Sohn zurückfallen, man wird ihn noch kürzer halten. Als hätte Udi überhaupt noch etwas zu verlieren! Ich gesteh dir, daß es heute vor allem mein zweiter Sohn ist, der mir Sorgen macht. Seit sein Bruder im Gefängnis ist, ist er sehr hart geworden. Er ist in so einer linken Splittergruppe engagiert. Er sagt, daß er nichts braucht, nicht mal Kleidung. Sein Ideal kleide ihn bereits, sagt er. Bei seiner Arbeit hat man ihn weggejagt. Einmal haben sie ihn sogar drei Tage lang im Gefängnis festgehalten. Nochmal Gefängnis... Für eine Mutter, da reicht's, daß ein Sohn siebzehn Jahre absitzen muß.

Tova hat mir für meine Rückfahrt nach Tel Aviv ein Stück Kuchen eingewickelt. Sie begleitet mich mit ihrem Mann durch den Kibbuz, durch Wind und Nacht. Als wir auf der Straße bei der Bushaltestelle ankommen, sagt Tova:

— Wenn dein Bus nicht direkt nach Norden fahren würde, kämst du an Kfar Yona vorbei; das ist hier ganz in der Nähe. Udi ist gerade dorthin verlegt worden. In seinem neuen Gefängnis gibt es nur politische Häftlinge. So um die vierzig. Ich bin ganz zufrieden darüber. Im Speiseraum von Kfar Yona sollen die Gefangenen wie Menschen essen. Am glücklichsten bin ich aber über seinen Brief, den er mir gleich nach seiner Ankunft dort geschrieben hat. Hör mal gut zu, ich kann ihn auswendig:

»Liebe Mama,
ich bin seit vier Tagen hier,
und an diesen vier Tagen
hab ich jeden Abend die Sonne untergehen sehen.
Das hatte ich seit neun Jahren
nicht mehr erlebt.«

Im Mai 1985, ein Jahr vor Erscheinen dieses Buches, wurde Udi Adiv schließlich freigelassen. Aber unter der Bedingung, daß er das Land nicht verläßt, daß er keinerlei politischer Aktivität nachgeht und daß er sich jeden Monat bei der Polizei meldet. Seine Freilassung erfolgte eineinhalb Jahre, nachdem er 2/3 seiner Strafe verbüßt hatte.

Er hat Lea geheiratet.

* Französischer Historiker, der sich stark für die Probleme des Nahen Ostens engagiert. Besonders tritt er für eine friedliche Regelung zwischen Israelis und Arabern ein.

DIE LEIDENSCHAFT

Shehinda Maklad – Ägypten

Ein politischer Kopf und eine bäuerliche Seele.

Shehinda Maklad

Seine Vorgesetzten verboten meinem Bruder den Umgang mit mir. Ashraf war Mig-Pilot. Die Israelis haben ihn abgeschossen.

»... Kamchiche war ein kommunistisches Aktionszentrum im Nildelta. Ich erinnere mich, daß die Mitglieder des marxistischen Kerns dieses Dorfes einmal Jean-Paul Sartre eingeladen hatten, damit er ihre »Realisationen« besichtige, auf die sie sehr stolz waren«, schreib Anwar el-Sadat in seinen Memoiren *. Sadat kannte diese Gegend besonders gut, weil Kamchiche neben Mit Abu al Kom, seinem eigenen Dorf, liegt. Unter diesen »Kommunisten« befand sich Shehinda Maklad, eine der drei Frauen — von fünfundvierzig Mitgliedern — die heute zum Parteisekretariat der ägyptischen Linken gehören, der sogenannten Versammlungs-Partei.

Shehinda, die Pasionaria der Bauernrevolte, hat unter dem Krieg gelitten, vor allem aber unter der Politik. Die Israelis haben einen ihrer Brüder und zwei ihrer Cousins getötet. Die Feudalherren, die Großgrundbesitzer Ägyptens, haben ihren geliebten Mann ermorden lassen.

Sie zu finden, das ist ein Theater für sich. Nicht nur, weil Shehinda, die in Alexandria wohnt, kein Telefon hat, sondern mehr noch, weil sie ständig auf Achse ist. Als ich schließlich den Arzt erreiche, der mich mit ihr in Kontakt bringen soll, teilt er mir mit, daß sie schon auf dem Sprung ist, ihren Kreuzzug wieder fortzusetzen:

— Wenn Sie sie noch erwischen wollen, dann springen Sie in den nächstbesten Zug nach Alexandria!

Der erste Zug verläßt Kairo frühmorgens. Dieser nächst-»beste« Zug aber ist gar kein Zug, sondern eine Lokomotive, die durchlöcherte Kisten, klaffende Türen, sperrende Fenster hinter sich herzieht. Dieser »Monoklassenzug« ist laut Fahrplan ein Touristenzug. Finsterer Tourismus unter eiskalten Güssen in der Morgendämmerung! Die Füße unter dem Hinterteil und mit einer Wollmütze vermummt, habe ich mich auf den Holzlatten zusammengerollt und wickle mich in meinen meterlangen Schal ein. Und damit dem Touristen auch kein Blick auf das umliegende Elend im Schlamm entgeht, hält der Touristenzug auf jedem Bahnhof.

Wenn der Zug die Laune wechselt, wechseln die Mitfahrenden ihre Plätze: Die Regengüsse, die durch Türen und Fenster dringen, treiben sie unaufhörlich von einer nassen Bankecke in eine noch eben trockene. Und

---

* Anwar el-Sadat: A la recherche d'une identité — Histoire de ma vie. Fayard, 1978, S. 250

je mehr die Laune des Windes wechselt, verschlechtert sich meine. Ich verfluche diese Shehinda, die mich zwingt, vier Stunden lang in diesem rollenden Sieb zu frieren. Und das ist noch nicht alles! Nicht genug damit, daß in diesem Januar 1983 die Sintflut angeschwemmt ist, es ist auch noch Freitag und für Moslems Sonntag. Aber Gott sei gedankt, Allah ist groß, ich hatte unrecht zu zweifeln: Ein unverhofftes Taxi fällt mir in Alexandria am Bahnhof vom Himmel und nimmt mich auf — mitsamt meinem Dolmetscher, meinem Regenschirm, meiner Handtasche und meinem riesigen Arbeitssack, der zwei Kameras, ein Zoom-Objektiv, ein Aufnahmegerät, Batterien, Filme und Kassetten geladen hat.

Das Taxi biegt an der Küstenstraße um die Ecke... ein Paar Meter neben einem Café. Ein offenes Café! Aber wie weit ist der warme Tee noch entfernt! Um ihn zu erreichen, muß ich mich langsam vorarbeiten; dicht an die Mauer gedrängt, damit ich nicht wegfliege. Ich bin am Ende. Der Sturm, der das ganze Meer zum Anlaufnehmen hat, reißt alles aus. Mir entreißt er Zornestränen. Ich hasse Shehinda.

Ich hasse dich, Shehinda... Und doch weiß ich in dem Augenblick, als du mir deine Tür öffnest, daß wir beide Freundinnen werden. Du stehst da, vor mir, empfängst mich so warm, daß mir schon gleich weniger kalt ist. Deine Stimme und dein Blick brennen.

Shehinda schaltet ihren kleinen, elektrischen Ofen an und stellt ihn neben mich. Sie ist tatkräftig und schnell und gibt sich nicht mit Umschreibungen ab. Ohne Umschweife geht sie aufs Ziel los:

— Die Politik? Die hat schon auf mir gelastet, bevor ich überhaupt lesen konnte! Mein Vater war ein hochgestellter Polizeioffizier. Und ein echter Patriot. Ein Quijote. Er wurde verleumdet, verraten, ins Exil geschickt. Siebzehnmal wurde er versetzt. Sie haben ihn sogar bis in die tiefsten Tiefen im Süden geschickt, an die Grenze der Wüste.

Die schlechten Höflinge Ägyptens schickt man in der Tat immer in den Süden, damit sie sich beugen.

— Ich bin 1938 im Delta geboren. Ich war zehn Jahre alt, als 1948 der Palästina-Krieg ausbrach, als Antwort auf die Schaffung des Staates Israel. Ich schluchzte, als man mir die Geschichte der kleinen palästinensischen Däumlinge erzählte, die von den jüdischen Riesen verjagt wurden. Ich trampelte mit den Füßen: »Papa, ich will eine Fedajin sein, Papa!« Und mein Vater hat geantwortet: »Ja, ja, Licht meiner Augen, aber warte, bis du sechzehn bist!«

Als Shehinda dreizehn ist, hört sie erstmals aus dem Mund ihres Vaters das Wort »Sozialismus«:

— Der Sozialismus, das ist mein Kampf. Ich hab' nie aufgehört zu kämpfen. Ich bin eine, die alles riskiert, wie mein Vater.

In ihrer bescheidenen Wohnung von Alexandria wird Shehinda in einigen Stunden und tausend Bildern Jahre der Geschichte wieder aufleben lassen. Und ist die Kämpferin auch ein politischer Kopf, so ist ihre Seele doch bäuerlich. Bevor sie sich in ihre Berichte und Kämpfe stürzt, stellt Shehinda Essen vor mich auf den Tisch, das ein ganzes Dorf ernähren könnte.

— Von meinem Vater, von ihm haben sie Seele und Körper bis zum Tod geschunden. Meinen Bruder und meine Cousins haben die Israelis getötet. Meinen geliebten Mann haben die Großgrundbesitzer ermordet, und so bin ich allein übriggeblieben. Ich mußte den Kampf allein weitermachen und bin nun der Mann zum Abschlachten. Zweimal hat man versucht, mich zu töten. Das erste Mal bei einer Rundreise zur politischen Bildung in den Dörfern. Ich kündigte mein Kommen nie an, weil die Polizei mir sonst Hände und Füße gebunden und den Mund verboten hätte. Mit meinen Kameraden kamen wir unangemeldet an und hatten im Handumdrehen unsere Spruchbänder und das Megaphon bereit. Die Leute kamen angerannt. An jenem Tag wurde ich allmählich von allen Seiten umringt. Ein Mann in blauem Gewand drehte sich um mich und ließ dabei einen Stock kreisen. Erst dachte ich, daß er tanzte,* um mir seine Freude zu zeigen. Aber ich hab' dann schnell verstanden, was er eigentlich wollte: mir den Schädel einhauen! Da hab' ich meine Hände vorgeworfen und den Stock erwischt...

Das zweite Mal ist es auch ein Bauer, der wieder von den Feudalherren gekauft worden war, um Shehinda zu töten. Er schüttet Gift in ihren Kaffee, aber zum Glück wird sie rechtzeitig benachrichtigt. Nichts kann eine Kämpferin aufhalten! Shehinda wird ihre Propaganda fortsetzen und von einer Provinz zur anderen gehen, um die Dörfer aufzurütteln, wo versunkene Benommenheit und blutige Ausschreitungen auf- und untertauchen.

— Daß die Großgrundbesitzer versuchen, uns zu töten, das war normal. Daß aber die Umgebung von Nasser den Feudalherren die Karten zuspielt, indem sie die Agrarreformen sabotiert, die eben von der Regierung verkündet sind, das hat uns verrückt gemacht. Unter diesen Saboteuren befand sich Anwar el-Sadat, auf dessen Befehl gerade fünfzehn Vorsitzende der Bauernbewegung von unserem Dorf festgenommen worden waren. Meinen Vater hat das erschüttert. Er hat ein Telegramm an Nasser ge-

* Der »Stocktanz« ist ein typischer Bauerntanz in Ägypten.

schickt: »Befreie meine Bauernkameraden, oder vergifte mich mit ihnen!« Das Ergebnis war, daß mein Vater einmal mehr versetzt wurde.

Shehinda schiebt eine Tasse Tee zu mir und reicht meinem Dolmetscher einen Kaffee. Dann geht sie von der Wand ein schwarz eingerahmtes Bild zu nehmen und ein anderes von der Kommode.

— Ich hätt' dir gern ein Photo von meinem Vater gezeigt, aber ich hab' keins hier. Das da in Uniform, das ist mein kleiner Bruder Ashraf, der Flieger, den die Israelis abgeschossen haben. Der andere, der im Bauernkaftan, das ist mein richtiger Mann. Das ist 1965, ein Jahr vor seinem Tod.

— Dein richtiger Mann?

— Ah, diese Heiratsgeschichten! Sag mir bloß davon nichts! Oder doch, sprechen wir darüber! Ein paar Monate, bevor mein Vater starb, hatte meine Mutter sich in den Kopf gesetzt, mich zu verheiraten. Das war 1956, ich war achtzehn. Mein Vater hat nicht nein gesagt, hatt sie aber versprechen lassen, daß ich den Mann ablehnen könne, wenn er mir nicht gefiel. Mein Vater war nun kaum begraben, da hat meine Mutter meine Brüder um den Finger gewickelt, und die ganze Familie hat mich bearbeitet, bis ich den *kitab* akzeptierte...

Der *kitab* (Buch) ist der Vertrag, die erste Etappe der moslemischen Heirat. Die zweite, die *dokhla* (Vollziehung), kommt später, manchmal sogar Jahre danach.

— ... Dieser Mann kam aus Assiut, einem kleinen Städtchen im Süden, wo man die Frauen für eine Nichtigkeit umbringt. Er war auf meine Bücher neidisch, auf die Ideen, die ich darin fand. Er war auf alles neidisch.

In diesem Moment erfährt Shehinda, daß einer ihrer Cousins freigelassen ist:

— Sie hatten ihn ins Gefängnis gesteckt, weil er mit der Muslim-Bruderschaft sympathisierte. Und glaub' mir, mit den Brüdern ist man nicht sachte umgegangen, die wurden gefoltert. Mein armer Salah, der so sensibel war, hat das auch durchgemacht. Schau mal sein Photo an!

Salah Hussein hatte tatsächlich ein schmales, empfindsames Gesicht, eine natürliche Vornehmheit.

Shehinda nimmt meine Hand:

— Die Blume seines Blickes und den Honig seiner Augen kann dir das Photo nicht zeigen... Ah, der Tag, an dem Salah nach Kamchiche zurückgekommen ist! Die ganze Familie war da. Es gab Tee und Kaffee und Kuchen. Salah rauchte Wasserpfeife... und ich schaute ihn an und fühlte mich wohl. Und je länger ich ihn ansah und ihn mit dem verglich... eben mit dieser Person aus dem Heiratsvertrag... um so mehr wurde mir bewußt, daß ich Salah seit langer Zeit liebte. Aber er, liebte er mich?

Shehinda verband wirklich alles mit Salah, Salah hatte für sie »die Seele ihres Vaters«, denn auch er kämpfte gegen die Feudalherren. Er hatte sogar die Bauernvereinigung von Kamchiche geleitet.

— Als ich meiner Mutter gesagt habe, daß ich mich scheiden lassen wollte, hat sie alles in der Küche zertrümmert. Sie hat mich in meinem Zimmer eingesperrt und die Tür verriegelt. Und durch die Tür hat sie mir zugeschrien: »Du kommst da erst raus, wenn du deine Meinung geändert hast!« Dann hat sie meinen Mann kommen lassen und mich mit ihm einen Tag lang eingeschlossen, in der Hoffnung, daß er mich vergewaltigt: so wäre die Hochzeit vollzogen, und ich wäre eingefangen! Aber ich hab' durchgehalten. Darauf hat mich mein Mann, der bei der Polizei war, vom Innenministerium vorladen lassen, und ihre Erpressung hat begonnen: »Wir wissen aus guter Hand, daß du nur noch Augen für deinen Cousin, für Salah Hussein, diesen Kommunisten, hast. Wenn du glaubst, daß du dich von einem ordentlichen Mann scheiden lassen kannst, um so einen Galgenstrick zu heiraten, dann kannst du noch lange darauf warten! Wenn du dich scheiden läßt, wird dein Salah an seinen richtigen Platz getan. Ins Gefängnis!«

Da Shehinda immer noch nicht nachgibt, ist ihre Mutter jetzt überzeugt, daß nur der böse Blick Shehinda davon abhält, ihren Mann zu lieben. Sie bringt sie zu einem Exorzisten, der ihn ihr austreiben soll. Sie schleift sie sogar bis zur Nekropolis von Kairo, wo ein sehr berühmter und teurer Exorzist seine Kundschaft in der Dunkelheit eines Grabes empfängt. Ohne Erfolg: Shehinda liebt Salah noch immer. Schließlich gibt die Mutter auf, der Mann geht, und die Scheidung wird am 12. März 1957 endlich ausgesprochen.

Shehinda ist aber noch nicht am Ende ihrer Mühen. Ihre Mutter und die Männer ihrer Familie weigern sich, sie diesem Salah zu geben, der zu allen Revolten und Revolutionen bereit ist, der aus der Philisophischen Fakultät ausgeschlossen, von der Universität verjagt wurde und nun gezwungen ist, mit nichts in Alexandria zu leben und Import-Export-Papiere vollzuschreiben. Da flieht Shehinda. Sie geht zu Salah nach Alexandria. Die Familie gibt schließlich nach.

— Wir haben am 15. Oktober 1957 geheiratet. Salah war zehn Jahre älter als ich. Er hat mir drei Kinder geschenkt, die heute 17, 21 und 24 Jahre alt sind... ich habe nie einen anderen Mann geliebt. Salah, das war mein Vater, mein Bruder, mein Freund, mein Mann... das war meine Liebe... Das alles haben sie vernichtet, als sie die Revolution vernichten wollten...

— Du hast mir erzählt, daß Salah mit der Muslim-Bruderschaft in Verbindung stand. Das überrascht: Das Handeln der Brüder ruht ganz auf ihrer Religion... eures aber — das von dir und Salah — war ganz auf den Sozialismus gebaut.

— Die Muslimischen Brüder waren nur eine Episode in Salahs Leben. Er hatte sie 1948 im Palästina-Krieg getroffen. Mein Mann war — wie so viele andere — ein Nationalist, der seine Richtung suchte. 1951 hat er mit den ägyptischen Partisanen gegen die englische Besatzung gekämpft. 1953 hatte er sich schließlich gefunden; ein Kamerad hatte ihm den Marxismus nähergebracht.

In diesem an Gott erkrankten Ägypten ist der Kommunismus der Teufel. Die kommunistischen Parteien sind immer verboten worden, und als Kommunist zu gelten heißt, tausendmal den Tod riskieren bis zum eigentlichen Tod...

— Salah hungerte nach allem: nach Geschichte, nach Philosophie, nach Politik. Und ich war seine Studentin. Anfangs war ich voller schöner Illusionen, solche, wie man sie in den Büchern fand. Aber als ich dann neben den Bauern im Staub saß, da hab' ich begriffen, daß diese Wörter aus den Büchern in ihrem Boden niemals Wurzeln fassen würden. Also habe ich die Theorie verlassen und Wörter gesucht, die näher am Leben stehen.

In diesem Land, in dem die Konformisten mehr denn je an ihren Doktrinen und ihrer Angst kleben bleiben, hat Shehinda keineswegs Angst, mir einzugestehen, daß sie mit der Zeit gelernt hat, Etiketten mißtrauisch zu betrachten:

— Ich kenne manche Schufte, die sich Linke nennen... und wiederum Typen, die Rechte genannt werden und die besser sind als ich!

Aber kommen wir zu der Geschichte unserer beiden Ackerbau-Helden zurück... Die Komplotte, die von den Großgrundbesitzern gegen Salah und Shehinda geschmiedet werden, nehmen mit den Jahren immer giftigere Formen an. In den Dörfern kommt es zu immer heftigeren Ausschreitungen. Salah hat sich seinerseits zu einem der Brüder Nassers gesellt, der damals in Alexandria der Vorsitzende der Sozialistischen Union, der regierenden Partei, war. Er beauftragt ihn, den Präsidenten Ägyptens wissen zu lassen, was sich tatsächlich bei den Bauern abspielt und was Sadat sowie dessen Freunde ihm zu verheimlichen suchen. Zorn bricht unter den Großgrundbesitzern aus. Wie später bei Shehinda, schrecken diejenigen, die gegen die Agrarreform sind, vor keinem Mittel zurück, Salah verschwinden zu lassen. Und was sollte da leichter in einem Land des Islams sein, als jemanden zu finden, der einen Ungläubigen, einen »Kommunisten« um die Ecke bringt!

Zuerst versucht man die klassische Methode, man versucht, Salah zu vergiften. Dann wird man einen seiner Cousins bezahlen, damit er ihn erstechen soll...

— ... Fürs dritte Mal haben sie einen fremden Mörder, einen Beduinen, geholt, einen von denen, die am Rand der Wüste leben. Dieser Mann hatte sich bei seinem Cousin eingerichtet, einem aus seinem Stamm, der in unserem Dorf mehr oder weniger seßhaft geworden war...

Als der »bestellte« Mörder seinem Verwandten anvertraut, was er in Kamchiche vorhat, gesteht ihm dieser nicht ein, daß er die Feudalherren ebenso haßt. Er begnügt sich damit, seinen Cousin von Haus zu Haus zu führen und dort in alle Gespräche die Namen von Salah und Shehinda einzuflechten. Der Fremde muß sich einfach klar werden: Das ganze Dorf liebt und bewundert die beiden. Und je mehr Tage vergehen und je mehr Zeugnisse sich anhäufen, um so mehr schleppt der Beduine die Mordgedanken in seinen Sandalen hinter sich her. Für den seßhaften Beduinen ist der Vetter aus der Wüste jetzt reif:

— ...Er sagt: »Würdest du es jetzt wagen, Hand an den Mann zu legen, der über uns wie die Sonne aufgegangen ist? Schwöre mir nun mit der Hand auf dem Koran, daß du nicht ein Haar auf seinem Kopf anrührst!« Der Mörder hat nicht mehr darauf bestanden. Er hat's auf dem Heiligen Buch geschworen und ist nach Hause zurückgekehrt. Wir haben von diesem Mann nie mehr reden hören. Diesmal war Salah ihnen noch entkommen, aber dafür hat unser Retter, der Beduine von Kamchiche, angefangen zu zittern. Der arme Mann hat bis an sein Lebensende mit dem Schrecken im Leib gelebt. Er behielt ständig sein Messer am Gürtel und sein Gewehr in Reichweite.

Die Beduinen haben ihren Ehrenkodex. Der bestellte Mörder hatte seinen Auftrag verraten und sich dadurch außerhalb seines Clans gestellt. Die Schande lastete auf dem ganzen Stamm. Um diese Schande auszumerzen, hätte das Gesetz es verlangt, daß man den Zeugen dieser Feigheit beseitigt. Und der Zeuge war niemand anders als der arme Beduine von Kamchiche, der seinen Cousin vom rechten Weg abgebracht hatte!

— Das vierte Mal... das war am 30. April 1966... ich war hier in dieser Wohnung, hier in diesem Zimmer mit meinem Baby, das gerade erst sechs Wochen alt war... Ich wartete seit morgens auf Salah. Der Tag ging vorüber, der Abend ging vorüber, und der letzte Zug war vorüber... Ich war zusammengerollt hier auf diesem Sofa, da an der Wand. Bei jedem Geräusch schreckte ich auf, bei jedem Schritt hoffte ich... um drei Uhr morgens bleibt jemand vor der Tür stehen, ich halte den Atem an. Das war unser Neffe: »Salah ist im Krankenhaus, ein Schuß...« Er hat nicht gewagt, mir alles zu sagen, aber mein erstarrter Körper wußte schon...

Shehindas Stimme erstickt. Der Dolmetscher kann nicht mehr weitersprechen. Er ist tief gerührt von dem Kummer dieser großen Frau, die sich vor dem kleinen elektrischen Ofen in ihren Schal kauert. Und so nah mir Shehinda ist... plötzlich weiß ich nichts mehr zu sagen. Ich schalte mein Gerät aus...

Ein wenig Zeit vergeht. Shehinda trocknet sich die Augen:

— ...Ja, ich weine. Heute wage ich zu weinen. Aber damals mußte ich das Beispiel geben... Die Feudalherren hatten nur ein Ziel, als sie meinen Mann töten ließen: Sie wollten die Bauern so sehr in Schrecken versetzen, daß sie sogar den Gedanken aufgaben, sich zu verteidigen. Ich habe ihnen zugerufen: »Mein Opfer ist auch für euch gestorben. Schließt euch alle meinen Tränen an! Schließt euch alle meinen Schreien an.«

Die Behörden von Kamchiche waren ihrerseits untereinander uneins: Die einen unterstützten Shehinda, die anderen verlangten, daß man das Begräbnis des »Kommunisten Salah« in seinem Dorf verböte. Schließlich ist der Sieg den Verteidigern des jungen Helden der Bauern zugefallen: Salah ruht unter den Seinen.

Aus Angst, daß der Trauerzug der Freunde in eine politische Manifestation ausarte, hat die Polizei das Dorf umringt. Es soll ihr aber nicht gelingen, die Partisanen Salahs daran zu hindern, sich in den Trauerzug zu mischen, der zum Friedhof geht. Shehinda bricht auf dem Weg zusammen. Als sie wieder zu sich kommt, blickt sie in junge Augen, hört sie junge Stimmen, die ihr Rache versprechen: »Laß mal, Shehinda, wir sind bei dir! Diese Kerle kriegen wir schon! Diese Hunde bringen wir um!«

Vier Jahre danach trifft das Schicksal wieder Shehinda. Diesmal direkt am Himmel. Und diesmal trägt der Tod Uniform: die Uniform Israels:

— Ashraf, mein kleiner Bruder, steuerte ein sowjetisches Flugzeug, eine MIG. Er war zweiundzwanzig, zwölf Jahre jünger als ich. Unsere Mutter war früh gestorben, und ich ersetzte ihm die Mutter... Das war am 16. April 1970, in dem Abnützungskrieg. Er flog einen Erkennungsflug und war allein an Bord, als die Israelis ihn abschossen. Natürlich hätte er mit dem Fallschirm abspringen können, aber ich glaube, daß er fürchtete, das Flugzeug könne auf eines unserer Dörfer fallen. Vielleicht wollte er auch um jeden Preis die Photos bringen, die er gemacht hatte?

Auf dem Photo auf der Kommode steht Ashraf mit gespreizten Beinen und hält die Hände in den Taschen seines Militärblouson.

— Schau mal meinen kleinen Bruder an! Das war noch ein Kinde unter seiner Mütze, aber gefallen ließ er sich nichts. Er gehorchte seinen Vorgesetzten nicht, die ihm verboten, mich zu treffen. Am Ende hatten sie ihm sogar untersagt, zu uns, in unser Dorf zu gehen. Ein anderer von meinen Brüdern, der, der bei der Polizei ist, hat wegen mir auch Ärger gehabt.

In der Tat ist es gefährlich, der Bruder in Uniform einer Shehinda zu sein, die den Revolutionsmantel um sich schlingt! Und erst recht, wenn man aus Kamchiche kommt, aus dem »roten Dorf«.

— Ich habe Ashraf das letzte Mal eine Woche vor seinem Tod gesehen. Ich sagte ihm, daß auch ich ihm verbieten würde, die Füße in unser Dorf zu setzen, wenn er Israel nicht angreift. Ich würde aber dagegen allen hier befehlen, ihm zu Ehren hinter seinem Sarg hundertmal um Kamchiche zu ziehen, wenn er als Märtyrer sterbe...

Will man die Widersprüche einer Shehinda und vieler anderer ihres Kalibers verstehen, darf man nicht vergessen, daß es einen Unterschied zwischen einer politischen Wahl und der bedingungslosen Treue zum Vaterland gibt. So hat Shehinda, die Feindin der Macht..., aus Liebe zu ihrem Land, der Macht in die Hände gespielt.

— ...Wie ich's ihm befohlen hatte, ist mein kleiner Ashraf als Märtyrer gestorben...

Der junge Flieger Ashraf Maklad ist wirklich den Märtyrertod gestorben, aber sein Leichnam hat nicht hundertmal die Runde um Kamchiche gedreht, wie seine Schwester es versprochen hatte. Der Trauerzug begleitete nur die Seele des Helden, dessen Körper schon auf dem Militärfriedhof von Kairo ruhte.

— Polizei war im ganzen Dorf. Die Regierung fürchtete, daß wir von der offiziellen Trauer um meinen Bruder profitieren würden, um ihre neue Politik anzugreifen*. Aber wie hätte sie uns untersagen können, ein Opfer des Krieges gegen Israel zu würdigen? Wir haben unsere Spruchbänder herausgeholt: »Nieder mit dem Rogers-Plan!« »Arabisches Palästina — keine Verbrüderung mit Israel.« »Das Blut unserer Kinder für die Befreiung unseres Bodens, ja; Defaitismus, nie.«

Kurz nach dem Tod des geliebten Bruders von Shehinda, wird ganz Ägypten den geliebten Nasser beweinen. Und Shehinda wird Anwar el-Sa-

* In den letzten Monaten vor seinem Tod hatte Nasser sich den Amerikanern genähert, die ihm einen Plan im Hinblick auf eine Öffnung nach Israel vorgeschlagen hatten, den Rogers-Plan.

dat, ihren Feind, zur Präsidentschaft hochschnellen sehen, einst Freund der Großgrundbesitzer, heute Freund der großen Amerikaner.

Shehinda hat ihre Tränen getrocknet, und ich habe wieder die Pasionaria des ägyptischen Bilderbogens vor mir, die alles dransetzt, mir Sadats Ausrutscher zu erzählen. Aber manchmal irrte sie sich. So hat sie nie geglaubt, daß der Präsident seinen Riesenschritt über den Suezkanal im Oktober 1973 wagen würde.

— In diesem Krieg da habe ich zwei meiner Cousins verloren. Sie waren so alt wie ich. Der erste war Offizier im Generalstab. Mit ihm hatte ich gewettet: Er versicherte, daß wir über den Kanal kämen, und ich war vom Gegenteil überzeugt. Er hat seine Frau wenige Stunden vor seinem Tod angerufen. Er triumphierte: »Wir sind drüben! Sag Shehinda, daß sie ihre Wette verloren hat!«

— Warum warst du denn so sicher, daß eure Leute den Kanal nicht überqueren würden?

— Das schien so klar! Sadat war ein Agent der Amerikaner. Und da die Amerikaner Israel bedingungslos unterstützen, würde Sadat doch wohl nicht Israel angreifen!

Und doch fand die Überquerung statt! Und doch fand der Krieg statt! Also? Ein falscher Sieg mit tausenden von Opfern? Eine falsche Niederlage mit tausenden von wirklichen Opfern? Eine Inszenierung der Hohen Politik? Es stimmt allerdings, daß die hohe Politik so hoch und himmlisch ist, daß sie über die kleinen Sterblichen hinweggeht. Die »Sterblichen«... kann man wohl sagen. Einige Experten hätten suggeriert, daß die Vereinigten Staaten einen ägyptischen Sieg brauchten, um ihre Pläne in diesem Teil der Welt zu realisieren. Sie hätten ihren Einfluß bei ihren beiden Schützlingen geltend gemacht, damit Ägypten endlich einmal einen Krieg gewinne, und ein Dialog unter Gleichen endlich zwischen ihm und Israel möglich wird. Und nun? Wären nun deshalb so viele Soldaten, Söhne, Männer, Brüder der ägyptischen und israelischen Frauen dieses Buches für den Frieden gestorben?

Ich zögere einen Moment, bevor ich mit Shehinda darüber rede.

— Erklär mir... diese Kanalüberquerung... du hieltest sie für politisch unmöglich... also wäre dieser Knalleffekt nur eine Inszenierung gewesen?

— Nie im Leben! Man macht doch mit Blut keine Inszenierung!

Langes Schweigen... Und plötzlich verrät Shehinda, die ganz verwirrt ist, das Paradoxe ihrer Gefühle für die Israelis:

— Niemals würden die Israelis ihre Männer für eine Komödie abschlachten lassen! Niemals! Sie nicht! Israel nicht.

VERLASSEN UND VERGESSEN

Rachel Elbaz – Israel

Tutu und Bernadette – Ägypten

Die Mutter eines Nationalhelden, die man – je nach Bedarf – vergißt oder wieder hervorholt.

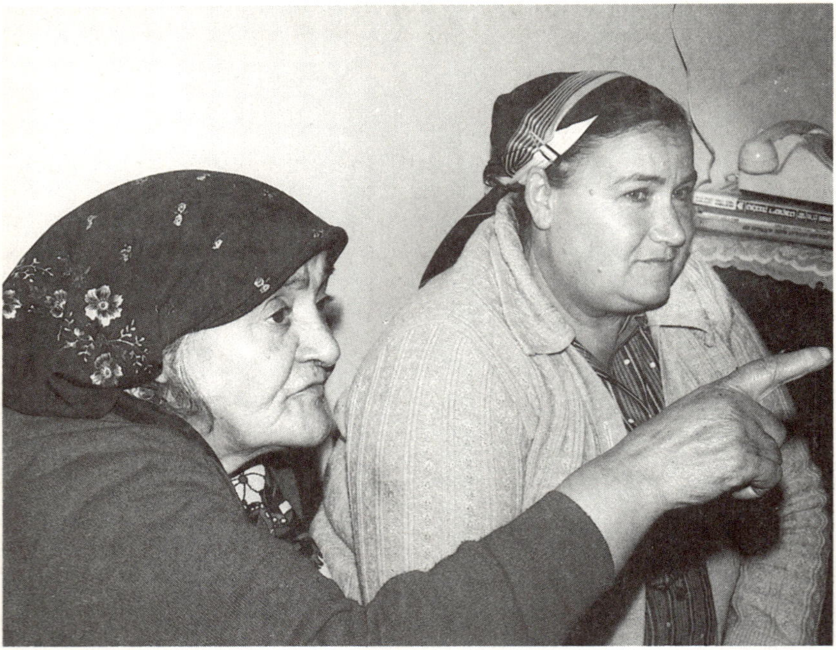

RACHEL ELBAZ, die Mutter des israelischen Helden Nathan Elbaz.

Rachel Elbaz

Ich hab' gehört, daß der Abgeordnete gesammelt hat. Das ist nicht schön, mit der Erinnerung an einen Märtyrer, der ins Paradies gekommen ist, Geld zu machen.

Am 11. Februar 1954 ist in Israel ein Mythos entstanden. Natürlich durch den Tod.

An diesem Morgen ist der 19jährige Nathan Elbaz, ein aus Marokko immigrierter Infanteriesoldat, in einem Militärlager bei Beers Scheba in der Negevwüste damit beschäftigt, in seinem Zelt Granaten zu entschärfen, was gegen das Reglement verstößt. Plötzlich löst sich eine Sicherung, Nathan packt die Granate, eilt vor das Zelt und schreit den anderen zu, sie sollen verschwinden. Er rettet das Leben seiner Kameraden, indem er das Geschoß nicht losläßt und dann selber damit explodiert.

Mit dieser vorbildlichen Tat ist Nathan Elbaz in den Rang der Nationalhelden aufgesteigen. Es werden ihm posthume Ehrungen zuteil: 1954 ein Nachruf vom Generalstabchef Moshe Dayan; 1973 eine Auszeichnung von Generalstabschef David Elasar. Anläßlich seines zehnten Todestages haben die israelischen Behörden mit dem üblichen Pomp in Dimona, im südlichen Teil des Landes, einen Nathan-Elbaz-Club eingeweiht. 1971 schlug der Vorsitzende des Verbandes der Juden marokkanischer Herkunft vor, ein Haus zu einer Synagoge zu machen und sie seinem Andenken zu widmen.

Nathan Altermann, der große israelische Nationaldichter, hat lange die mutige Tat des jungen Helden besungen, dessen Name jedes Jahr bei den Feierlichkeiten zur Unabhängigkeit erwähnt wird.

Nathan Elbaz war von den Proselyten der mit der Immigration junger Leute nach Israel betrauten Organisation instruiert worden und hatte 1951, drei Jahre vor seinem Tod, Marokko heimlich verlassen.

Rachel, seine Mutter, erzählt:

— Der Nathan, der hat immerzu gesagt: »Ich will dahinten hin, ich will dahinten sterben!« Aber wir, sein Vater und ich, wir wollten das nicht. So hat mein Mann auch nicht das Papier unterschrieben, mit dem sein Junge hätte gehen können. Er hat zu denen aus Israel gesagt: »Der Nathan, der kommt später mit seiner Familie zu euch.« Und ich hab' gesagt: »Wir warten noch, bis der gute Sultan Mohammed uns die Erlaubnis gibt. Wir haun doch nicht einfach so ab wie die Diebe!« Aber der Nathan, der ist trotzdem gegangen. Er hatte ja eigentlich Grips im Kopf! Mein Junge ist nämlich zur jüdischen Schule gegangen, da wo wir wohnten.

Es ist ein trauriger Tag, an dem ich Rachel auf ihrem Hügel Kiryat Menachem besuche. Es ist nicht das »goldene Jerusalem«, das Israels Priesterin Noemi Schemer besingt, sondern ein triefendes Jerusalem, durch das mein Taxi fährt. Der Himmel hängt tief. Die Wolkenkratzer, die die heilige Stadt wie Pilze umzingeln, stoßen an schwarze, schwere Wolken.

Die Sozialwohnung der Mutter des Nationalhelden liegt inmitten anderer Sozialwohnblöcke in der Islandstr. 14. Der Aufgang ist eng und düster. Der Freund, der mich begleitet, ein aus Ägypten stammender Israeli, klopft an die Tür. Und in dieser Tür erscheint Rachel: klein, gebückt, ärmlich in Wolle gehüllt, darunter ein Nylonkleid, mit einem Baumwolltuch, unter dem sich ein paar graue Strähnen hervorschieben. Sie trippelt zum Sofa gegenüber der Eingangstür, gleich neben dem Eisschrank. Unter vielen anderen Mietern lebt sie hier allein in dieser engen Wohnung mit feuchten Wänden und dem üblem Gasgeruch, der in der Küche aus einer Flasche entweicht.

Rachel setzt sich, zieht den Wollpullover enger um sich und schaut mit dem resignierten, verstockten Blick jener Frauen vor sich hin, die nie von der Armut losgelassen wurden. In ihren Augen seh' ich das Mißtrauen derer, die zu oft 'reingelegt worden sind.

Man hatte uns gesagt, daß Rachel nicht hebräisch kann, aber wir wußten nicht, daß Rachel nur ein marokkanisches Arabisch spricht, das stark vom ägyptischen Arabisch abweicht. Nach einer Weile gibt mein Begleiter auf: Er kann das Gerede der alten Frau nicht entschlüsseln und dies umsoweniger, als ihr die Zähne fehlen und ihre Stimme zischt und nuschelt.

Was sollen wir tun? Wir rufen Rachels Tochter an, die schließlich aus einem anderen Jerusalemer Stadtviertel zu uns kommt. Sie wird nicht nur die Dolmetscherin ihrer Mutte sein, sondern auch deren Gedächtnisstütze.

— Mama weiß nicht genau, wie alt sie ist. Sie glaubt, daß sie zwischen siebzig und fünfundsiebzig ist. Sie kann nicht lesen.

Die Familie Elbaz lebte im jüdischen Viertel »melakh« von Sefru, einer kleinen Stadt in Marokko, in der Gegend von Meknès. Der vor ein paar Jahren verstorbene Vater war Hausierer.

— Wie war das in deinem Sefru, Rachel?

— Da war's schön grün mit Süßwasser und sehr leckeres Gemüse. Die Leute kamen von weit, um's schön zu haben. Da gab's auch das Kirschenfest. Wir haben Marmelade gemacht. Und da hat ihr guter Geruch im ganzen Haus gut gerochen. Aber trotzdem, Israel ist schon besser als Sefru, weil wir dahinten immer Angst vor den Arabern hatten.

— Was haben dir die Araber getan?

— Ja also einmal... da hab' ich einen Araber zum Tee bei uns eingeladen. Der hat meine Tochter, die war achtzehn, so ganz komisch angeguckt, dieser Araber!

— Aber das ist doch nicht so schlimm!

— Nein, aber was denkst du wohl? Wir waren da nicht immer ruhig. Wir waren bedroht. Der Wächter in unserem Melakh, der mußte manchmal mit seinem großen Schlüssel die Tür von unserer Straße absperren.

Sie hebt die Arme zum Himmel:

— Bestimmt paßt Gott auf uns auf, weil wir auf ihn hören. Als diese Araber, als die aus den Dörfern runterkamen und unser Viertel angreifen wollten, da haben unsere Rabbiner, unsere Weisen... die eben was wissen... die haben da ganz verrückt gebetet und sich immerzu hin- und hergewiegt... so... so... ja also, Gott soll mich töten, wenn ich lüge... ja also diese Kerle wären — wenn sie unserem Viertel zu nahe gekommen wär'n, da wär'n die alle an Ort und Stelle gestorben. Alle. Wie die Fliegen.

Rachels Tochter bringt uns von der mystischen Hexerei zur Politik zurück:

— Bis 1956, bis zur Unabhängigkeit Marokkos, haben wir keine wirklichen Probleme gehabt. Der Sultan Mohammed hat uns beschützt. Er hat gesagt: »Die Juden sind das Salz in meinem Land.« Aber dann ist alles anders geworden, und 1962 haben wir uns schließlich mit vielen andern nach Israel eingeschifft. Das Leben in Sefru war auch viel schwerer geworden, seitdem der Nathan kein Geld mehr nach Hause gebracht hat, seitdem er mit denen aus Israel, die ihm den Kopf verdreht hatten, Marokko heimlich verlassen hatte.

Nathan... der Nationalheld hängt da schief uns gegenüber an der Wand: In Uniform stehend photographiert, mit Buntstiften angemalt und ungeschickt mit Zeichnungen verziert: ein Baum, eine Welle, eine Sonne. Und Rahel hört gar nicht auf, ihn mit flüchtigen Blicken zu streifen.

Mir, dem Eindringling, wirft sie eher einen mißtrauischen Blick zu:

— Du kannst mein Photo anschaun, du kannst es auch abphotographieren, wenn du willst, aber mehr nicht, mehr nicht, das verbiete ich dir, ich, seine Mutter!

— Aber was soll ich denn auch damit machen?...

Ihre Miene wird noch mürrischer.

— … Rachel, als dein Sohn getötet wurde, warst du noch in Sefru. Wie hast du es erfahren?

— Vorher hatten die mir jede Woche seinen Brief vorgelesen, er hat mir seine Photos geschickt, und dann auf einmal, da kam gar nichts mehr…

Ihre Tochter erinnert sich:

— Es war ein Donnerstagabend. Mama hat gesungen, und ich hab' gehört, wie ihr Singen langsam ein Schluchzen wurde… das Vorgefühl der Mütter… Kurz darauf hat uns dann ein Cousin aus Israel den Zeitungsausschnitt geschickt. Nathan ist an einem Donnerstag gestorben. Noch heute weint Mama jeden Donnerstag.

— Ja, er hatte nämlich ein gutes Herz, nuschelt die Alte und zwirbelt ihr Taschentuch in den Händen.

— Rachel, du hast es also nur durch die Zeitung erfahren?

Sie streckt die Arme vor, öffnet die Hände:

— Ja, der Ben Gurion, der hat erst viel später das Beileid geschrieben. Aber die haben mir gesagt, daß die in Israel alle von meinem Jungen aus dem Radio geredet haben, und auch in den Zeitungen und im ganzen Land. Und daß die Juden aus Marokko, vor allem die aus Sefru, daß die alle ganz stolz waren auf ihren Helden.

Man hätte meinen sollen, daß die Familie des bekannten Märtyrers bei ihrer Ankunft in Israel begrüßt und umsorgt worden wäre…

— Aber nein, was denkst du denn? krächzt Rachel. Die haben uns wie alle anderen behandelt. Nicht besser und nicht schlechter. Die haben uns in eine Baracke ohne Strom gesteckt. In Kiryat Yovel, hier in der Nähe. Da sind wir vier Monate geblieben, alle neun zusammengepfercht, Eltern, Kinder, alle. Nur mit zwei Betten. Ich konnte da kein gutes Sabbatessen auf der kleinen Kochplatte machen, so mit Bohnen, Kartoffeln und Markknochen. Wir hatten ja sowieso keinen Pfennig mehr.

Irgendjemand hat dann doch eines Tages die elende Lage der Verwandten des Nationalhelden entdeckt. Am 20. Juni 1962 erschien in der *Haaretz*, der seriösen liberalen Tageszeitung der Titel: »Die Familie des Helden Elbaz leidet Hunger.«

Zum x-tenmal bringt Rachel ihr Kopftuch in Ordnung:

— Nach der Baracke haben sie uns dann hierher gebracht, aber so richtig gekümmert haben die sich ja nicht um uns.

Und ihre Tochter bemerkt dazu:

— Wenn Nathan ein europäischer Jude gewesen wär' und nicht so ein armer Marokkaner, dann hätten sie uns anders behandelt!

— Stimmt! brummelt Rachel vor sich hin. Als die ihren Club auf den Namen von meinem Jungen gemacht haben, da haben die mich geholt. Klar war das 'ne schöne Feier, ganz voll mit Soldaten und viele Ehren und alles und alles. Die haben ganz viele schöne Sachen über meinen Märtyrer gesagt, und dieser tolle Shimon Peres, der war in der Verteidigung, der hat mich, die Mutter, gefragt: »Frau Elbaz, was kann ich für dich tun?« Und ich hab gesagt: »Was ich will... ich will eine andere Wohnung.« Also sind sie gekommen und haben geschaut, und sie haben zu mir gesagt: »Was ihr hier habt, ist sehr schön!« Das sind schon bald zwanzig Jahre her, und ich bin immer noch hier in dieser Kiste! Als wir in der Baracke waren, konnte ich wenigstens meine Zucchini pflanzen! Meine Nachbarn hier sind alles Fremde. Und ich red' nur mein Arabisch aus Marokko, und wir können uns gar nicht verstehen. In unserem Melakh, da kannte ich die alle, und der Tempel, der war grad nebenan. Hier ist das bis zum Beten so weit weg, Herrgott nochmal, was für ein Umstand jedesmal! Mein Mann ist tot, meine Kinder sind weg, und ich wohne hier ganz allein. Ohne einen, der mal für mich aufsteht, wenn mir was weh tut. Israel, das ist schon gut, aber das ist schwer. Und dann haben die da immer ihre Kriege... und dann sind da alle, die davon profitieren...

Plötzlich breitet sich ein Hauch Marokkos um uns herum aus, als Rachels Tochter Pfefferminztee auf orientalische Art eingießt: den Schnabel der kupfernen Teekanne viel höher als unsere Gläser haltend, gießt sie den Tee mit einem langen Strahl ein. Und in diesem Duft und in dieser Geste lebt eine Welt wieder auf, die Rachel verloren hat: eine Welt mit ihrer Hitze, ihrem Staub, ihren Gassen und Menschen, ihren Farben, Gerüchen und gellenden Schreien. Rachel richtet ihren Zeigefinger auf die Wand:

— Dieses Bild da von meinem Jungen, ein Glück, daß die mir das nicht auch noch geklaut haben! Weil ich dir noch nicht alles gesagt habe. Ich hab' dir den Abgeordneten noch nicht erzählt. Dieser Kerl, der kommt von dahinten, aus Marokko, wie wir. An einem Tag, da hat der mir ganz viele Papiere und lauter Photos mitgenommen...

Sie weint.

— ...der hat mir sogar die letzten genommen, die der Nathan mir nach Sefru geschickt hatte, gerade vor seinem Tod. Der Abgeordnete, der hatte mir gesagt: »Rachel, ich brauch' das alles, um dir zu helfen. Damit die Leute wissen, was du leidest, du und deine Familie, wo dein Sohn, der auch unser Sohn ist, wo der sich für seine Kameraden geopfert hat und für Israel.« Ich hab' das geglaubt. Ich war schön dumm. Ich hab' erst später verstanden.

Zorn schüttelt die alte Frau vom Kopftuch bis zu den Pantoffeln:

— Meine Photos und meine Papiere, das war nur für ihn. Er ist aus der gleichen Ecke wie wir, und da war das für seine Politik zum Zeigen: »Ich bin der Freund von der Familie mit dem großen marokkanischen Helden.« Aber ich, ich hab' mir das nicht gefallen lassen. Ich hab' den Bus genommen und wollte dem wieder meine Bilder wegnehmen. Aber als ich in sein Büro reinwollte, da haben mich solche Kerle am Ärmel gepackt: »Hier ist nicht dein Platz, Mütterchen! Hör auf, so laut zu schreien!« Aber einer von denen, der hat ihnen meine Geschichte übersetzt. Da waren sie dann ganz anders. Die haben sogar gelächelt: »Bravo Mütterchen, haben sie gesagt, bravo, das machst du richtig!«

Rachel hält in ihrer schwieligen Hand zerknitterte Dokumente und zerrissene Photos.

— Ich hab' am End' doch was zurückgeholt! Aber der Abgeordnete, der jetzt in dem ganz schönen Haus da wohnt, und die Journalisten, die haben mir doch die schönsten Photos geklaut, diese Hunde! Ich hab' auch gehört, daß der Abgeordnete gesammelt hat, für einen Tempel oder so was, zur Erinnerung an meinen Sohn: Das ist nicht schön, mit der Erinnerung an einen Märtyrer, der ins Paradies gekommen ist, Geld zu machen!

Der Duft des Pfefferminztees hatte für eine Weile den Gasgeruch verdrängt; jetzt breitet sich der starke Geruch wieder in der feuchten Luft der kleinen Wohnung aus.

Rachel begleitet mich mit ihren kurzen Schritten zur Tür.

Ich beuge mich runter, um sie zum Abschied zu küssen.

Draußen fällt auf Jerusalem noch immer der Regen.

Die vergessene Witwe aus dem zusammengestümperten Krieg – und ihre Tochter.

Die Ägypterin TUTU MIKHAIL MUSSA (hier mit Tochter Bernadette und Enkelin Mariam) ist die Witwe des ersten koptischen (christl.) Offiziers, der im ersten Krieg gegen Israel gefallen ist. Der allererste in allen Kriegen.

Tutu und Bernadette

Die Leute sagten: Wenn das so weitergeht, werden die Witwen der Kriegshelden eines Tages zur Prostitution gezwungen sein.

— Mein Mann hat zu mir gesagt: »Ich geh' die Juden töten und komm' wieder.« Er ist nicht wiedergekommen.

Fünfunddreißig Jahre sind seit dem Krieg von 1948 vergangen, und Tutu hat nie aufgehört zu weinen. Bernadette, ihre einzige Tochter, litt schon darunter, als sie vier Jahre alt war:

— Sie sagte zu mir: »Mama, ich geh' mit dir auf den Friedhof, aber nur, wenn du nicht weinst.«

Bernadette hat ihren Vater nie gekannt. Als der junge Flieger Butros Girgis wegging, um »die Juden zu töten«, war er gerade erst vier Monate verheiratet. Seine Frau war 22 Jahre alt:

— Er hatte mir bis zum allerletzten Moment, bis er mich in die Arme nahm, verheimlicht, daß der Krieg vor der Tür stand. Das war unser erster, richtiger Krieg gegen die Juden, und uns Frauen, uns sagt man sowieso nichts von diesen Kriegsgeschichten. Ich hab' erst später erfahren, daß Butros einen Antrag gestellt hatte, um in Kairo zu bleiben. Er wollte mich nicht verlassen. Man hat ihm geantwortet: »Zuhause kann man keine Auszeichnungen bekommen. Wenn du hinten bleibst, wirst du nicht befördert. Wenn du dir eine schöne Zukunft aufbauen willst...«

Und um seiner Familie »eine schöne Zukunft« zu machen, hat der junge Flieger seine Familie für immer verlassen...

»Ich geh' die Juden töten und komm' wieder«... Der lässige Ton von Butros Girgis sollte seine Angst verdecken. Er wußte genau, daß sein Flugzeug nur eine einfache Transportmaschine war, die man rasch in einen Bomber verkleidet hatte. Eine Pfuscherei mehr in diesem selbstmörderischen Krieg! Man hatte sich übrigens in Ägypten nicht lange der Illusion hingegeben. Dennoch dauerte es eine Weile, bis der Skandal offenbart wurde.. Erst vier Jahre später hat *Progrès-Dimanche,* die in französischer Sprache erscheinende Kairoer Zeitung, schließlich geschrieben:

»...Unsere geliebten Söhne waren Opfer von skrupellosen Männern, die das Todesurteil unserer Soldaten unterschrieben hatten, als sie der Armee schadhafte Waffen lieferten...«

In der Abu Bakr el-Siddik Str. 68, in Heliopolis, tupft sich Tutu Mikhail Takla Mussa die Augen trocken. Sie spricht in einer Mischung von Französisch und Arabisch mit mir und geht dabei durch ihr mit Point-Pint-Stickerei-Watteau-Bildern geschmücktes Wohnzimmer, um von dem runden Tischchen eine Photographie in verschnörkelter Silberumrahmung zu nehmen:

— Er war ein schöner Mann. Das erste Mal hat er mich nicht beeindruckt, ich hatte nämlich einen anderen im Kopf, einen Cousin, der mich mit seinen Augen verbrannte. Aber Butros verstand es, an mich ranzukommen. Er vergötterte mich. Er vergötterte mich sogar während der Cholera, als die Zeitungen ganz schwarz von Todesanzeigen waren, sogar noch da betete er mich an. Er wohnte in Kairo und ich in Benha, im Norden. Niemand durfte seine Stadt verlassen, aber er hielt's bei sich nicht aus. Er liebte mich. Er liebte mich so sehr... du kannst dir das gar nicht vorstellen! Verbote waren da... Stell dir mal vor, um mich zu besuchen, hat er einem Tankwagen Schmiergeld gegeben. Er kam bei mir ganz schmutzig an, seinen Tarbusch ganz schief auf dem Kopf. Bestimmt hat er die Cholera nicht bekommen, weil ihn die Liebe davor geschützt hat.

Tutu, die Koptin, die Tochter eines christlichen Priesters in einem islamischen Land, glaubte, daß die Liebe ihren Verlobten vor der Cholera bewahrt hatte. Manche Juden Ägyptens aber hätten gemeint, daß dieser Kopte einfach nur Glück gehabt habe: »Denn wir, sagten sie, wir, die Juden, wir haben Gott in unserer Tasche. Die Juden bekommen die Cholera nicht. Gott schlägt nur die Christen und die Moslems. Er straft sie, weil sie unsere Kommandos bekämpfen, unsere Juden, die in Palästina sterben, um ein Vaterland zu haben.«

Tutu gießt in kleine Tassen sehr starken Tee, in dem Teekrümel schwimmen. Der Tisch, den sie mit Leckereien für mich vorbereitet hat, gleicht beinahe einer Festtafel:

— Diese guten Sachen erinnern mich alle an meine Hochzeit. Das war am 8. Januar 1948 in Kafr el-Salama bei Ismailia, dem Dorf von Butros. Ein Dorf, in dem alle Kopten waren, sogar der Bürgermeister. Was für eine Hochzeit! Und mein Kleid! Vier Meter Schleppe. Meine armenische Schneiderin hatte das Hochzeitskleid der englischen Königin nachgeschneidert. Unsere Bauern hatten ihre schönsten Kleider an, trugen ihre schönsten Turbane. Vierzehn Priester waren gekommen, zwölf in Schwarz und zwei in Weiß. Ich war die Tochter eines Priesters, da schuldeten sie uns das. Die Lieder, der Weihrauch, die Düfte stiegen mir zu Kopf. Ich war glücklich, so glücklich!

Vier Monate danach stürzte der Bomber von Butros über dem Sinai ab...

— ...Uns, den Witwen, hat man zwei Jahre lang nichts gesagt. Zwei Jahre lang, ja! Mein Kopf wurde wahnsinnig. Da bin ich mit der Schwester von Butros zu einem Hellseher gegangen. Der hatte einen ganz weißen Turban und ganz schwarze Augen. Augen, die dir durch die Seele stachen. Ich selber war mißtrauisch und hatte nur eine alte Weste mitgebracht, die mein Mann anzog, wenn er seine Bauern besuchte. Ich wollte nicht, daß der Hexer erraten konnte, daß er ein »effendi«, ein Herr, ein Flieger war. Aber denk' dir mal, der Scheich, der hat trotzdem alles gesehen. Alles. Er hat die Weste angefaßt, sie von allen Seiten berochen... und er hat Butros in der Wüste gesehen! Er sagte: »Dein Mann ist tot. Das Flugzeug ist an einem Donnerstag abgestürzt.«

Tutu erzählt, daß es ihr vorkam, als sei der Hellseher vom Himmel gekommen, um ihr endlich zu trinken zu geben... aber auch, um sie zu vergiften:

— Ich hatte schon so lange auf ein Zeichen gewartet, aber nun war es noch schlimmer als vorher. Wem glauben? Dem Scheich, der sagte, daß Butros tot ist, oder der Armee, die immerzu wiederholte, daß sie nichts weiß?

— Haben viele von euch Frauen die Verschwundenen gesucht und sind zu Hellsehern gelaufen?

— Oh ja. Ich, ich hatte noch — Gott sei gedankt — Glück. Ich bin zu einem seriösen Hellseher gekommen. Eine von meinen Freundinnen, die Arme, die ist auf einen Scharlatan reingefallen. Das war eine intelligente Frau, aber sie war so mitgenommen und durcheinander, daß dieser Teufel von Hellseher sie drangekriegt hat. Er hat zu ihr gesagt: »Dank der Hilfe Gottes lebt dein Mann! Ich hab' ihn gesehen... ich seh' ihn... er kommt zurück... kein einziges Loch in seiner Uniform... keine Schramme... er kommt näher... er ist fast da... er kommt auf dich zu... er kann jeden Augenblick kommen, vergiß also nicht, nachts alles offen zu lassen, deine Türen, deine Fenster... und solang ich daran denke, Madame, das macht fünf Pfund für die Konsultation.«

— Sie ist drauf eingegangen?

— Sie ist gelaufen! Die Arme, die konnte nicht mehr anders, als dran glauben! Und eines Nachts ist der angebliche Hellseher durch die offene Tür gekommen und hat ihr alles gestohlen. Ihr Mann dagegen ist nie wiedergekommen.

Von den einstigen Alpträumen kommt Tutu nun zu ihren Alpträumen von heute, zu den Schlachten, die sie austragen muß, um die Mieten —

obwohl sie nur niedrig sind — einzuholen bei ihren Bauern, die ihr das Leben zur Hölle machen.

— Weißt du, was einer von ihnen gewagt hat, mir zu sagen? »Frau Tutu, ich will heiraten.« Ich hab' geantwortet: »Warum denn, Abdallah, du bist doch schon verheiratet!« Da hat er mich wie ein Geier angestarrt: »Bei uns kann man mehrere Frauen haben. Man kann sogar eine Christin heiraten.« Der wollte mein Land haben! Mich heiraten! Wie ein Maisfeld! Kannst du dir das vorstellen? Ein Bauer hat hinter seiner Kuh zu bleiben, wie ein Hausdiener hinter seiner Bratpfanne! Eine alleinstehende Frau ist wirklich nichts, auch wenn sie Ägypten das Innerste ihres Herzens gegeben hat.

Nach dem Krieg von 1948 sind die Kriegsopfer-Witwen schnell vergessen worden. Ungefähr ein Dutzend von ihnen — unter ihnen Tutu — haben sich aufgelehnt:

— Wir haben mit unseren schwarzen Schleiern jeden Tag manifestiert. Die Leute sagte: »Da sind sie schon wieder, diese Krähen!« Wir forderten auf unseren Schilden eine Pension. Beim König haben wir uns beklagt in Briefen, die wir mit unserem Blut unterschrieben. 1952, nach der Revolution, haben wir uns Eintritt in den Präsidentenpalast verschafft bis hin zum General Nagib!

— Wie war er?

— Sehr nett, höflich, geduldig. Er hat meine kleine Bernadette auf den Knien geschaukelt. Dazu muß man aber sagen, daß er noch Zeit für uns hatte, weil wir — die Witwen von 1948 — nur eine kleine Anzahl waren. Später, als die Waffen und das Unglück in Ägypten heimisch wurden, da gab's so viele Frauentränen... die hätten den Palast überschwemmen können...

Tutu reicht mir ein Photo von ihrem Vater, dem Priester:

— ...und für mich war alles noch viel schwerer, weil ich Christin bin. Für uns, für Christinnen, gab's keine Gunst. Wenn ich Muselmanin gewesen wäre, hätte ich nicht so sehr um meine Pension kämpfen müssen. Ich bin Tochter von einem Priester, und ich weiß besser als andere, daß wir immer verfolgt wurden. Die das Gegenteil behaupten, drehn die Geschichte nur auf den Kopf, und ich schlag' diesen Lügnern tausend Ohrfeigen ins Gesicht! Der einzige, der Mitleid mit mir hatte, war übrigens ein Christ. Die moslemischen Minister und Offiziere machten sich ganz und gar nichts aus meinem armen Herzen. Die haben uns die Wahrheit über unsere Vermißten verheimlicht, um ihre Niederlage zu verheimlichen. Kurz nachdem ich zwei Jahre mit dem Kopf gegen Wände gerannt war, ist der christliche Offizier zu mir gekommen. Er kam mit seiner Schwester, das ist schicklicher. Er hat gesagt: »Sie zwei Jahre lang so zu lassen, das ist nicht gut für Ihren Kopf.«

Dieser koptische Offizier hatte den Auftrag, die abgeschossenen Flugzeuge gleich nach dem Kampf zu photographieren. Und Tutu glaubt, ohnmächtig zu werden, als er Wort für Wort die Aussage des Hellsehers bestätigt: »Butros Girgis ist bei Khan Yunis in der Wüste gefallen, zwischen El-Arish und Gaza. An einem Donnerstag.«

— Er hat mir noch gesagt: »Ich war's, der sich um den Leichnam gekümmert hat, der ihm Hemd, Hose und Schuhe ausgezogen hat.« Mir vorzustellen, daß dieser Mann vor mir der letzte gewesen ist, der meinen Butros berührt hatte!...

Sie schluchzt:

— Ich kann nicht mehr. Das alles wieder aufzurühren, du bringst mich um.

Ich werde ein paar Tage vergehn lassen, bevor ich es wage, wieder an der Tür von Tutu Mikhail Takla Mussa zu läuten.

Sie hat ihre Ruhe wiedergefunden.

— Butros war so feinfühlig. Er war so frisch. Er hatte rosige, ganz rosige Wangen... richtige Rosenblätter. Er stand vor mir auf und machte sich ein paar Tropfen in die Augen, damit sie noch schöner waren, wenn er mich beim Aufwachen ansah. Wenn er aufstand, war da keine einzige Falte in seinem Bett...

— Entschuldige Tutu, aber hast du in den beiden schrecklichen Jahren... bevor der Offizier dir zu Hilfe gekommen ist... hast du da wirklich nichts von der Armee oder vom Staat bekommem?

— Willst du mich in Rage bringen? Was glaubst du? Daß die mich mit Gold überhäuft haben? 'Nen Dreck haben die mir gegeben. Grad meine Augen haben sie mir gelassen, um zu weinen! Und weiß Gott, ich hab' mich bemüht: ich bin rumgerannt, hab' geschrieben, an Türen geklopft. Keinen Pfennig! Dann, bis 1964, hab' ich sechzehn Pfund* im Monat für uns beide bekommen, für Mutter und Tochter. Die Risikozulage für Kriegspiloten, davon hab' ich keinen Schimmer gesehen. Und wenn man sich vorstellt, daß unsere große Sängerin Um Kalsum — ein wahres Symbol Ägyptens — daß die eine Gala zugunsten der Kriegswitwen gege-

* 16 Pfund: ungefähr 16 Dollar.

ben hat, und weder ich noch irgendeine andere jemals was davon gesehen hat! Und zur Hölle mit mir, wenn das gelogen ist!

— Und die Kirche? Wo du doch Tochter eines Priesters bist?

— Nichts. Die Kirche, sagen sie, die hilft nur den richtig Armen...

— Du konntest doch aber nicht mit sechzehn Pfund auskommen!

— Das war hart, sehr hart... Meine kleinen Grundstücke, die hab' ich erst später geerbt. Die Leute um uns herum sagten: »Wenn das so weitergeht, werden die Witwen der Kriegshelden eines Tages zur Prostitution gezwungen sein!« Ich kenne viele, die sich mit irgendeinem wiederverheiratet haben oder sonstwas gemacht haben, nur um zu überleben. Ich auch, ich hab' die gleiche Dummheit gemacht. Ich hab' mich wieder verheiratet. Wegen dem Geld. Und auch, um nicht die Frau ohne Mann zu sein, um was darzustellen... Für mein Ansehen. Ich hab' ihn nicht geliebt. Er war siebzig Jahre alt... und ich kaum dreißig.

Tutu räumt mit einer Handbewegung Luft und ihren alten reichen Mann aus dem Weg:

— Der war pingelig und geizig! Jeden Pfennig hat er erst umgedreht. Was für ein Unterschied zu meinem Butros, der so großzügig war und so höflich, daß er allein in die Küche ging, um sich ein Glas Wasser zu holen, damit er keinen Hausdiener störte. Der Junge, der ist im Krieg gestorben. Und den Alten, den mußt' ich jahrelang ertragen!

Die Überlegung von Tutu, der Ägypterin, erinnert mich an eine andere Frau, an die Israelin aus Beers Scheba: »Im Krieg tötet man die Jungen, und die Alten konserviert man: Findest du das etwa logisch?«

— Warum hast du dich nicht scheiden lassen?

— Ich bin Koptin, nicht Muselmanin. Bei uns ist Scheidung sozusagen unmöglich. Aber ich hätte doch wenigstens den Mut zum Weggehen haben müssen: für meine Kleine bin ich geblieben. Ich glaubte, gut daran zu tun. Und ich hab' eine Dummheit gemacht. Das hab' ich erst später gemerkt, als ich zufällig auf das Tagebuch von Bernadette gestoßen bin.

— Du hast im Grunde nur für sie gelebt, für deine Bernadette?

— Ja, das stimmt. Schon ihre Geburt... furchtbar... nur der Kopf ging durch... die Schultern nicht: die Kleine kommt nicht, und ihr Vater, meine Liebe, kommt nie mehr... Schau mal, dieses Photo: Bernadette ist da sechs Jahre alt. Wie ernst sie schon aussieht. Ein altes, kleines Mädchen. Daran hab' ich schuld. Ihre ganzen Kindheitserinnerungen sind voller Tränen und schwarzer Kleider. Ich hätte lieber Rot tragen sollen, aber ich war einfach zu jung, um zu merken, daß ich vor meinem Kind den Tod spazierenführte.

Natürlich unternahm Tutu alles, damit sich ihre Tochter nicht anders als die anderen fühlte:

— Wenn sie aus der Schule kam, erzählte sie mir oft; »Sie haben schon wieder gefragt, was denn mein Vater ist!« Da hab' ich ihr beigebracht, sich so aus der Affäre zu ziehen: »Mein Papa, der ist ein »Chahid«, ein Kriegsopfer, ein Held.« Das war eigentlich nur, um ihr Rückhalt zu geben, denn ich... ich hab', als ich 1952 nach Khan Yunis gepilgert bin, um zu sehen, wo das Flugzeug ihres Vaters abgestürzt war... also ich hab' da gedacht, daß es sich wirklich nicht lohnte, so viele Männer für ein Stückchen Wüste und zwei oder drei Wassermelonenverkäufer zu töten.

Bernadette hat es vorgezogen, mich im Hotel zu treffen, um ohne ihre Mutter freier mit mir sprechen zu können. Mehr Ruhe haben wir allerdings nicht. In Kairos Zentrum legt sich der Lärm nicht mal für einen Augenblick: Hupen, Auspüffe, Bremsen, Schreie, Radios und Lautsprecher. Und über der neonbeleuchteten Riesenreklame von Sanyo und über dem ockerfarbenen Stein des Ägyptischen Museums, die gebieterische Stimme der Muezzins:

— Ah, diese Muezzins! Fünfmal am Tag liegen die uns mit ihren Lautsprechern in den Ohren! Und in unserem Dorf, da ist's noch schlimmer. Unserer begnügt sich dahinten nicht damit, zum Gebet zu rufen, er ruft auch zum »Dschihad«, zum Heiligen Krieg. Wir, als Kopten, wir wagen da nichts gegen zu sagen. Wir haben Angst.

Die Kopten, die stolz darauf sind, von den ersten Christen abzustammen und noch viel weiter zurück von den Pharaonen, sind in der islamischen Umwelt eine Minderheit. Sie müssen im Schatten des Korans leben:

— Bei den muslimischen Festen wird der Kriegsopfer immer gedacht. Als ich klein war, begleitete ich meine Mutter. In der ersten Zeit gaben die großen Führer Ägyptens uns — den Kindern — Geschenke. Einmal war's der Marschall Amer, einmal war's Nasser selber. Dann hat die Qualität von Jahr zu Jahr nachgelassen. Die Sterne auf den Epauletten nahmen ab bis zu dem Tag, als nur noch ein unfähiger kleiner Beamter kam und sich damit begnügte, den Koran zu lesen. Und für die Kinder, Schluß mit den Geschenken.

Bernadette Butros Girgis ist heute über dreißig, und sie kann immer noch nicht vergessen, daß man ihren Vater schließlich vergessen hat. Noch heute trägt sie schwer daran. Aber wer würde das vermuten, wenn sie so lebendig vor einem steht? Sie ist eine moderne junge Frau, die sich in ihrem eleganten Kostüm sichtlich wohl fühlt und die ein ausgezeichnetes Französisch spricht. Obwohl ihr Gesicht etwas Antikes, beinah Pharaonenhaftes hat.

— Weißt du, warum ich Bernadette heiße? Meine Mutter benannte mich so nach dem schwedischen Grafen Bernadotte, dem UN-Vermittler zwischen Juden und Arabern. Sie bewunderte diesen Mann des Friedens sehr. Sie erwartete mich gerade, als Graf Bernadottte im September 1948 in Jerusalem ermordet wurde, und sie beschloß: wenn das Kind ein Junge ist, nenne ich ihn Bernhard, wenn's ein Mädchen ist, Bernadette. Und das bin ich! Um auf meinen Vater zurückzukommen: Denk mal, er war der erste christliche koptische Offizier, der in unserem ersten Krieg gegen Israel umgekommen ist. Der allererste von allen unseren Kriegen! Als ich klein war, hab' ich unter seiner Abwesenheit so sehr gelitten, daß ich's ablehnte, an seinen Tod zu glauben: Er war nur in der Wüste verloren und würde eines Tages wiederkommen, um mich mit Küssen zu bedekken... Meine Kindheit war traurig. Ich beklagte mich schon eine ganze Weile, keinen Vater, keinen Bruder, keine Schwester zu haben, als Mama eines Morgens zu mir sagte: »Ich geh' und hol' dir eine kleine Schwester.« Ich dachte mir, daß sie in ein großes Kaufhaus gehen würde...

Tutu hat aber keine Puppe vom Basar mitgebracht, sondern ein richtiges kleines Mädchen. Sie hatte sie vom hintersten Hinterland geholt, vom Rande der Wüste.

— Eine kleine Beduinin! Sie hatte dunkle Haut, krauses Haar und ganz glänzende Augen. Wir hatten das gleiche Alter, und Mama zog uns wie Zwillinge an. Meine Schwester erzählte eine Menge Geschichten von bösen Blicken, von 'djinns, von Magie und Hexern. Sie sang. Sie tanzte mit einem kleinen Tamburin in der Hand. Und dann sind eines Tages Beduinen gekommen und haben sie mir wieder genommen. Seitdem kann ich nicht widerstehen, wenn ich Lieder von Beduinen höre.

Irgendwo auf der Straße hämmert plötzlich ein Lautsprecher einen Militärmarsch, der die Scheiben des Hotels erzittern läßt.

— Militärmärsche berühren mich auch immer. Die wurden bei den Zeremonien auf dem Friedhof bei meinem Vater gespielt. Und — aber lach bitte nicht — ich mag auch Uniformen! Oh nein, nicht wegen der Uniform an sich, aber ich seh' dann wieder die Offiziere vor mir, die mich auf ihre Knie nahmen, als ich klein war, und die mir von meinem Vater erzählt haben. Es kommt sogar vor, daß ich einfach aus Nostalgie einen von diesen blauen Anzügen für meinen Mann auswähle, die mich daran erinnern. Und wenn ich an einem Flughafen-Projekt arbeiten wollte, nachdem ich mein Diplom als Architektin hatte, dann deshalb, weil ich auf dem Terrain bin, mitten unter Fliegern.

Als junges Mädchen träumte Bernadette davon, in die Armee zu gehen:

— Ich wollte unbedingt an die Front. Ich habe mich erkundigt. Sie haben mich abgelehnt: »Aber Mädchen, wir sind hier doch nicht in Israel!« An die Front zu gehen, war für mich: mein Leben zu fliehen. Ich wär' auch gestorben! Mir war das ganz egal! Ich war so unglücklich! Der Tod von meinem Vater hat mein Leben vergiftet. Manchmal haßte ich ihn, weil er mich verlassen hatte. Und gleichzeitig wollte ich sterben wie er. Such da nur nicht nach Logik!

— Hattest du dich aus dem gleichen Grund bei den Ägyptischen Pionieren, der Jugendorganisation, eingeschrieben? Du hast mir neulich bei deiner Mutter gesagt...

— Natürlich! Diese ganzen Gefühle hatten mich mitgerissen. Damals konnten die Mädchen — dank Nasser — etwas über Fliegerei lernen. Was hab' ich Nasser geliebt! Mit den Pionieren bin ich an ihm vorbeidefiliert. Das war am 23. Juli 1963, am elften Jahrestag der Revolution. Er hypnotisierte mich derart, daß ich meinen Kopf, den ich ihm beim Vorbeimarschieren an der Tribüne zum Gruß zugewandt hatte, nicht mehr zurückdrehen konnte. Es war mitten im Sommer und zum Umfallen heiß. Und wir sind fünf Stunden lang marschiert. Meine Füße waren geschwollen. Was für eine wunderschöne Erinnerung! Nasser, den liebte ich, den verehrte ich. Meine Mutter hatte schließlich dank der Revolution eine etwas weniger lächerliche Pension bekommen! Nach dem Tod von Nasser hab' ich eine Menge häßlicher Sachen über ihn gehört... Ich konnte das gar nicht glauben.

In meinem Hotelzimmer unterbricht uns das Telefon. Ein Irrtum und für mich eine Enttäuschung. Ich hatte gewartet und auf die Stimme von Amina Saïd gehofft. Als Zeugin von fast einem halben Jahrhundert ägyptischer Geschichte, ist Amina die bekannteste Journalistin ihres Landes. Sie war es, die mir nach der Ermordung von Sadat versichert hatte, daß die Mörder von den Amerikanern gesteuert worden waren. Wörtlich hatte sie mir gesagt: »Sadat kannte ich gut. Ich weiß nicht, was man ihm in Washington bei seiner letzten Reise dorthin gesagt hatte, aber bei seiner Rückkehr war er nicht mehr der alte; er war nervös, gequält, er fühlte sich fallengelassen. Sein Schicksal verglich er mit dem des Schahs vom Iran. Er war jetzt nicht mehr Herr seines eigenen Tuns. Als er 1 500 Leute der verschiedensten Tendenzen festnehmen ließ, hab' ich begriffen, daß er sein Todesurteil unterschrieb.«

Ich erzählte Bernadette von meinem Gespräch mit Amina...

— Was mich — als Tochter von einem Kriegsopfer — schockiert, ist das Üble, was man Frau Sadat seit der Ermordung ihres Mannes antut. Wenn ich nur daran denke, was die Ägypterinnen ihr alles verdanken! Wenn die Kriegswitwen schon früher eine Jehan zu ihrer Verteidigung gehabt hätten, hätte meine Mutter wenigstens eine angemessene Pension bekommen.

Bernadette steht auf, holt ihre Tasche und zieht ein Photo heraus: Tutu, Bernadette und ihre kleine Mariam.

— Siehst du, nur Frauen! Ich hab' lange gezögert, mich zu verheiraten. Ich hatte Angst, daß meine Tochter, wenn ich eine hätte, so wie ich ein Mädchen ohne Vater werden würde. Und du siehst, wie sich alles wiederholt: Mein Vater war für immer weg, und ihrer ist immer weg. Ich war Kriegswaise, Mariam ist eine Wirtschaftswaise. Mein Mann muß unser Leben in Saudiarabien verdienen. Unsere Kriege haben uns ein Heidengeld gekostet, unser Volk stirbt vor Hunger, und die da oben, die uns regieren, die hören nicht auf, uns durch ihre Aufrüstung weiter zu ruinieren.

STÄRKE
UND HOFFNUNG

Hadassa Pilater – Israel

Weil die junge Witwe ihrem Vater, dem Rabbiner gehorcht, muß sie den Atlantik überqueren, um ihrem Schwager ins Gesicht zu spucken.

Hadassa

Beim Verlassen des Friedhofs hör' ich einen Offizier zu seinem Kameraden sagen: »Ein Glück, daß da keine Kinder sind! Für die Armee schon ein Problem weniger.«

Als Hadassa mir vorhin einen mit Gummiband umwickelten Pappkarton brachte, bemerkte sie dazu:

— Das hier ist mein ganzer Schatz. Manchmal mach' ich ihn heimlich auf. In 25 Jahren bist du die dritte, der ich ihn zeige...

Auf den Deckel hat sie mit Großbuchstaben geschrieben: NACH MEINEM TOD ZU VERBRENNEN. Der Karton enthält das ganze Drama von Hadassa, dem jungen Mädchen aus Tel Aviv, das mit 17 Jahren verheiratet und mit 21 Jahren Witwe des Krieges von 1956 ist.

Hadassa wollte, daß wir uns in meinem Hotel in Tel Aviv treffen:

— Denk nur nicht, daß ich nicht gastfreundlich bin. Ich hätt' dich gern zu mir eingeladen. Aber ich will meinem zweiten Mann nicht weh tun. Es würde ihn kränken, wenn er wüßte, daß ich dir meine schreckliche Liebe zu Yehuda erzähle.

Wenn Hadassa von ihrer »schrecklichen« Liebe zu Yehuda spricht, dann deshalb, weil sie es wirklich war. Und auch, weil in ihr alles schrecklich, intensiv, leidenschaftlich ist.

Ihr Vater war Rabbiner. Ein Hundertprozentiger, der schon am Freitagmorgen an allen Schaltern drehte aus Angst, sündigen zu müssen, wenn er während des Sabbat noch ein vergessenes Licht auszumachen hätte. Bei den Ultra-Orthodoxen hebt man von Freitag- bis Samstagabend den kleinen Finger nur, um zu beten. Unter den Nachkommen des Rabbiners ist seine Tochter Hadassa die Nummer 14, geboren 1935 in Tel Aviv. Seine Frau war in der Altstadt Jerusalems zur Welt gekommen, wie seit acht Generationen alle ihre elterlichen Vorfahren.

— Meine Mutter verhüllte sich von Kopf bis Fuß. Kein Stückchen Haut war von ihr zu sehen. Sie trug schwarze Strümpfe und auf dem kahlrasierten Kopf zwei Schleier übereinander. Ihr Gesicht war nackt, weil Schminke, genau wie Schmuck, Sünde ist. Meine Mutter war eine gute Frau. Wenn ein Bettler sie anredete, gab sie ihm ein wenig von unserem Brot. Obwohl wir arm waren, sehr arm.

Die Tochter des Ultra-Rabbiners und seiner kahlrasierten Frau trägt heute Jeans, ein T-Shirt und Ketten. Hadassa Pilater, verw. Lebkovitsch, führt heute in der Hayarden Str. 13 ein »modernes« Leben. Aber ihre Kindheit wird sie niemals vergessen können. Diese Kindheit hat ihr Leben geprägt.

— Mein Vater arbeitete in einem wichtigen Rabbiner-Zentrum, in dem das Studium über allem stand. Er war für diese niedrige Welt zu erhaben. Er verlangte nie sein monatelang im Verzug liegendes Gehalt. Die Leute meinten, er hätte ein schönes Leben, dabei war er arm wie Hiob. Niemand ahnte auch nur, daß er nicht einmal eine Erbse für den Kochtopf seiner Frau hatte und für seine riesige Familie mit der ganzen Kinderschar. Aber mein Vater hatte Würde: Sein einziges Kleidungsstück war immer tadellos. Er hielt sich immer kerzengerade. Neben ihm das arme Geschöpf, meine Mutter, war ganz gebückt. Zwei Jahre nach meiner Geburt wurde sie schwerkrank. Jede Nacht rief sie nach ihren vier an Tuberkulose gestorbenen Kindern.

Für eine so religiöse Frau wie Hadassas Mutter war der Verlust ihrer beiden ältesten Söhne eine Tragödie: Ruben und Jakob würden nie für ihren Vater das Totengebet sprechen können, wenn für ihn einmal die Zeit der ewigen Ruhe käme.

Der Vater ist zu arm, die Mutter zu krank... Hadassa wird mit sechs Jahre aufs Land geschickt, um bei einem Onkel das Hausmädchen zu spielen.

— Dahinten in Ecron war es schrecklich. Ich hatte Hunger. Und da hör' ich eines Tages von weitem das Quietschen eines Ziehbrunnenseils... Das war nach der Ernte, und ich sammelte zum Essen die auf den Feldern liegengebliebenen Körner auf. Ich ging dem Geräusch nach und kam zu einem Brunnen. Eine Beduinin zog an dem Seil. Neben der Hütte aus Lehm und Zweigen, die von den Nomaden eben erst gebaut worden war, standen zwei Kinder in meinem Alter. Ich wartete eine ganze Weile, bis ich es wagte, mich ihnen und dem großen, schwarzangelaufenen Topf auf vier Steinen, aus dem ein herrlicher Duft aufstieg, zu nähern. Die Nomaden haben mir zu essen gegeben. Ich bin dann sehr oft zu ihnen zurückgekehrt, aber nie hat mich die Mutter gefragt, wer ich bin, ob ich Araberin oder Jüdin sei... Eines Morgens hab' ich dann nichts mehr gefunden. Die Nomaden hatten die Hütte niedergerissen. Sie waren weg. Da lagen nur noch die vier schwarz gewordenen Steine. Da hab' ich mich auf die warme Erde gelegt und geweint... Diese Erinnerung schien vergessen zu sein. Sie kam mir wieder am ersten Gedenktag unseres Junisieges von 1967, als ich den Sohn meiner Nachbarin zu seinem Vater sagen hörte: »Papa, sag mal, als du im Krieg warst, warum hast du sie da nicht alle umgebracht, die Araber?«

Nach drei schrecklichen Jahren in Ecron ist Hadassa schließlich wieder in Tel Aviv bei ihren Eltern.

— Und jetzt, was ich dir jetzt erzähle, das wirst du kaum glauben. Aber es ist wahr! Es ist die Wahrheit über einen Abschnitt in meinem Leben, der voller Nacht und Trauer war. Meine Mutter... Und das ist auch eine lange Geschichte... Also los, stell deinen Apparat wieder an! Als ich wieder nach Hause kam, lag meine Mutter im Sterben. Und mein Vater wiederholte nur immer, was er sein ganzes Leben wiederholt hat: »Vertraut nur auf Gott, er wird helfen!« Und er betete und betete, damit meine Mutter wieder gesund werden sollte. Am Krankenbett seiner Frau wollte er niemanden anders als Gott. Ich war neun. Ich hab' meine Mutter ganz allein zu einem Arzt geschleift, ohne Wissen meines Vaters. Sie konnte sich kaum mehr aufrecht halten, die Strümpfe rutschen ihr runter und aus ihrer zerlumpten Wäsche schauten die Knochen raus. Ich schämte mich so sehr, daß ich mir sagte: »Jetzt ist's schon egal. Besser, wenn Mama stirbt. Ich will nicht, daß man sie noch länger so sieht!« Der Arzt sagte entschieden: »Meine Kleine, deine Mutter liegt auch deshalb im Sterben, weil sie nichts zu essen hat. Zuerst muß sie mal was zu essen bekommen.« Mein Vater hat mir kaum zugehört: »Mein Kind, das ist nicht deine Sache. Gott wird's schon machen!«

— Konntest du trotzdem irgendwas für sie tun?

— Es war zu spät! Sie hat noch ein paar Jahre weitergelebt, aber sie hatte den Verstand verloren. Sie hatte zuviel gelitten. Sie kämpfte nicht mehr. Als sie jung war, hatte sie ja nicht immer alles hingenommen. Das mit meiner kleinen Schwester zum Beispiel: als ganz kleines Kind war sie behindert. Und um ihr zu helfen, hat meine Mutter es gewagt, sich meinem Vater und seinen Gebeten zu widersetzen. Sie hat alle möglichen Ärzte konsultiert und sogar Heilpraktiker und Hexer. Heimlich natürlich, so wie ich es später für sie getan habe. Meine Mutter, die Frau des Rabbiners, hat sogar eine Araberin aufgesucht, eine Muselmanin. Die Beduinin hat ihr empfohlen, Kamelknochen aufzukochen und meine gelähmte Schwester dann in dem Aufguß zu baden. Seither läuft meine Schwester, zwar schlecht, aber immerhin.

Mit neun Jahren wagt es Hadassa, sich ihrem Vater zu widersetzen, um ihre Mutter zu retten. Mit zehn Jahren flieht sie zu ihrer Schwester, die »für das ganze jüdische Volk verloren ist, weil sie die Religion nicht ausübt«. Mit elf Jahren nimmt ihr Vater sie aus der Schule, »weil du nur ein Mädchen bist: Du kannst lesen und schreiben, das reicht.«

— Ich bin dann ganz allein ins Erziehungsministerium gegangen. Man ließ mich in ein riesiges Büro kommen, und da hab' ich meine Geschichte erzählt: »Meine Mutter schreit die ganze Nacht, und die Nachbarn werden böse. Mein Vater will nicht, daß ich weiterlerne. Ich bitt' dich, Herr, ich möcht' wieder in die Schule gehn!«

Der Herr meint, daß diese Kühnheit eine kleine Hilfestellung wert sei. Er veranlaßt, daß Hadassa wieder zur Schule geschickt wird. Aber drei Jahre später, als sie 14 Jahre alt ist, kommt der Abbruch, Hadassa muß ihre geliebten Studien verlassen.

— Das war 1949, Israel war kaum ein Jahr alt. Wir hatten einen wahren Heißhunger auf alles, auf Wissen, auf Kultur. Aber was waren wir arm! Ja, das stimmt, wir waren arm, aber auch viel großzügiger als heute. Und was für ein großes Vertrauen hatte ich in das Leben! Ich jammerte nicht. Tagsüber wusch ich Teller in einem Bistro, und um drei Uhr morgens zog ich los, Zeitungen in Tel Aviv auszutragen. Ich hab' überall gewohnt. Ich hab' alle Berufe gemacht. Ich war sogar Putzfrau. Was hab' ich für Betten gemacht!

Sie wirft einen Blick auf meins:

— Wenn ich diese modernen Hotelbetten so sehe, nicht breiter als eine Straßenbahnbank, muß ich an unser winziges Bett in unserem Zimmerchen denken... Und ich denke an all die Paare, deren Bett so groß wie ein Schlachtschiff ist, mit einer so kleinen Liebe darin... unseres war nur so groß wie eine Nußschale und darin unsere Liebe, so weit wie das Meer.

Hadassa wischt sich eine Träne ab.

— Da bringst du mich auf meinen Yehuda zu sprechen! Der Krieg hat ihn mir vor 26 Jahren getötet, und damit hat er in mir auch das Vertrauen ins Leben getötet. Bis zu diesem Tag lebte ich mit einer Art Gewißheit... Als ich Yehuda traf, war ich naiv, sehr sehr naiv. Ich verstand nichts von Liebe, und mir lag auch gar nichts daran. An Heirat dachte ich überhaupt nicht. Ich wollte tanzen, lernen, wollte alles wissen: warum der Himmel blau ist, warum die Sterne glänzen und ob es auf dem Mond Luft gibt. Ich hatte viele Freunde, Juden und Araber, und ich war die Königin unter den Bienen, ich war die Sonne, und alle drehten sich um mich, die Mädchen, die Jungen, alle. Mir wurde der Hof gemacht, und ich merkte es nicht mal!

Für Hadassa gab es nur die Freundschaft. Die Liebe stand in einem anderen Stern. Für sie war Yehuda nur ein Kamerad, zwar verliebt in sie, aber so verständnisvoll. Ein hinreichend sensibler Kamerad, um ihr die Heirat ohne zu große Forderungen an sie vorzuschlagen: »Laß uns ein bißchen zusammenleben, wenn's nicht geht, lassen wir uns scheiden!«

— Ich sagte mir, warum auch nicht! So hätte ich doch endlich eine Lebensrichtung. Wenn ich mir einen Mann nehme, habe ich endlich auch eine Adresse! Anfangs haben wir wie Bruder und Schwester zusammengelebt. Zum Lieben hatte ich keine Lust, das tat mir weh. Aber Yehuda war geduldig, und dann habe ich geliebt. Er war sieben Jahre älter als ich, aber genauso sehr ein Kind wie ich: zwei Kinder, die auf den Sternen tanzten und ihr Glück genossen. Ich vergaß darüber fast meine schrecklichen Jahre. Yehuda streichelte mich: »Du brauchst keine Angst zu haben. Liebling, du wirst den Verstand nicht verlieren. Nicht so wie deine Mutter. Deine Mutter hat die Hölle durchgemacht. Bei dir ist das anders, du bist meine Blume, und ich bin da, um dich zu gießen und zu wärmen.«

Yehuda Lebkovitsch war 1934, im Alter von sechs Jahren, in Palästina angekommen, er war ein »Yeke«, ein aus Deutschland gekommener Jude.

— Wir wohnten in Tel Aviv in einem einzigen Raum, einem kleinen Zimmer, in dem wir alles machten: wir kochten, wir liebten uns, wir schneiderten darin. Yehuda war Schneider. Kein einfacher Hosenflicker, sondern ein Künstler, der aus meinen armseligen Kleidern Festroben zauberte.

Aber Yehuda war nicht nur ein geschickter Schneider, er war ein wissensdurstiger Geist. In diesem angefüllten Zimmer mit seinem unter Büchern fast zusammenbrechenden Regal empfingen Yehuda und Hadassa ihre Freunde: Freunde, die aus den verschiedensten Ländern gekommen waren, um Israel aufzubauen und die Welt neu zu erschaffen.

— Yehuda interessierte sich vor allem für Israels Zukunft, hatte aber keinerlei Geschäftssinn. So mußte ich selbst oft unsere paar Groschen verdienen. Aber das hat mich weniger gestört; da war vielmehr diese andauernde, undefinierbare Angst... Abends betrachtete ich Yehuda, der mit geröteten Augen über seinen Büchern saß, und ich konnte nicht umhin: »Ich habe Angst«, sagte ich, »wir sind einfach zu glücklich. Ich seh' die neidischen Vögel um uns kreisen.« Er versuchte dann, meine düsteren Gedanken zu verscheuchen. Ich sollte mit meinem dummen Zeug aufhören, wir würden tausend Jahre leben, viele Kinder haben und alles, alles andere auch.

Um dieses »alles« einmal zu haben, sparen Hadassa und Yehuda. Sie unterschreiben einen Kaufvertrag für eine Wohnung, überweisen die erste Anzahlung. Tag und Nacht träumen sie von diesem Zuhause, das über viele Jahre hinweg abzuzahlen sein wird. Zum Glück fangen Yehudas Kreationen an, sich durchzusetzen, und bringen langsam Geld ein.

— ...Mein Yehuda war 28 Jahre alt, von strahlender Jugend und Gesundheit, als er getötet wurde. Seine Freude über den einsetzenden Erfolg bleibt mein einziger Trost.

An einem Herbsttag des Jahres 1956 hat Yehuda Lebkovitsch seinen Marschbefehl für den Kriegsfall erhalten, den Befehl Nr. 8.

— Er war bei den Geschützen und hatte Leute unter sich. Frag mich aber bitte nicht mehr, ich hab' von ihren Militärsachen nie was verstanden.

Als Yehuda dann eingezogen ist, schreibt er seiner Frau täglich zweimal. Und als die Lage an der Front sich entspannt, erhält er schließlich Urlaub:

— Sie haben ihn gehn lassen, damit er mir bei den Vorbereitungen für den Umzug helfen konnte. Unser Glück war vollkommen, und ich sag dir das nicht so, wie man oft die Erinnerungen hinterher rosarot färbt. Das war an einem Sonnabend. Ich hab' den Möbelwagen für Dienstag bestellt... Sonntag mußte Yehuda zu seinem Bataillon zurück. Als ich ihn weggehn sah, packte mich zweispältige Verzweiflung. Wie soll ich dir das erklären?... Mein Kopf beruhigte mich: Er wird wiederkommen. Mein Körper stöhnte: Er wird sterben. Und ich, die ich ein Teil seines Herzens und ein Teil seines Fleisches bin, ich kann nur zuschaun, wie er an der Straßenecke verschwindet. Ich fühl' es, ich weiß es: Yehuda geht dem Tod entgegen, nur den Tag und die Stunde kenne ich nicht.

Als der Möbelwagen am Dienstag früh vor der Haustür hielt, war Yehuda schon tot: »Gefallen am Montag um 18 Uhr in Raffah, im Sinai«, heißt es in der Militärmeldung.

Hadassa greift zu dem Pappkarton und streift den Gummi ab. Ihr ganzer Schatz breitet sich auf meinem Bett aus:

— Schau mal, das letzte Photo von ihm, an sein Geschütz gelehnt... hier seine Uhr, seine Epauletten und sogar mein persönliches Tagebuch, das ich ihm mitgegeben hatte. In unseren vier Jahren hatten wir keinerlei Geheimnisse voreinander. Yehuda kannte meine Gedanken alle... Das da alles wiedersehn, das bringt mich um. Für dein Buch will ich dir aber mein Leben erzählen, denn diese Sachen müssen einfach gesagt werden. Sieh mal, dieses Photo: denen reicht's, solche Szenen da aufzubauen, zwei Bäume, Soldaten, ein Schild, dann photographieren sie dir's und kommen zu dir, der Witwe, um dir zu sagen: »Hier ist er gefallen.« Da such du mal den Beweis! Niemand hat mir je sagen können, was wirklich passiert ist, ob mein Yehuda gelitten hat, ob er etwas gesagt hat... ich weiß absolut nichts. Ich weiß nur, daß ich die Hölle betreten habe...

Hadassa läßt sich vom Bett auf den Teppichboden gleiten, schlingt die Arme um ihre Knie.

— ...An diesem schrecklichen Dienstag habe ich zuerst unsere Sachen in den Möbelwagen geladen, dann bin ich ins Büro gegangen. Ich arbeitete als Sekretärin. Eine Nachricht erwartete mich. Ich sollte sofort nach Hause zurückkehren, jemand vom Bataillonsstab erwarte mich. Ich dachte, daß sie nun auch mir den Mobilmachungsbefehl bringen würden: als verheiratete Frau war ich im Zivilschutz.

Vor der Tür warten die Nachbarinnen auf Hadassa. Eine schreit, die andere schluchzt. Hadassa wundert sich: »Aber was ist denn bloß los? Was habt ihr denn nur?« Die Frau aus der Apotheke an der Ecke Ben-Yehuda-Frishman-Straße reicht ihr eine Tasse Baldriantee. Hadassa versteht immer noch nicht — oder ist da etwas in ihr, das nicht verstehen will? Und da mischt sich noch eine andere Nachbarin ein: »Schnell, zieh schnell ein altes Kleid an!«

— Ich aber, die Rabbiner-Tochter, ich hab' nicht eine Sekunde an die Tradition gedacht! Bei uns macht der Rabbiner bei Beerdigungen einen Schnitt in das Kleid der Witwe: dein Herz ist schon zerrissen, und da zerreißt man dir auch noch dein Kleid!... Und dann hab' ich sie gesehen... Sie hatten auf dem Flur im Hintergrund alles beobachtet. Sie sind auf mich zugekommen, ein Mann und eine Soldatin. Der Mann zögerte: »Hadassa Lebkovitsch.. dein Mann Yehuda wurde verletzt.« Ich fahr' aus der Haut: »Ach, das ist's also! Worauf warten Sie denn noch, bis Sie mich zu ihm bringen?« Der Mann hat zu Boden geschaut und leise gesagt: »Das ist zu spät... er ist tot.« Ich hab' aufgeschrien: »Lügner! Ihr Lügner! Ihr lügt ja!«

Hadassa glaubt das nicht. Sie kann das nicht glauben. Ihr Geist lehnt diese völlig irreale Realität ab. Sie ruft sogar in ihrem Büro an, um sich höflich für ihr Fehlen zu entschuldigen.

Hadassas schrecklicher Dienstag galoppiert unerbittlich weiter:

— ...Ein Mann packt mich am Arm, schubst mich vorwärts, schiebt mich in einen Wagen: »Tchic-tchac*, los geht's!« Der Wagen fährt an: »Tchic-tchac! Zum Friedhof! Tchic-tchac, ich werde wieder ausgeladen, da ist der Kiryat Shaul-Friedhof, in der Nähe von Tel Aviv. Du weißt doch, der ganz große, neben Tsahala, da wo Mosche Dajan wohnte...

1956 waren auf dem Friedhof von Kiryat Shaul nur wenige Gräber. Heute ist er überbelegt.

— ...Um die Löcher herum standen junge Soldaten, Kameraden von Yehuda. Ich hab' mich gefragt, welcher von ihnen wohl das Photo von

* Hebräischer Ausdruck für »schnell, schnell«.

Yehuda neben der Kanone gemacht hatte. Und plötzlich seh' ich den Rabbiner, meine Schwiegermutter, meine Schwester, und jetzt springt mir die Gewißheit an die Kehle, ins Herz, in die Brust, ich ersticke, ich sterbe auch... Ich höre eine Stimme sagen: »Die da ist's!« Eine Uniform zeigt mir eine von den Kisten, die aneinandergereiht vor den Löchern stehen. Ich hab' sie angestarrt, nur angestarrt und dann hab' ich plötzlich rausgeschrien: »Ihr Schweinehunde! Ihr begrabt die einfach so, ohne sie uns zu zeigen! Das ist mein Mann, ich will ihn sehn. — Unmöglich, das macht man nicht.« Da hat sich mir eine Unbekannte genähert und ihren Arm um meine Schultern gelegt. Laut schreiend hat sie ihnen zugerufen: »Tut, was die Kleine fordert, das ist ihr Recht!«

Die Sargträger öffnen die Kiste.

— Da sehe ich ihn... seine Uniform ist voller Blut... Nein, das stimmt alles nicht, wach auf, Hadassa, das ist ein Alptraum!

Sie schluchzt:

— Ich habe seine Wange... ganz leicht... mit den Fingerspitzen berührt. Eine eisige Wange. Vom Tod und vom Eisfach erstarrt. Er ist schön. Er hat seinen weichen Gesichtsausdruck. Man hat ihm die Augen geschlossen, und seine Wimpern schienen zu leben. Ich kann nicht anders, ich muß ihn streicheln. Ein Stück Marmor. Schon ein Denkmal! Über diesen Marmor gleiten meine Hände weiter: seine Schultern... seine Hüften und dann nichts mehr... Yehuda hat keine Beine mehr. Mein Hände befühlen die leere Hose... Und da krallen diese Kerle plötzlich ihre Finger in meine Schulter und zerren mich von der Kiste weg!

Hadassa ist jetzt nur noch Zuschauerin. Zwei Soldaten halten sie in Abstand zum Sarg fest.

— Peng! ein einziger Schlag, die Kiste ist zu. Bum! die Nägel sind auch drin. Nochmal bum! die Ehrensalve ist abgefeuert. Klatsch! mein Yehuda ist begraben.

Beim Verlassen des Friedhofs hört Hadassa einen Offizier zu seinem Kameraden sagen: »Ein Glück, daß da keine Kinder sind! Für die Armee schon ein Problem weniger!«

Vom Balkon meines Hotels aus, zeigt Hadassa mir einen vagen Raum zwischen den Hochhäusern:

— Dahinten, da hab' ich am Strand gesessen und die Sonne auf- und untergehen sehen. Am Tag nach der Beerdigung bin ich schon sehr früh morgens dort gewesen. Die Spatzen nahmen ihr Sandbad, als sei nichts geschehen. Ich dachte: »Das Leben ist so zerbrechlich und doch auch so stark... mein Yehuda ist tot, aber das Leben geht genauso weiter.« Tagelang bin ich dann wie eine Nachtwandlerin vom Strand zum Friedhof und vom Friedhof zum Strand gegangen. Die Vögel waren da. Und die Wellen. Und weiter weg, auf der anderen Seite, waren andere Frauen, die genauso weinten wie ich. Ägypterinnen. Ich dachte oft an sie...

Andere Hotels amerikanischen Stils liegen vor unserem Balkon und nehmen die Aussicht und die Luft des Meeres. Unten auf der Straße Soldaten, die kommen und gehen, mit Gamaschen und einer »Uzi«* über der Schulter. Einen Augenblick lang starrt Hadassa sie an.

— ...Ich kenne Leute, die behaupten, daß die arabischen Frauen nicht so sehr leiden wie wir. Sie sagen: »Kinder bringen die zu Haufen auf die Welt, und Männer haben sie mehr als genug. Sie sagen: Hier bei uns in Israel ist das nicht das gleiche: In unserem winzigen Land ist der Tod jedes Mannes ein Drama.« Ich kann das nicht hören. Haben die arabischen Frauen denn etwa keine Gefühle? Sollten sie ihre Männer nicht ebenso lieben, wie wir unsere? Ich weigere mich, ein ganzes Volk zu hassen. Übrigens, wenn man das gelebt hat, was ich gelebt habe, dann weiß man, daß es nur zwei Völker auf Erden gibt: das Volk der Armen und das Volk der Reichen. Die Nation! Das Vaterland! Ich hab' auch mal daran geglaubt, aber bevor die mir meinen Yehuda getötet haben. Wofür ist er gestorben? Für eine Handvoll Sand?

Und welch Dank dieser ganz jungen Frau gegenüber, dieser Hadassa, die gerade dem Vaterland ihren Mann geopfert hat!

— Drei Monate Gehalt, keinen Pfennig mehr! Seither hat die Armee durch all diese Kriege Fortschritte gemacht, aber 1956 war eine Witwe ohne Kinder nicht viel... Meine Groschen verschleuderte ich. Ich verschleuderte sie so, als wäre ich sicher, bald zu sterben... Innerlich war ich ausgebrannt, aber nach außen bewahrte ich Haltung, weil Yehuda mich doch beobachtete. Ich kann dir's ja sagen: Er schickte mir Zeichen. Und dann, dann geschah das Wunder... Es gab nämlich ein Wunder! Du wirst mich für verrückt halten, aber frag' die andern! Das war eine Woche nach der Beerdigung. Sie haben sie auch gesehen! Sie steckte auf seinem Grab. Eine große Nähnadel! Yehuda hatte genau die gleiche, um seine Kunstwerke zu nähen.

Hadassa geht zu meinem Bett zurück und packt ihren Schatz wieder ein. Dabei bemerkt sie bitter:

— Glaub nun bloß nicht, daß ich nach diesen schrecklichen Augenblikken in Ruhe gelassen wurde! Da war noch diese »halizah«. Mein Rabbiner-

* Israelisches Maschinengewehr

Vater hat mir keine Wahl gelassen: »Mein Kind, wenn du nicht dorthin gehst, bist du für mich gestorben.«

Über Jahrtausende hinweg hat der hebräische Brauch dem Bruder des Verstorbenen die Pflicht auferlegt, die Witwe zu heiraten, wenn diese keine Kinder hat. Dieser Brauch, der das Fortbestehen der Nachkommenschaft sichern sollte, hatte jahrhundertelang seine Berechtigung. Heute allerdings hat er keinen Sinn mehr und wird praktisch auch nicht mehr ausgeübt. Aber man muß sich nach wie vor noch dem Ritus der »halizah« unterwerfen, die den Schwager von der Pflicht entbindet, seine Schwägerin zu heiraten. Dieser Ritus gibt gleichzeitig der Witwe ihre Freiheit zurück, und sie kann sich daraufhin wieder verheiraten. Bei dieser Zeremonie muß die Witwe im Beisein von fünf Männern, von denen mindestens drei Rabbiner sein müssen, ihrem Schwager ins Gesicht spucken. Diese Spucke kann man nicht der Post anvertrauen.

Für die überwiegende Mehrheit der Familien ist die »halizah« heute nur noch eine symbolische Formalität. Aber für die Ultras kommt man da nicht mit einem Kunstgriff über die Runden! Dem Ritus muß bis ins I-Tüpfelchen Folge geleistet werden.

Hadassas Schwager, der Bruder Yehudas, lebt seit langem am äußersten Ende Amerikas, in Toronto, Kanada. Hadassa weiß kaum etwas von ihm. Als er erfährt, daß die Witwe seines Bruders aus Pflichterfüllung wegen der »halizah« ihm aus heiterem Himmel vermutlich bald einen Besuch macht, ist der Kanadier erst nur verblüfft, dann aber verärgert: »Was? Das gibt's noch? Das wird wohl nur ein Vorwand sein, diese Kleine will sich eine Reise nach Amerika leisten! Ich werd' mich doch nicht diesem Spektakel ausliefern! Diese Witwe soll mir gestohlen bleiben!«

Unter dem Druck ihres Vaters bereitet Hadassa sich dennoch darauf vor, den Atlantik zu überqueren...

— Schon damals mußten wir beim Verlassen Israels eine Ausreisegebühr bezahlen. Auch das noch! Als arme, junge Witwe sollte ich auf meine Kosten gezwungenermaßen nach Amerika reisen, um dort einem Fremden ins Gesicht zu spucken. Ich, die ich schon todunglücklich diese Reise antrat, ich hatte auch noch eine Gebühr dafür zu zahlen!

Hadassa lehnt sich dagegen auf und bombardiert alle wichtigen Leute Israels, wie Ben Gurion, den Großen Rabbiner von Tel Aviv und viele andere mit Briefen: »Ich bin Hadassa Lebkovitsch«, schreibt sie. »Mein Mann Yehuda wurde im Krieg getötet. Gefallen im Sinai. Ich habe keine Kinder. Ich werde gezwungen, wegen der »halizah« ins Ausland zu fahren. Dazu meine Frage: Finden Sie es gerecht, daß zu meinen Reisekosten auch noch eine Gebühr kommt, wenn ich als Witwe meine Pflicht erfüllen soll? Ich muß schon alles versuchen, um ohne jede Hilfe der Regierung überhaupt zu überleben.«

Die Briefe Hadassas wandern von einem Büro ins andere, liegen in einem Ministerium nach dem anderen herum. Sie braucht ein Jahr, um ihre Sache durchzufechten. Sie wird die Gebühr nicht zahlen müssen. Aber...

— Ich brauchte noch ein Visum! Um das zu bekommen, mußte jemand von da drüben für mich bürgen. Natürlich wollte mein Schwager nichts davon wissen. Zum Glück hatte mein Vater in New York entfernte Cousins, die einverstanden waren, mich einzuladen. Sie waren sehr religiös, und ich dachte, daß es mir vielleicht über sie gelingen würde, auf Yehudas Bruder Druck auszuüben. Heute spreche ich mit dir fließend englisch, aber damals, als ich nach New York abflog, konnte ich noch kaum ein Wort. Die Stadt war so riesig und ich so klein. Das Stadtviertel meiner Cousins so ärmlich und ich so verloren. Ich blieb den ganzen Tag in ihrer nach Kohl riechenden Küche sitzen. Tag für Tag belauerte ich meinen Onkel und meine Tante. Was konnten sie wohl am Telefon bereden? Mit wem sprachen sie? Mit meinem Schwager? Bereiteten Sie meine »halizah« vor? Mein Onkel antwortete mir immer das gleiche: »Geduld! Geduld, meine Kleine, man muß ihm Zeit lassen...«

Yehudas Bruder in Toronto bleibt weiterhin mürrisch und ablehnend. Erst auf Bitten seiner Mutter, die ihn unaufhörlich aus Israel darum angeht, gibt er nach. Er willigt ein, Hadassa zu empfangen, aber nur bei sich zuhause. Außer Frage, daß er sich nach New York begibt.

— Geduld, Geduld... Ich war am Ende meiner Geduld! Dieser Herr will nicht nach New York kommen? Also gut, dann fahr ich nach Kanada. Am Flughafen von Toronto hatte ich kein Visum, und der Zollbeamte wollte mich zurückschicken. Da ist mir der Kragen geplatzt: »Euer Kanada, darauf pfeif' ich. Ich bin 21 Jahre alt, mein Mann ist im Krieg gestorben, und weil ich Witwe bin, muß ich die »halizah« mit meinem Schwager erledigen. Ich bin nur deswegen gekommen, und glauben Sie mir, wenn es möglich wäre, würde ich im Handumdrehn alle Rabbiner hierher zum Flughafen bestellen, und wir würden das gleich hier vor Ihnen machen! Und dann würde ich, ohne auch nur einen Fuß in ihr Land gesetzt zu haben, mit dem ersten Flugzeug nach Israel zurückkehren!«

»Eine Verrückte«, denkt der Zollbeamte, der natürlich kein Hebräisch kann. Mit ihren wenigen englischen Wörtern versucht Hadassa also, von ihrem Vater, dem Rabbiner zu reden, und mit großen Gesten fängt sie an, die »halizah«-Zeremonie nachzumachen. Der Beamte reißt die Augen auf, gibt aber noch immer keinen Ton von sich.

— Der Gedanke, ohne meine »halizah« nach Israel zurückzufahren, läßt mich Todesängste ausstehn. Ich hab' mich vor den Zollbeamten gestellt: »Du verbietest mir also, reinzukommen! Dann töte mich und bestell den Sarg. Und diesen Sarg schickst du dann an meinen Vater!«

Der Zollbeamte wird immer aufgeregter. Zum Glück kommt jetzt ein Inspektor zur Hilfe. Er ruft die amerikanische Botschaft in Tel Aviv an, von der Hadassa ihr amerikanisches Visum erhalten hatte. Dort wird ihm versichert: Hadassa ist wirklich Witwe, und den Brauch gibt es auch wirklich.

Mit einem Visum ausgestattet, betritt Hadassa nun endlich Kanada. Sie taucht vor ihrem Schwager auf:

— Und da kommt nun die Katastophe! Er hat sich in mich verliebt: Ich konnte ihn nicht mehr loswerden. Nachts stellte ich mir bei jedem Geräusch vor, daß er aus dem Bett seiner Frau am Kinderzimmer vorbei bis zu meiner Tür schlich... Ich war so unglücklich. Ich fühlte mich gefangen und so unendlich weit weg von Israel. Mein Schluchzen erstickte ich unter dem Kissen, wenn ich an Yehuda dachte, dahinten in seiner Kiste unter dem Sand... Ich wurde den Gedanken nicht los, daß mein Schwager in seinem Egoismus so weit gehen könnte, mir meine »halizah« zu verweigern. Er zögerte sie immer wieder hinaus. Und wenn ich drauf drängte, lächelte er: »Nichts eilt, geliebte Hadassa, gar nichts eilt!«

So vergeht Zeit, immer mehr Zeit, und Hadassa sieht keinen Ausweg.

— Eines schönen Morgens hatte ich dann genug! Ich bin mit dem Bus zum Rabbinat gefahren. Ich habe mehrere Rabbiner getroffen. Ich habe ihnen meine Geschichte erzählt. Der erste hat gesagt: »Geduld, mein Kind. Wir haben hier in Toronto nicht den Schuh für die »halizah« zur Hand. Wir müssen einen aus New York kommen lassen...« Und ich kam gerade aus New York!

Der »halizah«-Schuh ist so eine Art von geschnürtem Mokassin, der ausschließlich aus Leder und ohne irgendwelche Metallteile angefertigt ist. Er gehört zu den unerläßlichen Accessoires der Zeremonie.

Aber die Rabbiner von Toronto hatten alles andere zu tun, als den Schwager einer Witwe zu einer »halizah« zu bewegen! Passah stand vor der Tür, und dieses Fest bringt ihnen viele Geschenke und viel Geld... In höchster Verzweiflung macht Hadassa jetzt nicht mehr Halt vor dem Sakrileg, sich die Tür zum Obersten Rabbiner zu öffnen, der aus religiösen Prinzipien Frauen nie empfängt.

— »Hoher Rabbiner, ich bin Hadassa Lebkovitsch, Witwe von Yehuda, im Sinai 1956 getötet. Ich komme aus dem Lande Israel. Ich bin unter tausenden von Mühen hierher gekommen, um meine »halizah« zu erhalten. Und man sagt mir, daß ihr hier den Schuh nicht habt. Und man läßt mir noch sagen, daß Du keine Zeit für mich hast. Hör mir mal gut zu, Hoher Rabbiner, ich bin nicht religiös. Wenn ich diese mühevolle Reise auf mich genommen habe, dann nur, weil das das einzig Seligmachende für einen verrückten Alten, genauso einen wie dich, ist. Ich will, daß mein Vater sich am Abend des »Seder«* im Seelenfrieden niedersetzen kann...« Nach dieser Abrechnung kramte ich in meiner Tasche nach meiner letzten Rettung. Den Umschlag hielt ich dem Obersten Rabbiner unter die bebrillte Nase. Erst hat er ihn lange angeschaut, dann entschloß er sich, ihn zu öffnen und den Brief zu lesen. Als er den Briefkopf und die Unterschrift sah, ist er wach geworden, und ich bemerkte, wie er beim Lesen nach und nach auftaute: »Ach mein Kind, das ist ja nun eine ganz andere Sache!«

Der Brief war ein Empfehlungsschreiben eines anderen großen Würdenträgers, des Hohen Rabbiners von Tel Aviv, des Rabbiners Untermann. Die beiden Männer hatten einmal jahrelang zusammen die Thora studiert, hatten Seite an Seite, Bart neben Bart gesessen. So kommt Hadassa mit Hilfe dieses Briefes endlich ans Ziel. Selbst überzeugt, wird der Hohe Rabbiner seinerseits den Bruder Yehudas nun überzeugen. Man läßt den Schuh kommen, und die »halizah« kann stattfinden. Endlich!

— Sie fand morgens statt. Wie es der Brauch will, hatte ich seit dem Vorabend gefastet. Mein Schwager saß vor mir und trug an seinem rechten Fuß den bewußten Schuh. Dann kamen lange Sprüche und Rituale, und schließlich war ich dran. Wieder dem Brauch folgend habe ich mich vor Yehudas Bruder hingekniet, meine linke Hand auf seine Wade gelegt, und mit der rechten die Schnürsenkel aufgemacht. Dann habe ich ihm den Schuh ausgezogen. Bei diesen Gesten hab' ich auf hebräisch den rituellen Satz gesagt: »Das hier tut man dem Mann an, der das Haus seines Bruders nicht wieder aufbaut!« Und ich spuckte ihm ins Gesicht. Ich war endlich frei!... Mein Schwager schätzte diese Komödie ebensowenig wie ich, aber die Rabbiner, die waren entzückt... Girlanden... Kuchen... Cognac... so schön, wie bei einer Hochzeit! Und um wieviel reicher als meine Hochzeit mit Yehuda...

Hadassa hat in ihrem Unglück noch Glück gehabt: Ihr Schwager hat die

* Gebet des Passah-Festes

Zeremonie bezahlt, die Rabbiner, das Buffet und den Alkohol. Das ist nicht immer der Fall:

— ...Ich kenne Witwen, die das alles aus ihrer eigenen Tasche zahlen mußten. Ich kenne sogar eine, da hat die Familie ihres Mannes gesagt: »Du willst deine Freiheit? Du willst deine »halizah«? Na gut, das kostet...«. Zum Glück hat sich die Mentalität der Leute geändert, man hängt heute nicht mehr so sehr an diesen Archaismen.

Hadassa und ich, wir haben uns so weit von Tel Aviv entfernt, daß wir vergessen haben, die Lampe anzumachen. Hadassa wirft einen Blick durch das Fenster des Hotels auf die Lichter der Stadt:

— Ich hatte keine Wohnung mehr. Ich hatte unsere Ersparnisse, die von Yehuda und mir, fast ganz aufgebraucht, um meinem Vater Freude zu machen. Ich habe also bei meiner Schwester gewohnt. Tagsüber arbeitete ich, nachts träumte ich davon, ein Kind zu haben. Verzweifelt!

Hadassa hat sich ein Jahr nach ihrer traurigen »halizah«-Heimkehr wieder verheiratet.

— Gleich die erste Nacht, tchic-tchac, hab' ich schnell ein Kind gemacht. Jetzt hab' ich drei. Ich hab' einen guten Mann, aber wir sind nicht reich. Wenn ich reich wäre, hätte ich ein Dutzend Kinder!

Jahre vergehen... und über Jahre hinweg hat Hadassa Yehudas Photo auf ihrem Nachtisch stehen.

— Er ist jede Nacht zu mir gekommen. Manchmal sah ich ihn aus einem riesengroßen, buschigen Baum auftauchen. Er schob mühsam die Äste auseinander und rief mich:

»Komm zurück, ich liebe dich, ich bitte dich, komm doch zurück, ich fleh' dich an!« Ich fühlte, wie meine Stimme erstickte: »Yehuda, ich kann nicht mehr kommen, ich bin doch die Frau von einem anderen.« Da war auch ein anderer Traum: Wir hielten uns in einem überfüllten Bus fest umschlungen, seine Stimme flehte an meinem Ohr, und ich antwortete wieder: »Ich kann nicht, wir dürfen nicht, ich bin die Frau eines anderen.« Am schlimmsten war aber der immer wiederkehrende Alptraum: Wir hocken zusammengekauert in einer Ecke unseres kleinen Zimmers, die Tür klappt, der Wind verfängt sich im Raum. Unser Schloß war aufgebrochen worden, man hatte uns unserer Intimität beraubt. Leute ziehen vorbei, Soldaten kommen und gehen, ein Hin und Her, ein Raus und ein Rein. Ich frage sie, was das zu bedeuten hat. Und ich frag' sie, was sie denn bei uns suchen. Sie antworten mir: »Weißt du denn nicht, daß Krieg ist?« Hinter ihnen hör ich eine andere Stimme, eine Frauenstimme, die wiederholt: »Es ist der Krieg. Der Krieg, der zu uns reinkommt, um die zu holen, die wir lieben...«

Zusammengesunken sitzt Hadassa auf einer Bettkante und scheint irgendwo zwischen ihrem treuen Alptraum und der Realität von heute verloren zu sein.

— Der Krieg... er hat damals schon meinen Yehuda geholt. Wird er jetzt kommen, um meinen 20jährigen Sohn zu holen? Heute nacht, morgen, bald... Mein Junge, das ist ein lieber Kerl! Vor ein paar Tagen wollte ich an einer Manifestation gegen den Libanonkrieg teilnehmen. Ich hatte mich — wie alle Frauen meiner Gruppe — an diesem Tag weiß gekleidet, das Weiß des Friedens. Da hat mir mein Sohn den Weg verstellt. Er hatte Angst um mich: »Geh nicht, Mama, das ist gefährlich!« Ich hab' ihn freundlich beiseite geschoben... und zu ihm gesagt...

Hadassas eindringlicher Blick bleibt in meinen Augen stehen:

— ...Ich hab' zu ihm gesagt: »Hör mir mal gut zu, mein Liebling! Ich hab' dich getragen, dich genährt, und ich liebe dich. Ich lebe in ständiger Angst, dich zu verlieren. Ich kann nicht an deiner Stelle in den Krieg ziehen, ich kann auch nicht verhindern, daß man dich tötet oder verstümmelt. Das einzige, was eine Mutter tun kann, um ihren Sohn zu schützen, ist, alles dranzusetzen für den Frieden.« Da hat er mich gehen lassen... Oft sagt man, daß ich naiv sei, daß ich von Politik nichts verstünde und daß unseren Politikern Vertrauen zu schenken sei. Vielleicht verstehe ich nichts, aber ich habe Augen und ich habe einen Kopf. Ich sehe, und ich denke. Und was sehe ich? Ich sehe, daß unsere Chefs zu nichts anderem mehr fähig sind, als zum Kriegmachen. Und wenn ich denke, frage ich mich: Wie lange soll das wohl noch so weitergehen? Ja, meine Herren, in der Tat, ich denke! Und nicht nur an unsere Leute. Ich denke auch an die Palästinenser. Ich, die ich selber so arm und so lange ohne ein Dach über dem Kopf war, ich denke an die, die ohne Land und ohne Haus umherirren...

— Damit wirst du nicht gerade jedem gefallen!

— Wem sagst du das? Ich werde sogar von manchen des Verrats beschuldigt. Ich würde mein Land verraten und unsere Soldaten. Und ich würde sogar meinen Sohn verraten. Vor ein paar Tagen hat ein Mädchen mir erklärt: »Du und deine Manifestationen für den Frieden! Das ist jetzt nicht gerade der richtige Moment dafür! Heute ist Krieg, und wir müssen alle solidarisch sein. Wir müssen zusammenhalten!« Ich war verzweifelt. Ich hab' zurückgeschrien: »Dann sag mir doch, wann der richtige Moment kommt! Wenn mein Sohn unter der Erde ist? Mein Yehuda ist schon für das, was die Frieden nennen, gestorben. Was ist ihr Friede? Wie viele

Jahre sind seit 1956 bereits vergangen? Seitdem sie ihn mir getötet haben, wie viele Kriege haben wir denn seither gehabt? Und wie viele Kriege erwarten uns noch?«

Hadassa drückt die Pappschachtel mit ihrem Kriegsschatz fest an sich:

— Das ist alles, was mir bleibt. Jedem das Seine vom Krieg! ...Wenn ich den Zug des Krieges dadurch aufhalten könnte, daß ich mich direkt davor würfe, ich würde nicht eine Sekunde lang zögern.

WAS IST AUS IHNEN GEWORDEN?

Seit all diesen Begegnungen ist Zeit vergangen. Mehrere dieser Frauen sind aus meinem Leben verschwunden. Andere schreiben mir noch immer. Wieder andere haben mir im Laufe meiner weiten Reisen in den Nahen Osten Neues anvertraut.

Von einigen dieser Frauen möchte ich Ihnen noch berichten. Ein paar Worte über ihr Schicksal. Über den Tod. Über das Leben, das weitergeht...

FATMA war nicht mehr da. Fatma war gestorben. Hat sie, die ihre beiden, fast gleichzeitig gefallenen Söhne beweinte, hat sie sich vielleicht sterben lassen? Ihr Mann hat mir nichts darüber gesagt. Als ich ihm das Buch gereicht hatte und er seine Frau auf dem Photo wiedersah, so wie früher, am Tisch, hat er traurig gelächelt. Und dann die illusionslose Feststellung: »Wir haben nicht mehr mit Ihnen gerechnet. Leute wie Sie kommen an sich nur, um das Leben der Armen zu nehmen, und sie geben es uns nie zurück.«

BELLA mit ihrer Poliomyelitis und der schwerkriegsbeschädigte OFER haben beide neue Rekorde aufgestellt. Und nicht nur bei den Olympischen Spielen für Behinderte! Wird in diesem Buch viel von Gott und seinen Wundern geredet, so verdankt das junge Paar der modernsten Technik und den Überraschungen der künstlichen Befruchtung dieses neue Wunder: BELLA hat Drillinge zur Welt gebracht. Drei Blondschöpfe, ein Mädchen und zwei Jungen.

Der Hauptmann YUSSEF, dessen Schönheit und schwarzer Humor mir so aufgefallen waren, ist immer noch im Zentrum für Schwerstverletzte. Seine Verlobte, die Krankenschwester Sabah, hat schließlich einen anderen geheiratet. Einen, der Beine hat. Und einen, der in der Lage ist, in sie die »Blumen des Lebens« zu verpflanzen, ihr Kinder zu schenken? Auf diese Frage werde ich nie eine Antwort haben... weil ich sie nie zu stellen wage.

Wie ich bereits erwähnte, ist RUTH kurz nach unserer Begegnung, nach diesem Besuch, bei dem sie mir ihren Friedensbrief an Frau Sadat gezeigt

hatte, gestorben. Die Bewegung, die sie in Israel unter jüdischen und arabischen Frauen ins Leben rief, gibt es noch. Auch wenn sie heute nur noch mit einem Flügel schlägt, bleibt dieser Flügel doch der einer Taube. So luden mich diese Frauen, die sich allen und allem zum Trotz zusammengeschlossen haben, anläßlich der Herausgabe dieses Buches in hebräischer Sprache im Januar 1988 nach Haifa ein. Gespannte Atmosphäre... tiefes Berührtsein... Eine Schauspielerin las die Seiten, die ich Ruth gewidmet hatte. Danach sagten mir viele: »Wir hatten das Gefühl, daß sie unter uns anwesend war.« Und Günther, RUTHS Mann? Natürlich habe ich ihn gesucht. Wie hätte ich sein zerstörtes Gesicht vergessen können? Und seine Augen, in die sich seine Seele geflüchtet hat? Auf dem Hügel des West-Karmel habe ich das Haus von RUTH und Günther wiedergefunden. Früher unter Blumen versteckt, war es jetzt mit Gerüsten verschanzt. Günther war weg...
SAKINA Sadat hat ihre Karriere als Journalistin fortgesetzt. Trotz aller Verleumdungen gegen ihre Familie und gegen sie selber nach der Ermordung ihres Bruders hat sie standgehalten. Als ich SAKINA wiedertraf, war sie verbittert: »Mein geliebter Anwar hat sein Leben gegeben, und schau dir mal Palästina heute an! Wenn sie auf Sadat gehört und seinen Plan angenommen hätten, wären die Palästinenser wenigstens schon autonom. Sie wollten alles... und haben nichts.«

Auf ihren Wunsch hin hatte ich die israelische Krankenschwester »DGANIT« hinter einem Pseudonym versteckt. Ihr Photo ist in diesem Buch durch ein leeres Rechteck ersetzt. »DGANIT« hatte mir ihre Befürchtungen mitgeteilt, und das Schicksal hat es nun gewollt, daß diese sich verwirklichen: Wie schon ihr Mann, kann nun einer ihrer Söhne auch nicht mehr seine Beine bewegen. Der Krieg, immer der Krieg! Diesmal im Libanon... Nachdem »DGANIT« das Kapitel, das ich ihr gewidmet habe, überflogen hatte, sagte sie: »Heute ist das nicht mehr das gleiche. Heute erlaub' ich's dir. Gib meinen Namen an!« Und dann fügte sie noch hinzu: »Schreib mir aber bitte deine Widmung nicht vorne rein, wie man das sonst macht, sondern lieber in dieses leere Rechteck, in dem mein Photo sein sollte. Schreib: 'Für NURIT WAGNER, genannt »DGANIT«, die stolz und glücklich ist, für dieses Buch des Friedens Zeugnis abzulegen'«.

Für NAGUIYA, die Krankenschwester von Suez, hat der Krieg auch nie aufgehört. Sie findet ihn jeden Tag in dem geistesgestörten Blick ihres Sohnes wieder, dessen Zustand sich sehr verschlechtert hat und der — wäre Ägypten kein so armes Land — seinen Platz in einem Heim haben müßte. Er hat den Verstand verloren. Er hat keine Arbeit. Er gammelt. »Manchmal«, erzählt NAGUIYA, »manchmal kommt er mir erst bei Sonnenaufgang zurück«. Allein mit ihm in dieser winzigen Wohnung, fühlt sie sich ganz hilflos. Sie setzt keinen Fuß mehr ins Zimmer ihres Sohnes. NAGUIYA ist eine einfache Frau, aber sie hat genug gesehen um zu wissen, was diese Ausschweifungen an Waffen und nackten Figuren verraten, diese mit Rambos und angeketteten Frauen tapezierten Wände... Der Wahnsinn ihres Sohnes und diese Umgebung machen NAGUIYA Angst.

TOVA, die Mutter des nach dreizehn Jahren Haft entlassenen politischen Häftlings, genießt ihr Glück nicht engherzig für sich allein. Sie setzt sich von Gan Shmuel, ihrem Kibbuz aus, für Amnesty International ein. Nachdem sie so lange um ihren Sohn gekämpft hat, kämpft TOVA für die anderen. Für alle andern, die wie Udi zu sagen wagen: »Ich denke anders als ihr«, und die dafür verfolgt werden. TOVA opfert ihre Zeit, schreibt Briefe, setzt den Regierungen zu. »Meiner ist da rausgekommen, da kann ich doch wenigstens das tun!« sagt sie, als sei es ganz selbstverständlich. Und noch etwas: Das Kind, von dem Lea so verzweifelt geträumt hat, als Udi im Gefängnis saß, dieses Kind ist geboren. Endlich.

Und was ist aus einem anderen Gefangenen geworden, aus dem Mann von HAMIDA aus El-Arish, der wegen »Terrorismus« zu zwölf Jahren verurteilt worden war? Nach letzten Meldungen war er immer noch nicht aus dem Gefängnis von Gaza entlassen worden, diesem überbelegten Gefängnis, das mir FAYEZ ABU RAHMA, der Präsident des Anwältevereins von Gaza, mit so ätzendem Humor beschrieben hatte. Auch ein Wort über ihn. Dieser Palästinenser ist zweifellos ein Mann von Courage. Und das nicht nur, wenn es darum geht, die Seinen zu verteidigen. Als die Revolte in den von Israel besetzten palästinensischen Gebieten einen Höhepunkt erreichte und als Mißtrauen mehr noch als sonst die eine Gemeinschaft gegen die andere aufwiegelte, ist er zum »Feind« gegangen, um einmal mehr den unmöglichen Frieden zu suchen. Das war im März 1988 in Brüssel. Die Herausgeber von *REGARDS*, der Zeitschrift der Juden in Belgien, hatten ein Treffen zwischen Juden und Arabern organisiert, und Fayez Abu Rahma war einer der sehr wenigen Palästinenser, die es wagten, auf die Einladung einzugehen. Das Motto dieses Kolloquiums: *Give Peace a Chance*. Dem Frieden eine Chance geben, genau das habe ich auf meiner Mikroebene versucht, als ich mein Buch schrieb... Abu Rahma hat das in Brüssel so formuliert: »Alle politischen Regelungen, alle großen Taten haben mit einem Traum begonnen. Unsere Anstrengungen für den Frieden sind ein Traum. Ein Traum, der eines Tages Realität wird.« Wenn er nur recht hätte.

Genau in dem Augenblick, in dem der Präsident des Anwältevereins von Gaza nach Brüssel geeilt war, eilte RAYA, die Rebellin, in Gaza den Palästinensern zu Hilfe. Um die aufgebrachte Bevölkerung zu isolieren, hatte die israelische Armee die Straße blockiert. Die Versorgung kam nicht mehr durch. Aber RAYA mit ihren Leuten ist durchgekommen. Mit einem Lastwagen voller Lebensmittel. Sie hat sich den Soldaten und ihren Waffen widersetzt und sich — welch eine Verräterin — die Durchfahrt zu den Hungernden erzwungen. Einmal mehr hat sie ihre Hand gereicht.

EIN BRIEF FÜR FRIEDEN

Überall im Nahen Osten setzt das Auf und Ab der Kriege die Gegend weiterhin in Brand... was für die Frauen dieses Buches bedeutet, daß bisher kein Wasser auf die Friedensmühle gegossen wurde: Zeitungen, Radio, Fernsehen, Graffiti halten ihnen noch immer das gleiche verzerrte Bild des »anderen« auf der anderen Seite vor. Obwohl...

Bei meinem letzten Besuch bin ich den Untersuchungen noch weiter gegangen. Ich habe auf die ihnen allen gemeinsame Wunde angespielt und mehreren von ihnen die gleiche Frage gestellt. Für manche fast ein Tabu, lautet diese Frage:

»Und wenn dir nun eine Frau »von drüben« schreiben würde? Wenn sie nun sagte: 'Mein Sohn wurde getötet... Mein Geliebter wurde gefangen genommen... Mein Mann ist versehrt... Der Krieg hat mein Leben zerstört, wie er Deines zerstört hat... Ich möchte Dich kennenlernen!'«

Und das sind ihre Antworten:

Rachel Girafi (deren militante Haltung viel schwächer geworden ist)

»Ich würde ihr Worte sagen, die glücklich machen. Ich würd' mit ihr nicht über Israel und das alles reden... sondern daß der Frieden mit Gottes Hilfe kommt... daß wir wieder wie die Finger einer Hand sind, wie vorher, wie früher...«

Bella Zur (in ihrem Rollstuhl)

»Weder sie noch ich haben den Krieg gewollt... Mit dieser Frau durch unsere beiden so getrennten Welten hindurch über unser paralleles Schicksal zu reden, über unsere beiden kriegsbehinderten Männer, ja, das würde mich freuen, sehr freuen.«

Naguyia Gharib Maklad (die Krankenschwester von Suez)

»Was??? Ein Israeli will zu mir kommen? Nach allem, was ich gesehn hab'...! Wenn der den Fuß nur über meine Schwelle setzt, bring ich den um!« —Aber nein, Naguyia, ich red' von einer Israelin, einer Frau, die wie du unter dem Krieg gelitten hat! —»Hättest du das nicht gleich sagen können? Das ist genau wie bei mir, die hat mit dem allen gar nichts zu tun, die Arme. Sie kann kommen, wann sie will!«

Raya Rotem (die Kämpfernatur)

»Bestimmt ist das auf der anderen Seite das gleiche wie hier, oder? Ich kenne hier in Israel Frauen, die der Verlust ihres Mannes zum Haß getrieben hat, zu Fanatismus und zu übertriebenem Nationalismus. Aber ihr Drama müßte sie an sich vielmehr dahin drängen, Frieden zu suchen.«

Um Hashem (die nie weiter gekommen ist als bis ans andere Ufer des Nils)

»Auch wenn's eine Israelin wär! Die hat ja schließlich nicht meinen Sohn getötet! Sie kann bei mir Tee trinken, wann sie will. Und wir werden uns angenehm unterhalten.«

Hadassa Pilater (die Tochter des Rabbiners, die Pazifistin)

»Sie und ich, wir hätten so viel Gemeinsames!... Viel mehr als die, die das alles nicht durchgemacht haben... Wenn man seinen geliebten Mann in diesen Kriegen verloren hat... diesen Kriegen... diesen sinnlosen Kriegen... dann weiß man, daß man alles für den Frieden tun muß.«

Bernadette Butros (die untröstliche Waise des Kriegspiloten)

»Ich würd' ihr antworten: 'Wenn sich nur erst eure Hände unseren entgegenstreckten... und endlich Frieden käme in unsere Ecke hier, in der ganzen Gegend'.«

Während Bernadette mit mir redete, blätterte sie dieses Buch durch, das ihre Geschichte enthält und die Geschichten von all den anderen Frauen. Seiten mit Eselsohren und Notizen, beschädigte Seiten: »Ich hab' es hundertmal gelesen. Ich hab' soviel darin entdeckt... Da drüben, da ist's wie bei uns hier. Da drüben leiden sie wie wir.« —Aber Bernadette, ist das denn nicht die Logik selbst? —»Ja, eigentlich schon. Aber weißt du, ich konnte daran nicht denken... Ich wollte daran nicht denken. Jetzt ist das anders. Nicht mehr so wie früher. Ich hab' ihr Leben gelesen, ich kenne sie. Und vor allem hab' ich ihre Gefühle gefühlt.«

Inhalt

VORWORT ... 7

DER SCHOCK

Tehilla (Israel): *Oh, diese Krankenhausbesuche! Und diese bis zur Unkenntlichkeit verstümmelten Kameraden: Wir waren alle gleich alt* ... 12

DIE HERAUSFORDERUNG

Sherifa Fadel (Ägypten), Noemi Shemer (Israel): *Sing uns dein Lied, sagen sie. Wir wollen mit dir weinen* ... 22

Raya Rotem (Israel): *Der Schmerz ist sowieso immer da. Er klebt an dir, wie der Futterstoff deines Kleides* ... 31

WARTEN

Mariam (Ägypten): *Ich hab' ihn mir in einem weißen Bett vorgestellt, irgendwo in Europa oder Amerika* ... 50

Um Mohammed (Ägypten): *Komm, mein Sohn, komm dicht zu mir her, geh nicht weg, geh nie mehr weg, mein Augenlicht* ... 53

OPFERBEREITSCHAFT

Rachel Girafi (Israel): *Ich sag dir's noch mal: Unsere schwarzen Juden aus Afrika das sind richtige Männer! Nicht solche, wie diese blonden Jünglinge, die da für den Frieden demonstrieren* ... 60

DER ZWEIFEL

Zakia Riad (Ägypten): *Tausend Erklärungen, eine unlogischer als die andere. Das haben sie mir gegeben* ... 68

DAS LEIDEN

Bella, Ofer, Rami und die anderen (Israel): *Wichtig ist für mich nur sein Gesichtsausdruck.* Auf alles andre pfeif' ich ... 78

Naguiya (Ägypten): *Seine Stirn hatte eine klaffende Wunde, seine Augen waren ausgestochen, seine Nase zerschunden. Er rief immerzu nach mir* ... 91

Dganit (Israel): *Glaub mir, die feindlichen Soldaten unter diesen Umständen zu pflegen, das nimmt dich schwer mit* ... 98

Sabah, Rawiya, Ragab (Ägypten): *Um einen Einarmigen zu heiraten, hat meine Freundin sich von ihrem heilen Mann scheiden lassen* ... 105

MYSTIZISMUS

Yona Gariya (Israel): *Gott hat uns befohlen, den Jemen zu verlassen, und unterwegs sind unsere Kinder gestorben. Seitdem wir hier sind, nimmt sie uns der Krieg* ... 122

Souraya Ali Taher (Ägypten): *Der Krieg dieser Verantwortungslosen empört mich jetzt nicht mehr so sehr* 127
Gita Fadida (Israel): *Mein Sohn, sein Andenken, alles ist dahinten auf meinem Tisch* 134
Um Hashem (Ägypten): *Die da oben, die an der Regierung, die führen die Männer in den Krieg. Dann sagt Allah zum Trost zu ihnen: »Ihr seid nicht wirklich tot.«* 140

BEFRAGUNG
Tzefira Selavan Yonathan (Israel): *Ich hasse den ägyptischen Soldaten nicht, der meinen Sohn getötet hat* 148
Fatma Yussef (Ägypten): *Ich, ich hab' geglaubt, daß wir dahin gekommen waren, um an die Toten zu denken. An die Verletzten. An alle, die außen oder innen den Kopf nicht mehr haben. Überhaupt nichts. Die waren da um zu feiern. Um ihren Sieg zu feiern* 159

EIN FRIEDENSHAUCH
Ruth Lys (Israel): *Ich will nicht mehr nur die Erinnerung an meinen Sohn wachhalten. Ich will jetzt – in der Gegenwart – handeln. Ich will etwas für den Frieden tun.* 166
Sakina Sadat (Ägypten): *Denk dir mal aus, wenn diese Frauen sich alle zusammentun, um ihre Männer zum Frieden zu zwingen* 179

DIE AUS DER MITTE
Frauen vom Sinai: *Auch die in Israel wollen Frieden. Die haben wir Mütter, Kinder. Und sie leiden, wie wir* 190

DER LEIDENSWEG
Hamida (Ägypten): *Ich hab' genug davon, schon so viele Jahre ins Gefängnis zu rennen. Ich hab' so genug von diesen Besuchen. Ich will keine Besuche mehr. Ich will meinen Mann wiederhaben* 198
Tova Adiv (Israel): *Der Kriegsschock ist es. Sie haben nicht einen Moment daran gedacht, daß es der Kriegsschock ist, der meinen Sohn gewandelt hat* 203

DIE LEIDENSCHAFT
Shehinda Maklad (Ägypten): *Seine Vorgesetzten verboten meinem Bruder den Umgang mit mir. Ashraf war Mig-Pilot. Die Israelis haben ihn abgeschossen.* 222

VERLASSEN UND VERGESSEN
Rachel Elbaz (Israel): *Ich hab' gehört, daß der Abgeordnete gesammelt hat. Das ist nicht schön, mit der Erinnerung an einen Märtyrer, der ins Paradies gekommen ist, Geld zu machen* 234

Tutu und Bernadette Botros (Ägypten): *Die Leute sagten: Wenn das so weitergeht, werden die Witwen der Kriegshelden eines Tages zur Prostitution gezwungen sein* 241

STÄRKE UND HOFFNUNG

Hadassa Pilater (Israel): *Beim Verlassen des Friedhofs hör' ich einen Offizier zu seinem Kameraden sagen: »Ein Glück, daß da keine Kinder sind! Für die Armee schon ein Problem weniger.«* 254

WAS IST AUS IHNEN GEWORDEN? 271

EIN BRIEF FÜR FRIEDEN 275